D1653717

Paul Ferrini
Stille im Herzen

Paul Ferrini

Stille im Herzen

AURUM VERLAG

Die amerikanische Originalausgabe erschien unter dem Titel „Silence of the Heart“ bei Heartways Press, South Deerfield, MA.

Ins Deutsche übersetzt von Christine Bendner

Umschlaggestaltung: Jürgen Brohm

Für meine Lehrer Lao Tse, Martin Buber und Jesus von Nazareth. Besonderen Dank an meine Tochter Shanti, die mitgeholfen hat, den Raum zu bewahren, in dem dieses Buch geboren wurde.

Die Deutsche Bibliothek – CIP-Einheitsaufnahme
Ein Titeldatensatz für diese Publikation ist bei der Deutschen Bibliothek erhältlich

2000
ISBN 3-591-08460-3

Gesamtherstellung: Westermann Druck Zwickau GmbH

Inhalt

Die Stille des Herzens

Stille ist die Essenz des Herzens. Du kannst nicht in deinem Herzen sein, solange du dir selbst und anderen nicht vergeben kannst. Du kannst nicht in deinem Herzen sein, wenn du wütend oder besorgt bist, und du kannst nicht in deinem Herzen sein, wenn du flach oder angestrengt atmest.

Wenn der Atem flach ist, ist das Denken oberflächlich. Willst du ein spirituelles Leben führen, richte deine Aufmerksamkeit auf deinen Atem. Werde dir der Momente bewußt, in denen du flach atmest, und richte deine Aufmerksamkeit auf deine Gedanken. Du wirst feststellen, daß dein Verstand unaufhörlich vor sich hin plappert. Keiner dieser Gedanken hat Tiefe oder ist von Bedeutung. Wenn du dich entspannst und tief ein- und ausatmest, werden diese Gedanken davonfliegen wie aufgescheuchte Vögel. Und du wirst in deinem Herzen sein.

Atmest du angestrengt, wird das Denken von Angst und Anspannung bestimmt. Nimm wahr, wenn deine Atmung angestrengt ist, und achte dabei auf deine Gedanken und Gefühle. Dein Geist wird in der Vergangenheit oder in der Zukunft weilen. Du wirst damit beschäftigt sein, dir vorzustellen, was andere tun und wie du dich ihnen anpassen oder wie du dich vor ihren Handlungen schützen kannst. Du baust eine Festung aus Gedanken um dein Herz herum. Nimm einem tiefen Atemzug und entspanne dich. Und noch einen. Atme und kehre in dein Herz zurück. Atme und kehre zu deinem ursprünglichen Selbst zurück.

Solange du nicht zu deinem Herzen zurückkehrst, können deine Augen nicht mitfühlend schauen. Und wenn man nicht mit Mitgefühl schaut, sieht man ungenau. Dann ist alles, was man wahrnimmt, verzerrt, übertrieben. Es nährt nur die eigene Angst oder die Langeweile.

Der Atem ist der Schlüssel zu einem spirituellen Leben im physischen Körper. Wenn der Mensch stirbt, verläßt der Atem den Körper. Wohin geht er? Die meisten von euch glauben, daß der Körper den Atem hervorbringt. Doch in Wirklichkeit ist es genau umgekehrt. Der Atem erschafft den Körper. Wenn der Atem verschwindet, hört der Körper auf zu funktionieren. Er zerfällt, weil er ohne den Atem des Geistes nichts ist.

Willst du ein spirituelles Leben führen, dann atme tief und langsam. Laß die Luft tief in deinen Bauch hinein- und wieder ganz hinausströmen. Je mehr Luft du deinem Körper zuführst, desto leichter wird er sich anfühlen und desto leichter wird es dir fallen, deine Aufgaben zu erfüllen. Ein Mensch, der wirklich atmet, hat keine Angst vor dem Leben und fühlt sich von den Ereignissen nicht überwältigt, weil er oder sie genügend Energie hat, um mit allen Situationen fertig zu werden. Atmet man dagegen flach oder angestrengt oder unregelmäßig, verliert man Energie und läßt sich von den Herausforderungen des Lebens leicht einschüchtern.

Solange du nicht tief und ruhig atmest, kannst du nicht in deinem Herzen sein. Wenn du nicht weißt, wovon ich spreche, dann lege dieses Buch beiseite und fang an, in deinen Bauch hineinzuatmen. Zähle beim Einatmen und beim Ausatmen jeweils bis fünf. Atme etwa fünf Minuten lang auf diese Weise und dehne die Atemzüge dann allmählich aus, bis du auf sieben, acht oder neun zählst. Erzwinge nichts. Spüre, was sich für deine Lunge angenehm anfühlt.

Jetzt bist du in deinem Herzen. Nimm wahr, daß du tief entspannt und gleichzeitig überraschend wach bist. Dein Bewußtsein dehnt sich auf alle Zellen deines Körpers aus. Du bist zufrieden mit dem, was gerade ist. Du bist in diesem Augenblick ganz und gar in deinem Körper. Du spürst Wärme und Energie. Du fühlst dich sicher und geborgen. Dein Verstand ist zur Ruhe gekommen, du denkst ganzheitlicher. Du konzentrierst dich nicht länger auf „was wäre, wenn" oder „was sollte sein". Spannungen und Ängste sind verflogen, Vergangenheit und Zukunft haben sich aus deinem Bewußtsein zurückgezogen. Dein Denken ist klar und zentriert. Du kannst bei deinen Gedanken verweilen, weil es nicht mehr so viele sind und weil die Abstände zwischen ihnen größer sind. Richte deine Aufmerksamkeit nun auf dein Herz, während du weiterhin sanft und tief in den Bauch atmest.

Kannst du Mitgefühl und Verständnis in deinem Herzzentrum spüren? Kannst du sehen, daß dein liebevolles Annehmen dich selbst und andere einhüllt? Kannst du die Liebe in deinem Herzen spüren, die frei zu anderen hinströmt?

Jetzt bist du in deinem Herzen. Du verweilst in der Stille, aus der alle Klänge kommen. Wie ein Boot auf dem Meer spürst du die Wellen unter dir anschwellen. Gedanken kommen und gehen, aber du weißt, daß du nicht deine Gedanken bist. Manche Gedanken tragen dich weiter weg als andere, aber du kannst immer wieder in deine Mitte zurückkehren. Vielleicht kommt ein bestimmter Gedanke wie eine große Welle auf dich zu, weil er mit einem Gefühl aufgeladen ist, aber wenn du bleibst, wo du bist, verschwindet die Emotion wieder. Jetzt weißt du, daß du Ebbe und Flut aushalten kannst, die Gezeiten der Gedanken, die kommen und gehen, sich zusammenziehen und wieder ausdehnen.

Jenseits des Verstandes ist nur reines, wertfreies Gewahrsein. Sobald du auf dieses Gewahrsein stößt, öffnet sich dein Herz, Geben und Nehmen werden mühelos.

Die Stille beobachten und sanft und tief atmen ist die einfachste Möglichkeit, das Herz zu öffnen. Du kannst es auch durch spirituelle Tänze und Bewegungen öffnen, welche die Atmung beeinflussen, ein Gefühl der Dankbarkeit in dir auslösen und dir helfen, im Hier und Jetzt zu sein. Die Methode, die du benutzt, um in dein Herz zu kommen, ist nur ein Werkzeug. Du solltest sie nicht allzu wichtig nehmen. Wichtig ist allein, daß du einen Weg findest, bis zu dem Raum in deinem Inneren vorzudringen, in dem Frieden herrscht.

Jeder Mensch kann diesen Zustand der Bewußtheit und des Mitgefühls erreichen, aber nur sehr wenige Menschen wissen, daß sie diese Fähigkeit in sich tragen. Die meisten Menschen führen ein gehetztes Leben und kämpfen fortwährend darum, allen Anforderungen gerecht zu werden. Sie sind innerlich ständig damit beschäftigt, zu denken, zu planen und sich Sorgen zu machen. Ihr Körper befindet sich in einem ständigen Alarmzustand. Das wirkt sich schwächend auf ihr Immunsystem aus und schafft Bedingungen, die den Nährboden für alle möglichen Krankheiten bereiten.

Nur wenige Menschen übernehmen die volle Verantwortung für ihr emotionales und körperliches Wohlergehen. Daher ist es kein Wunder, daß es den meisten von uns an einer spirituellen Perspektive mangelt. Wenn ein Mensch nicht gut für sich selbst sorgt, macht er andere für seine Probleme verantwortlich. Er betrachtet sich als Opfer. Er fühlt sich wie ein Gefangener seines Berufs, seiner Beziehungen, seines Wohnorts, seiner Rolle und seiner Verantwortlichkeiten. Er scheint in einem Dampfkochtopf zu leben. Die meisten Menschen kennen nur zwei Möglichkeiten, dieses Dilemma zu lösen. Entweder verharren sie in ihrer äußeren Situation, fühlen sich unterdrückt und grollen, oder sie laufen vor der Situation davon, bevor eine Versöhnung stattgefunden hat, und lassen andere mit gebrochenen Herzen zurück.

Falls dir das irgendwie bekannt vorkommt, weißt du nur zu gut, wie schnell man sich im Existenzkampf verstricken kann. Du lebst immer schneller und bist beschäftigter denn je – aber wozu? All dein Geld und deine Besitztümer können dir nicht zu innerem Frieden verhelfen, denn den kannst du nicht kaufen. Dein Name, dein Ruf oder dein gesellschaftlicher Status kann dich nicht glücklich machen. Sei ehrlich. Fühlst du dich gut mit dir selbst und den Menschen, die dir nahestehen? Hast du eine optimistische Lebenseinstellung? Freust du dich auf jeden neuen Tag? Wenn nicht, dann führst du ein Leben, in dem es an spiritueller Nahrung mangelt, ein Leben, das nicht mehr im Atem, im Körper und in der Erde verwurzelt ist.

Schneller leben heißt nicht besser leben. Die Möglichkeit, mit dem Auto oder Flugzeug in kürzester Zeit riesige Entfernungen zu überwinden hat die Qualität der zwischenmenschlichen Beziehungen nicht verbessert. Viele von euch haben das Gefühl, daß ihr Leben immer schneller abläuft, aber sie sind sich nicht im klaren darüber, daß sie selbst den Fuß auf dem Gaspedal haben. Ich nehme an, es fällt euch leichter zu glauben, der Planet würde durch Erdbeben und Sturmfluten zerstört als durch eure eigene Angst, Gier, Langeweile und Gleichgültigkeit.

Seht ihr denn nicht, daß die Erde euch nur den Zustand eures eigenen Bewußtseins widerspiegelt? Die Umweltverschmutzung ist nichts anderes als die Verunreinigung eures eigenen Geistes. Je weiter ihr euch von euch selbst entfernt, desto mehr mißbraucht ihr euch gegenseitig und die Erde. Je öfter ihr zu atmen vergeßt, desto schlechter wird die Luft und umso mehr zwischenmenschliche Konflikte entstehen. Wenn ihr zu atmen vergeßt, ist der Planet dem Untergang geweiht. Vielleicht sagst du: „Also, damit habe ich kein Problem.“ Aber es ist möglicherweise nicht so einfach wie du denkst. Versuche es eine Zeitlang. Atme einen Tag lang tief und gleichmäßig und schau, was geschieht. Wenn du dich dieser Praxis wirklich hingibst, wirst du feststellen, daß alles, was künstlich und unecht in deinem Leben ist, nach und nach von dir abfällt. Du wirst vielleicht überrascht sein, wie viele Hüllen wegfallen.

Denke einmal darüber nach. Ist dein Job sicher? Nicht, wenn du nur aus Pflichtgefühl zur Arbeit gehst. Was ist mit deiner Ehe? Bleibst du aus Pflichtgefühl oder aus Liebe mit deinem Partner/deiner Partnerin zusammen? Und was ist mit deinen ethischen Werten und religiösen Überzeugungen? Bilden sie ein sicheres Fundament? Oder sind Angst und Schuldgefühle ihre Basis? Wenn ja, werden sie Ebbe und Flut nicht überstehen, wenn der Atem in deinen Bauch hinunterströmt und deinen Körper durch Mund, Nase und Haut wieder verläßt.

Willst du wirklich entgiften? Willst du dich wirklich entspannen und die Dinge langsamer angehen lassen? Bist du bereit, auf die gewohnte Reizüberflutung zu verzichten? „Aber", fragst du, „kann ich dann immer noch meine Zeitung lesen und die Fernseh-Nachrichten sehen?" „Ja", werde ich dir antworten, „aber nur, wenn du dabei weiterhin entspannt und tief atmen kannst." Die meisten von euch werden feststellen, daß das unmöglich ist. Nach innerem Frieden zu suchen bedeutet für dich, im Moment auf jegliche künstliche Stimulation zu verzichten. Alles, was allzu trivial oder übermäßig kompliziert ist, entfernt dich von deiner Essenz, von dem, was du wirklich bist.

Bittet mich nicht, euch in allen Einzelheiten zu sagen, was ihr tun oder lassen sollt. Ich werde euch keine neuen Zehn Gebote geben. Benutzt euren gesunden Menschenverstand. Achtet darauf, was euch inneren Frieden bringt und was euren Frieden stört. Übernehmt Verantwortung für das, was ihr zu euch nehmt, für das, was ihr tut, und dafür, mit wem ihr Umgang pflegt. Ihr habt die Wahl. Das eine bringt euch Kampf und Schmerz, das andere Heilung und Ruhe.

Kannst du ohne Reizüberflutung leben? Kannst du langsamer leben, atmen und im Hier und Jetzt sein? Vielleicht ist das gar nicht so schwer wie du glaubst. Da du weder in der Zukunft noch in der Vergangenheit, sondern nur jetzt damit anfangen kannst, ist es keine so große Herausforderung. Versuche es *jetzt*. Sei im Moment und atme ein paar Minuten lang tief ein und aus. Je öfter du das tust, desto leichter und müheloser wird es. Wie ein Wildbach, der den Berg hinabfließt und alle Hindernissse mit sich reißt.

Wenn du dich der Stille hingibst, verändert sich deine Beziehung zum gesamten Kosmos. Die Kommunikation vertieft sich und wird umfassender. Die Menschen, die dich kennen, werden dich ohne viele Worte verstehen. Was du mitteilen willst, wird von deinem Atem und vom Wind weitergetragen. Es gibt keinen Unterschied mehr zwischen innen und außen. Himmel und Erde treffen sich, wo dein Herz und dein Geist sich in stiller Glückseligkeit vereinen.

Allein deine Angst ist der Grund dafür, daß du dem Leben weiterhin Widerstand leistest. Laß dich von deinem Atem durch deine Ängste hindurchführen und der Widerstand löst sich auf. Nun trägt dich der Strom des Lebens.

Mußt du dir einen Job suchen, verheiratet sein, Kinder haben, Bücher schreiben, Vorträge halten, den Armen helfen, die Benachteiligten und Verzweifelten retten? Nur, wenn sie dir im Strom des Lebens Gesellschaft leisten. Und wenn sie das tun, kannst du sicher sein, daß *nicht du* arbeitest, heiratest, Kinder zeugst, schreibst, sprichst, hilfst oder rettest. Der Strom des Lebens tut es *durch dich*. Deshalb bleibst du heiter und gelassen bei allem, was du tust. Nichts hält dich vom Atmen ab, weil das Atmen deine einzige Verantwortung ist. Ich gebe dir also eine ganz simple Richtschnur: „Wenn du bei einer Sache nicht tief atmen kannst, dann laß die Finger davon. Und wenn du es dennoch versuchst, vergiß nicht, dabei zu atmen."

Du hast dich jahrelang so schnell bewegt, daß der Fluß des Lebens dich gar nicht einholen konnte. Kein Wunder, daß du dich nicht vom Universum getragen fühlst! Aber fasse dir ein Herz, alle Naturvölker, die je auf diesem Planeten lebten, haben gewußt und praktiziert, was ich dich lehre. Und irgenwo tief in deinem Innern weißt du es auch und erinnerst dich daran. Denn einst, bevor dein Ego versucht hat, die Route zu bestimmen, warst du der geduldige Kapitän deines Lebensschiffs und fuhrst ohne Ruder und Segel einem Ziel entgegen, das du intuitiv erahnt, aber nicht gekannt hast. Und das ist heute nicht anders, auch wenn du glaubst, du müßtest hart daran arbeiten, die Dinge unter deine Kontrolle zu bringen.

Atme, und der Fluß des Lebens wird dich zur rechten Zeit finden und aufnehmen. Und dann wirst du sein Sprecher und sein Vertrauter sein. Derjenige, der zuhört, und derjenige, der die Wahrheit erzählt. Derjenige, der dient, ohne zu retten, und der liebt, ohne eine Gegenleistung dafür zu erwarten.

All das ist deine Bestimmung: Schöpfer und Schöpfung in einem zu sein, das Männliche im Weiblichen und das Weibliche im Männlichen, aktiv und passiv, und auf den Flügeln des Paradoxen über die Dualität hinauszufliegen.

All das wirst du tun, denn der Messias ist zurückgekehrt. Du bist der Messias. Du bist derjenige, der lernt, zu atmen und sich über all seine Leiden und selbstgeschaffenen Probleme zu erheben. Du bist der oder die eine, lieber Bruder, liebe Schwester. Nur du.

Integrität

Die Gefängnistür öffnen

Integrität wird definiert als „eine Qualität oder ein Zustand der Ganzheit oder Ungeteiltheit". Obwohl wir alle hoffen, integer zu sein, fühlen sich nur wenige von uns ganz oder heil. Der Blick ins eigene Innere entmutigt uns ebenso wie die Feststellung der Tatsache, daß unser Streben nach Glück in Beziehungen unsere tiefsten Wunden nur vergrößert.

Aber es gibt kein Wundermittel zur Beseitigung dieses Zustands. Wir haben das Rohmaterial des Lebens in die Hände bekommen, um es zu transformieren. Wir müssen es kneten und ein Kunstwerk daraus formen. Das ist unser Leben: eine Chance, uns selbst zu erschaffen.

Der Töpfer könnte den Ton, den das Leben ihm zur Verfügung stellt, natürlich mit der Behauptung zurückweisen, das Material sei nicht gut genug für ihn, aber wenn er das täte, hätte sein Leben keinen Sinn. Der Töpfer wird nicht durch das Material definiert, sondern durch das, was er daraus macht.

Was tun wir mit dem Material, das uns gegeben wurde? Wie können wir die Herausforderungen, vor die uns das Leben stellt, nutzen, um Frieden in uns selbst und unseren Beziehungen zu schaffen?

Die Antwort ist einfach, aber es ist vielleicht nicht die, die du erwartet hast. Die Antwort lautet, daß du überhaupt nichts tun mußt. „Aber", wendest du vielleicht ein, „wie kann der Ton Form annehmen, wenn wir überhaupt nichts tun müssen?"

Der Ton nimmt Form an durch unsere Bereitschaft, uns auf unseren inneren Prozeß einzulassen, dabeizubleiben. Durch unsere Kämpfe und unsere Hingabe wird der Ton geformt. Das Kunstwerk wird vorgezeigt, zerstört und wieder vorgezeigt. Irgendwann wissen wir dann, daß es vollendet ist und daß wir nicht länger daran arbeiten können.

Wir lassen es hinter uns und ehe wir es uns versehen, haben wir schon einen neuen Tonklumpen in der Hand. Er hat eine andere Konsistenz, ein anderes Potential. Er stellt uns vor neue Herausforderungen.

Wir müssen den Ton nicht formen; der Gestaltungsprozeß besteht einfach darin, daß wir am Leben teilnehmen. Selbst wenn es so aussieht, als leisteten wir Widerstand oder verleugneten, was geschieht, wird mit dem Ton gearbeitet. Mit anderen Worten: Man kann nicht lebendig sein, ohne an einem Kunstwerk zu arbeiten.

„Aber was ist mit dem Verbrecher?", fragst du. „Hat er etwa ein Kunstwerk aus seinem Leben gemacht?" Ja, das hat er. Sein Leben ist die Aufzeichnung seiner Reise durch seine Ängste, so wie dein Leben dein Reisebericht ist. Jeder von euch hat seine Geschichte erzählt. Wenn du in sein Herz schaust, wirst du erkennen, daß seine Geschichte sich gar nicht so sehr von deiner unterscheidet. Es gibt keine Versager auf dieser Erde. Sogar die Obdachlosen, die Prostituierten und die Drogenhändler arbeiten mit dem Ton, der ihnen gegeben wurde.

Wenn dir ein bestimmtes Kunstwerk nicht gefällt, heißt das noch lange nicht, daß es kein Kunstwerk ist. Dort draußen gibt es keine langweiligen Geschichten. Jede Erzählung ist etwas Besonderes, etwas Kostbares. Jede Skulptur ist ein Meisterwerk.

Integrität ist eine universale Gabe. Jeder hat sie mitbekommen. Sie ist im Rohmaterial enthalten. Was auch immer du aus deinem Leben formst, es wird deutlich zu sehen sein. Andere können es betrachten, und du kannst dir deine Gedanken darüber machen. Vielleicht entscheidest du dich dafür, es einfach stehen zu lassen, oder du zerstörst es wieder. Das ist deine Entscheidung. Vielleicht machen sich andere über dein Werk lustig oder sagen unfreundliche Dinge. Das ist völlig unwesentlich.

In diesem Prozeß gibt es kein „richtig" und kein „falsch", sonst würden diejenigen unter euch, die das „Richtige" tun, ständig mit einem Heiligenschein herumlaufen. Du kannst nicht behaupten, daß das, was ein Mensch aus seinem Leben macht, weniger wertvoll ist als das, was ein anderer aus seinem Material gemacht hat. Wenn du ehrlich bist, kannst du nur sagen, daß dir das eine besser gefällt als das andere. Du hast deine persönlichen Vorlieben. Glücklicherweise teilt Gott deine Vorlieben und Abneigungen nicht. Nicht deine und auch nicht die von irgend jemand anderem. Gott hört sich jede Lebensgeschichte an. Sein Ohr liegt am Herzen eines jeden Menschen. Niemand hat ihn je abgestoßen, indem er einen Fehler machte. Alles, was Er wissen will, ist: „Hast du aus deinem Fehler gelernt?"

Integrität ist nicht etwas, das wir uns verdienen müssen. Sie ist ein Teil unseres Wesens. Es gibt keinen Menschen, der keine Integrität besitzt, so wie es auch keinen Menschen gibt, der keine Liebe verdient hat. Natürlich gibt es eine Menge Leute, die nicht glauben, daß sie Integrität besitzen. Und die meisten von ihnen haben die unerfreuliche Angewohnheit, diesen vermeintlichen Mangel dadurch ausgleichen zu wollen, daß sie in ungebührlicher Weise die Zeit, Aufmerksamkeit und Besitztümer anderer in Anspruch nehmen.

Diese Menschen sind nicht böse. Sie sind nur verwirrt. Sie wissen nicht, daß ihr Leben ein Kunstwerk ist. Sie wissen nicht, daß sie meisterhafte Bildhauer sind. Sie sind davon überzeugt, daß sie lausiges Material bekommen haben. Aber eines Tages werden sie erkennen, daß es ausgezeichntetes Material ist. Und dann werden sie anfangen, bewußt und begeistert damit zu arbeiten. Bis dahin werden sie die Opferrolle spielen. Sie tun so, als seien sie innerlich zerrissen, krank, unzulänglich.

Ein an den Rollstuhl gefesselter Schwarzer hat vielleicht nicht das Gefühl der Ganzheit, der Unversehrtheit, aber er besitzt kein bißchen weniger Integrität als irgend jemand anders. Er hat kein schlechteres Material bekommen. Es gibt keine Zufälle in diesem Leben. Niemand hat aus Versehen den Ton bekommen, der für einen anderen Menschen bestimmt war.

Du siehst also, daß es kein existentielles Problem ist. Jeder von uns besitzt Integrität. Unser einziges Problem besteht darin, daß wir glauben, nicht heil und ganz zu sein. Wir sind überzeugt, daß etwas an uns in Ordnung gebracht werden muß oder daß wir andere Menschen „in Ordnung bringen“ müssen.

Wir verspüren ein falsches Verantwortungsgefühl für andere und übernehmen nicht genug Verantwortung für uns selbst. Unser Handeln entspringt unserem Verlangen, unserer Gier, unseren Schuldgefühlen und unserer Angst. Wir greifen an, verteidigen uns und versuchen hinterher, den angerichteten Schaden wieder gut zu machen. Das funktioniert natürlich nicht. Derjenige, der den Schaden wahrnimmt, kann ihn nicht reparieren.

In Wirklichkeit ist nichts zerstört und nichts muß repariert werden. Wenn wir dieses Bewußtsein aufrechterhalten könnten, würden unsere Wunden ganz von selbst heilen. Wunder würden geschehen, denn die Egostruktur, die das Wunder verhindert, würde sich auflösen.

Das Drama des Menschen scheint sich um Mißbrauch zu drehen, aber in Wirklichkeit geht es einzig und allein darum, Verantwortung zu übernehmen. Alles Leiden ist eine vorübergehende Hilfskonstruktion, die einzig und allein eurem Lernen dient. Alle Werkzeuge, die ihr braucht, um euer Leiden zu beenden, wurden euch ebenfalls an die Hand gegeben.

Wenn wir uns nicht gegenseitig für unsere Probleme verantwortlich machen, dann machen wir Gott dafür verantwortlich. Wir glauben, er trage die Schuld an unserem Unglück. Immer ist irgend jemand anders schuld daran, daß wir nicht glücklich sind. Wir mögen es nicht, einer Prüfung unterzogen zu werden. Hiob gefiel das auch nicht. Es ist nicht gerade lustig, wenn das eigene magische Denken als Illusion entlarvt wird. Aber wir müssen erkennen, daß keine magische Formel der Welt imstande ist, die Tür des Gefängnisses zu öffnen. So funktioniert es nicht. Freiheit ist viel einfacher zu haben.

„Mein Gott", sagst du, „hätte ich bloß einen Hubschrauber oder eine Boing 747, dann könnte ich aus diesem Loch herauskommen!" Du merkst gar nicht, wie lächerlich das klingt.

Vergiß die 747, mein Bruder, meine Schwester und nimm ganz einfach die Leiter. „Dieses wacklige alte Ding? Damit komme ich nie hier heraus!"

Wir alle kennen diesen Dialog. Wir haben diese Unterhaltung schon öfter geführt. Irgend jemand deutet auf die Leiter, aber wir wenden uns trotzig ab. Wir gefallen uns nun einmal in der Rolle des „unschuldigen Opfers". Das Problem ist nur, daß das unschuldige Opfer die Existenz der Leiter niemals anerkennen wird. Er wird nie zugeben, daß ihm alle notwendigen Werkzeuge zur Verfügung stehen, um sich von seinem Leiden zu befreien. Denn sobald er zugibt, daß er diese Werkzeuge hat, hört er auf, ein Opfer zu sein. Niemand fühlt sich mehr verpflichtet, ihn zu bedauern, er kann nicht mehr den Benachteiligten spielen.

Gott sagt uns wieder und wieder: „Ich muß euch leider enttäuschen, es gibt keine Benachteiligten." Wenn wir also unsere eigene Integrität entdecken wollen, müssen wir aufhören, die Opferrolle zu spielen. Wir müssen aufhören, so zu tun, als hätten man uns das falsche Arbeitsmaterial gegeben. Wir müssen einfach den Ton nehmen und anfangen, damit zu arbeiten.

Jeder Mensch, der das tut, hört auf, sich zu beklagen und geht einfach weiter auf seinem Lebensweg. Er lernt, gut für sich zu sorgen, und gesteht das auch anderen zu. Er läßt jegliches Gefühl der Verpflichtung los, das ihn an andere und andere an ihn bindet, um innerlich frei seinem Herzen folgen zu können.

Für einen Menschen, der weiß, daß ihm Integrität nicht vorenthalten wurde, gibt es keine Ausreden, kein Aufschieben. Nichts trennt ihn von seiner Freude.

Sein Leben ist sein Kunstwerk und er ist so emsig damit beschäftigt wie eine Biene mit dem Bestäuben der Blüten. Sagst du ihm, es sei nötig, „Opfer zu bringen", wird er nur lachen und erwidern: „Arbeit, die nicht voller Freude getan wird, ist wertlos für die Welt." Und er hat natürlich recht.

Ein Künstler arbeitet nicht für einen anderen, es sei denn, er kann bei ihm etwas Wertvolles für sein Handwerk lernen. Wenn er an einem bestimmten Platz nichts mehr lernt, sucht er sich einen anderen Lehrer oder fängt an, für sich allein zu arbeiten. Niemand kann ihn davon abhalten, sein Handwerk auszuüben. Niemand kann ihn von seinem Lebensweg abbringen, denn sein Leben und seine Kunst sind eins. In einer Welt, in der jeder ein Genie ist, gibt es keine Chefs und keine Untergebenen, sondern nur Lehrer und Schüler, die eine freiwillige Verbindung eingehen.

Wenn es dir dort, wo du bist, nicht mehr gefällt, mußt du diesen Platz verlassen, wenn du deine Selbstachtung wahren willst. Zwinge dich nicht, in einer Umgebung zu bleiben, in der du vergißt, daß du der Schöpfer oder die Schöpferin deines Lebens bist. Wie ich euch einst sagte: „Laßt eure Netze zurück." Kämpfe nicht um Anerkennung, denn du bist bereits wertvoll. Löse dich aus dem Arbeitsverhältnis oder der Beziehung, in dem oder der du vergißt, wer du wirklich bist. Gib den neurotischen Kuhhandel um Liebe und Anerkennung auf und geh durch deine Ängste hindurch. Du wirst nie deine Flügel entdecken, wenn du nicht gelernt hast, deine Arme und Beine zu gebrauchen. Bitte nicht Gott, etwas für dich zu tun, das zu tun du selbst lernen mußt.

Du mußt andere nicht ins Unrecht setzen, um deine Selbstachtung zu wahren. Tu einfach, was gut für dich ist, und bringe anderen deine Dankbarkeit entgegen. Wenn du anfängst, *dein* Leben zu leben, verläßt du andere nicht überstürzt oder im Zorn. Du nimmst dir Zeit, Abschied zu nehmen. Du segnest den Menschen, mit dem du dein Leben bisher geteilt hast, oder den Ort, an dem du gelebt hast. Und weil du das, was du hinter dir läßt, segnen kannst, bist du frei zu gehen.

Du kannst nicht deine „Netze zurücklassen" und die Fische mitnehmen. Sie werden bald anfangen zu verrotten und einen üblen Gestank verbreiten, an dem man dich schon von weitem erkennen wird. „Da kommt der Fischer." Deine Vergangenheit wird dir vorauseilen. Das ist nicht der Weg zur Freiheit.

Wirf die Fische weg. Gib ihnen ihre Freiheit, damit du deine eigene beanspruchen kannst.

Sei stark und fest in allem, was dein eigenes Leben betrifft, aber gehe sanft mit anderen um. Urteile nicht über ihre Bedürfnisse, nur weil du sie nicht erfüllen kannst. Sage ihnen einfach ehrlich, was dir möglich ist und was nicht und wünsche ihnen alles Gute. Denke daran: Diejenigen, die du zurückweist, werden dir folgen. Nur durch Annehmen kann Heilung geschehen.

Du wirst es fühlen und wissen, wenn du bereit bist, dich aus den Verstrickungen deines Lebens zu lösen und den einfachen Weg der Liebe und Vergebung zu gehen. Du wirst nicht kämpfen und nicht zögern. Deine Klarheit und deine Großzügigkeit werden andere dazu bringen, sich zu entspannen und dich freizulassen. Und du wirst sie in deinem Herzen tragen, wo immer du hingehst.

Es gibt auf dieser Welt nur die Gefängnisse, die ihr euch selbst geschaffen habt. Und nur ein Mensch, der sich seines eigenen Potentials nicht bewußt ist, versucht, einen anderen gegen dessen Willen festzuhalten.

Denke daran, lieber Bruder, liebe Schwester: Für jedes Gefängnis, das du in deinem Geist errichtest, gibt es einen Schlüssel. Du bist kein Opfer dieser Welt, sondern derjenige, der den Schlüssel zur Freiheit in der Hand hält. In deinen Augen leuchtet der Funke des göttlichen Lichts, das alle Wesen aus der Düsternis von Angst und Mißtrauen hinausführt. Und in deinem Herzen ist jene Liebe, die den unzähligen Wesen im Universum Leben einhaucht. Deine Essenz, dein innerstes Wesen ist ganz, heil, dynamisch und kreativ.

Kontrolle ist sinnlos

Der Schlüssel zu einem Leben in Frieden und Freude ist die Fähigkeit, im gegenwärtigen Augenblick zu leben. Aber du kannst nicht „im Moment“ leben, wenn du glaubst, daß du derjenige bist, der dein Leben „geschehen macht".

Wenn du glaubst, du seist der „Macher", wirst du dich in deinem unaufhörlichen Pläneschmieden bestätigt fühlen. Ich will damit nicht sagen, daß du versuchen sollst, keine Pläne mehr zu machen. Ich bitte dich nur, einmal genau zu beobachten, was aus deinen Plänen wird. Schau, wie sie sich unweigerlich verändern oder sogar in Luft auflösen, wenn du anfängst, deine Erfahrung auszuleben. Wie sehr du dich auch anstrengst, dein Leben unter Kontrolle zu bringen, du wirst immer wieder Überraschungen erleben. Und du solltest dankbar dafür sein. Ohne diese Überraschungen wäre dein Leben eindimensional, eine langweilige Routine.

Dein Ego hat schreckliche Angst vor dem Unbekannten. Wie furchtbar das Vertraute und Bekannte auch sein mag, das Ego zieht es der unbekannten Gegenwart vor. Es steckt seine ganze Energie in den Versuch, die Gegenwart zur Vergangenheit zu machen. Es ist überzeugt, dadurch mehr Sicherheit zu gewinnen, aber in Wirklichkeit verursacht es nur unaufhörliches Leid und vergrößert die Wunde, bis der Schmerz so intensiv ist, daß es ihm nicht mehr ausweichen kann. Du siehst also, daß alles auf dein Erwachen hinarbeitet, sogar dein Ego!

Die Vergangenheit immer wieder zu durchleben ist der schrecklichste Alptraum. Von außen betrachtet erscheint das Leben sicher und berechenbar, aber im Innern brennt bereits die Lunte. Während du noch glaubst, du seist der Steuermann deines Lebens und hättest dafür gesorgt, daß alles sicher ist, steht dein Leben schon kurz vor der Explosion, und bald wirst du erkennen, daß du über die Dinge, die geschehen, keinerlei bewußte Kontrolle ausüben kannst. Du meinst, du hättest Macht, und dennoch demonstrierst du immer wieder deine unglaubliche Hilflosigkeit.

Das ist ein interessantes Paradoxon, nicht wahr? Wie sehr sich das Ego auch anstrengt, es kann niemals Sicherheit schaffen. Wie oft es auch versucht, dich aus dem gegenwärtigen Augenblick hinauszustoßen, es wird dich unweigerlich immer wieder hineinbringen, denn der Preis für Verleugnung ist Schmerz.

Je angestrengter du versuchst, das Leben zu kontrollieren, desto mehr wird es dich darauf hinweisen, daß man es nicht kontrollieren kann. Und dann fühlst du dich machtlos und strengst dich noch mehr an, die Dinge unter Kontrolle zu bringen. Verstehst du? Es ist ein dummes, sinnloses Spiel. Du kannst es nicht gewinnen, aber du kannst auch nicht damit aufhören. Das ist die gefährlichste Sucht. Sie hat viele verschiedene Gesichter. Selbst die Sucht, Risiken einzugehen, ist eine Form von Kontrolle. Die Erscheinungsbilder sind vielfältig.

Wenn du anfängst zu erkennen, daß du nicht der „Macher“ bist, läßt du die unbewußte Bindung an das „Verlierer-Spiel“ los und bist nicht länger ein Opfer des Lebens. Wenn du aufhörst, der Täter zu sein, hörst du auch auf, Opfer zu sein, denn diese beiden sind untrennbar miteinander verbunden. Es ist der Kreislauf von Leben und Tod, das Rad des Karma, auf dem du dich unaufhörlich gedreht hast.

Wenn das Rad zum Stillstand kommt, begibst du dich mutig ins Unbekannte, ohne die Vergangenheit mitzunehmen und ohne etwas in die Zukunft zu projizieren. Du lernst, deiner Angst vor dem Unbekannten direkt ins Auge zu schauen. Und indem du das tust, entdeckst du, welche Geschenke und Wunder dich auf der anderen Seite deiner Angst erwarten. Der Preis für dieses Wunder ist nicht hoch. Du mußt einfach nur alles aufgeben, was du zu wissen glaubst. Wenn die Vergangenheit und all dein Wissen von dir abfällt, ist deine Unschuld wiederhergestellt. Du gibst dich ganz bewußt dem Augenblick hin und läßt zu, daß er sich in dir und durch dich entfaltet.

Drei Stufen des Bewußtseins

Das menschliche Bewußtsein entwickelt sich in drei Stufen. Die erste ist die Ebene des unbewußten Wissens. Hier wird der Mensch von Instinkten und Gefühlen geleitet. Es ist die Stufe des Urmenschen oder des tierhaften Menschen. Die zweite Stufe ist die des bewußten Wissens. Ihr Hauptmerkmal ist die Suche nach Informationen, die zwar den Intellekt nährt, letztendlich aber ein Gefühl der Sinnlosigkeit hinterläßt, weil sie die spirituellen Bedürfnisse des Menschen nicht erfüllen kann. Dies ist der Zustand des modernen Menschen, des Menschen als Denker. Die dritte Stufe ist die des höheren Bewußtseins, ein Zustand, in dem jegliche Suche nach intellektuellen Lösungen und alles Planen und Kontrollieren aufgegeben wird. Sie ist durch bewußtes „Nicht-Wissen" charakterisiert. Das ist die Seinsebene des göttlichen Menschen oder Mitschöpfers.

Ihr lebt in einer Zeit, in der ihr die zweite Stufe allmählich verlaßt und euch auf die dritte Stufe begebt.

Der Übergang auf Stufe drei macht sowohl individuell als auch kollektiv eine andere Lebensweise erforderlich. Der kontrollierende Verstand muß verneint werden. Man muß ihn sorfältig untersuchen – mit all den Ängsten, die sein Handeln steuern, mit all seinen vergeblichen Lösungsversuchen.

Da das Ego in Angst lebt, strebt es nach Sicherheit, aber es kann sie niemals und nirgendwo finden. Und da es sich seine eigene Angst nie anschaut, wird es ständig unbewußt von dieser Angst getrieben. All seine Schöpfungen sind unbewußte Projektionen dieser Angst. Das gilt auch für all seine Beziehungsdramen.

Die Angst muß angeschaut werden. Du mußt dich damit auseinandersetzen. Du mußt sie dir bewußt machen. So bringst du das Dunkle ans Licht und die Trennung zwischen Ego und Geist, zwischen innen und außen wird aufgehoben. Das Licht, das erstrahlt, nachdem die Dunkelheit völlig erforscht wurde, hat nichts mit dem Licht zu tun, das da war, als ihr versucht habt, die Dunkelheit zu vertreiben. Auf Stufe eins lehnt ihr die Dunkelheit ab, weil ihr euch vor ihr fürchtet. Auf der zweiten Stufe versucht ihr sie zu vertreiben, indem ihr nach Erklärungen sucht, und auf der dritten Stufe nehmt ihr die Dunkelheit an und integriert sie.

Auf der zweiten Stufe war eure Freude brüchig und konnte jederzeit in Angst umschlagen. Jede größere Herausforderung konnte sie unterminieren. Auf Stufe drei dagegen reicht eure Freude unermeßlich tief. Herausforderungen werden angenommen und zur Weiterentwicklung genutzt. Eine so tiefe Freude erlaubt nicht die geringste Bestrafung. Dies ist nicht die Freude Adams im Garten Eden, sondern die Freude Hiobs in der Wüste. Auf Stufe drei geht es um nichts anderes als darum, die Einbildung des Egos aufzulösen.

Auf der ersten Stufe kennt der Mensch Gott nicht. Deshalb ist das Alte Testament seine Lehre. Sie besagt: „Tu dies und das oder Gott wird dich strafen!" Sie spiegelt die tiefsten Ängste des Menschen wider. Deshalb zerstört Gott in seinem Zorn ganze Städte. Die Botschaft an den Menschen lautet: „Werde dir des Gottes außerhalb von dir bewußt."

Auf der zweiten Stufe ist sich der Mensch Gottes zwar bewußt, aber er ist immer noch von ihm getrennt. Das Neue Testament ist die Lehre für den Menschen auf Stufe zwei. Sie besagt: „Gott ist kein Rächer. Er liebt dich und bittet dich, zu ihm zu kommen und seine Lehre anzunehmen. Du wirst glücklicher sein, wenn du Gott in deinem Leben Raum gibst. Die Lehren der zweiten Stufe weisen dich darauf hin, was du verpaßt, wenn du Gott aus deinem Leben verbannst. Es ist die Lehre der Überredung, die immer noch auf Angst und Trennung beruht.

Meine Lehre entsprach von jeher der dritten Stufe. Ich habe von jeher zu dir gesagt: „Du wirst Gott in deinem eigenen Herzen finden und in den Herzen deiner Brüder und Schwestern. Gott kann niemals von dir getrennt sein, denn das Göttliche ist deine eigentliche Natur." Aber wenn die Lehre der dritten Stufe auf Ohren trifft, die zur zweiten Stufe gehören, wird sie im Sinne der zweiten Stufe interpretiert.

Das ändert sich im Moment. Viele von euch hören diese Botschaft jetzt so, wie sie gemeint ist. Ihr steht in eurem täglichen Leben mit mir in Verbindung. Ihr bittet immer wieder um meine Führung und Unterstützung. Ihr erkennt, daß ihr nichts wißt, daß praktisch alles, was ihr über mich oder meine Lehre gehört habt, nicht der Wahrheit entspricht und verworfen werden muß. Ihr wißt, daß ihr mich nur in euren eigenen Herzen hören könnt und nur dadurch, dass ihr eure Erfahrung voll und ganz annehmt. Das ist das Wesentliche an eurer Hingabe an mich.

Jetzt bittet ihr mich ganz schlicht und direkt, euch einen Weg zu zeigen, der frei von Angst ist. Ihr fragt mich, wie ihr im gegenwärtigen Augenblick bleiben könnt. Ihr seid bereit, sowohl Teilnehmer als auch Beobachter, sowohl Vorbilder als auch Lehrer zu sein. Es gibt heutzutage viele Apostel, viel mehr als zu jener Zeit, da ich in einem physischen Körper auf der Erde weilte. Jetzt können wir uns gemeinsam auf die dritte Stufe begeben und das große Loslassen erleben – das Sterben der Vergangenheit und die Allgegenwart der Gnade als wegweisendes Element in unserem Leben.

Gnade und Verrat

Bitte ich euch, alles Planen für die Zukunft aufzugeben und all eure Sorgen loszulassen? Ja, letztendlich tue ich das. Das Bedürfnis, an den nächsten Moment zu denken, ist eine Bindung an die Vergangenheit. Es ist die Angst, die euch an die Angst kettet. Ich bitte euch, das zu sehen. Macht euch keine Illusionen über eure Ängste.

Aber habt auch Mitgefühl mit euch selbst. Eure größte Verantwortung besteht darin, euch immer zu lieben und sanft und freundlich mit euch umzugehen. Verurteilt euch nicht, wenn ihr es nicht lassen könnt, Pläne zu machen. Aber schaut euch eure Pläne und das, was aus ihnen wird, genau an. Beobachtet auch, was geschieht, wenn ihr eure Pläne loslassen könnt. Die Pläne an sich sind nicht das Problem, sie sind nur das Resultat eurer Bindung an die Vergangenheit.

Wenn ihr schon Pläne machen müßt, dann tut es bewußt. Schaut sie euch genau an. Schaut, ob die äußere Struktur, die ihr in eurem Leben errichtet, mit eurer inneren Wirklichkeit Schritt hält. Erkennt, wie ihr euch selbst verleugnet, indem ihr das, was für diesen Moment richtig ist, auf den nächsten überträgt.

Wenn ihr genau hinschaut, werdet ihr sehen, daß einige Dinge – vermutlich sehr wenige – gleich bleiben, während die meisten sich im Laufe der Zeit verändern. Der Geist mit all seinen mentalen und emotionalen Zuständen ist sehr veränderlich. Ziel eures Beobachtens ist das Erkennen dessen, was an diesen mentalen und emotionalen Zuständen ewig ist und was vorübergehend oder flüchtig. Ersteres muß die Grundlage für euer ganzes Leben werden und letzteres müßt ihr von einem Augenblick zum anderen immer wieder loslassen.

Verzweifelt nicht, wenn ihr die Flüchtigkeit des Geistes erkennt. Sie ist nichts Schlechtes und muß nicht verurteilt werden. Bewegt euch mit der Ebbe und Flut eurer mentalen und emotionalen Erfahrungen. Seid präsent darin, ohne zu werten und zu urteilen. Dann werden sie euch über die Grenzen, die sie euch scheinbar setzen, hinaustragen. Nur die Bindung an mentale und emotionale Zustände verursacht Leiden, nicht die Zustände an sich.

Ich habe oft zu euch gesagt: Baut nicht auf Sand. Baut das Haus eures Lebens nicht auf dem Flüchtigen und Veränderlichen auf. Vertraut auf das einzige Fundament, das sicher ist, auf das Fundament eurer Erfahrung. Handelt aus einem Zustand inneren Friedens heraus, nicht aus dem momentanen Verlangen. Wünsche kommen und gehen, aber der Friede währt ewig.

Beziehungen, die den Zustand der Freude und des Friedens in dir nähren und deinen Heilungsprozeß unterstützen, solltest du gut pflegen. Alle anderen Beziehungen sind Instrumente des Lernens, die dich wachrütteln sollen, indem sie dir deinen Selbstbetrug vor Augen führen. Gelegenheiten zum gegenseitigen Mißbrauch gibt es genügend. 95 Prozent des psycho-emotionalen Terrains, das du in diesem Leben vorfindest, ist nicht als Baugrund geeignet. Manchmal handelt es sich um hartes, unnachgiebiges Felsgestein, manchmal um Treibsand. Wenn du dich selbst achtest, solltest du dein Nest nicht an solchen Orten bauen. Den Betrug, den du dort erlebst, kannst du niemandem vorwerfen, denn jeder Betrug ist Selbstbetrug. Sei gut zu dir selbst. Kein anderer Mensch kann dein Leben in Ordnung bringen oder dir eine Freude schenken, die du nicht bereits in deinem Herzen trägst. Baue auf das, was du hast, nicht auf das, was du dir wünschst. Denn Wünsche sind

Illusionen, die kommen und gehen. Sobald ein Wunsch erfüllt wird, tritt der nächste an seine Stelle. Die Kette der Wünsche ist unendlich. Sie entfernt dich immer weiter von dir selbst. Der Sumpf des Verlangens ist kein guter Ort für das Fundament deines Hauses.

Die besten Beziehungen sind weder anstrengend noch schwierig, weil auf die Bedürfnisse beider Beziehungspartner Rücksicht genommen wird. Beide bringen die Bereitschaft zur Ehrlichkeit mit, so daß die Kommunikation offen, leicht und mühelos fließt. Diese Kommunikation führt zu mehr Nähe und Beständigkeit. Was heute gilt, gilt auch morgen noch. Und dennoch ist das „Morgen" jenseits dieser einfachen Wahrheit völlig ungewiß. Das ist guter, solider Baugrund. Hier kannst du das Fundament deines Lebens errichten.

Sicher kennst du den Spruch „Eile mit Weile". Das ist ein sehr wichtiger Grundsatz. Du widmest allem, was du wirklich wertschätzt, deine ganze Aufmerksamkeit und Liebe. Du nährst es, damit es voll aufblühen kann. Das geschieht nicht über Nacht. Und es geschieht auch nicht exakt so, wie du es dir wünschst, oder zu dem Zeitpunkt, den du gern hättest. Aber es erblüht durch deine Hingabe und Beständigkeit. Was du liebst, gedeiht. Es entfaltet sich. Es bekommt Wurzeln und Flügel. Das ist das Wirken der Gnade in deinem Leben.

Du siehst, es geht nicht nur darum, daß du deine Pläne aufgibst, obwohl ein solcher Schritt dich zweifellos an die Schwelle zum inneren Frieden führen würde. Es geht auch darum, das Wahre, das Echte, das Beständige und das Verläßliche in dir selbst zu entdecken. Wenn du auf diese Qualitäten stößt, kannst du sie anderen zur Verfügung stellen. Das ist in der Tat alles, was du anderen anbieten kannst, ohne sie anzugreifen.

Finde das Verläßliche und Beständige in dir selbst und höre auf, es bei anderen zu suchen. Du wirst es nie von außen bekommen. Wenn dein Leben in der Wahrheit deiner Erfahrung verankert ist, dann kannst du diese Wahrheit mit anderen teilen. Wenn du jedoch außerhalb von dir selbst nach Wahrheit, Liebe oder Erlösung suchst, wirst du immer wieder enttäuscht werden. Nur wenn du dich selbst achtest und wertschätzt, kommt die oder der Geliebte. Diejenigen, die sich verbiegen und verleugnen, um Liebe zu bekommen, vertreiben sie oder ihn.

Wer ist die oder der Geliebte überhaupt? Er oder sie ist nur der Spiegel deiner eigenen Hingabe an die Wahrheit. Wenn du in deinem inneren Frieden ruhst, ruht die oder der Geliebte in dir. Betrügst du dich jedoch selbst, mit wem auch immer, dann trauert die oder der Geliebte.

Gnade beruht auf einer beständigen inneren Verpflichtung dir selbst gegenüber, einer inneren Verpflichtung, die dich freundlich aber bestimmt „nein“ zu all jenen sagen läßt, die dich überreden wollen, deinen Traum gegen ihren einzutauschen. Allerdings genügt es nicht, zu dieser Einladung zum Selbstbetrug „nein“ zu sagen. Man muß es auch sagen, ohne zu urteilen, denn der Versucher kann nicht für die eigenen Fehltritte verantwortlich gemacht werden.

Der Alptraum des Mißbrauchs hat ein Ende, sobald das Opfer aufhört, Opfer zu sein, sobald der oder die Träumende aufwacht und sagt: „Nein. Das fühlt sich nicht gut an, Schluß damit!" Alle deine physischen Erfahrungen dienen deinem Erwachen und führen dir deine Verantwortung für dich selbst vor Augen. Du bist hierher gekommen, um dich durch deinen Bruder oder deine Schwester selbst zu betrügen. Er oder sie ist nichts anderes als ein Werkzeug für deinen Selbstbetrug. Wenn du das erkannt hast, vergibst du dir selbst und ihm oder ihr. Du läßt die Vergangenheit los. Du lebst den gegenwärtigen Augenblick authentisch und frei.

Ich habe dir gesagt, daß du frei wählen kannst, was für ein Leben du führen möchtest. „Ja, sicher", erwiderst du und deutest auf die Ketten an deinen Füßen. „Wer hat diese Ketten gemacht?" frage ich dich. „Gott hat sie gemacht", rufst du wütend aus. „Nein, das ist nicht wahr, Gott hat die Ketten nicht gemacht. Wenn er sie gemacht hätte, könntest du nie aus dem Gefängnis deiner eigenen Überzeugungen entkommen."

Landkarten und Verkehrszeichen

Wenn du eine Reise machen willst, ist es hilfreich, ab und zu einen Blick auf eine Landkarte zu werfen. Eine Landkarte ist eine intellektuelle Hilfskonstruktion, die dir eine allgemeine Vorstellung von der Richtung gibt, in die du dich bewegen mußt. Aber sie ist keine wirklichkeitsgetreue Abbildung der Straße und kann es auch niemals sein. Niemand kann dir sagen, wie die Straße beschaffen sein wird. Das wird dir nur deine eigene Erfahrung sagen.

In jeder Situation kommt der Zeitpunkt, wo die Vorbereitungen enden und die eigentliche Erfahrung beginnt. Die Gewißheit, daß du gut vorbereitet bist, stimmt dich vielleicht zuversichtlich, aber nur das Vertrauen in dich selbst läßt dich erfolgreich sein. Vertrauen ist ein großes Loslassen, ein Sich-Entspannen in die Erfahrung hinein. Du mußt den Sprung wagen. Irgendwann mußt du die Landkarte beiseite legen und in der Erfahrung präsent sein. Vielleicht stößt du unerwartet auf eine Baustelle, eine Umleitung oder mußt mit veränderten Wetterbedingungen fertig werden. Das Steuern eines Autos ist etwas anderes als das Lesen einer Landkarte.

Das beste, was man von linearem, folgerichtigem Denken erwarten kann, ist eine Vorstellung der potentiellen Erfahrung. Aber es kann dich nicht durch diese Erfahrung führen. Wenn du mitten in der Erfahrung steckst, stößt du hin und wieder auf Verkehrszeichen, die dir helfen, dich zu orientieren. Das Umleitungschild weist dich rechtzeitig darauf hin, daß du die Richtung ändern mußt. Abzweigungsschilder zeigen dir, wann du die Fahrspur wechseln mußt. Dann gibt es noch Schilder, die dich darauf hinweisen, wo es etwas zu essen gibt oder wo du tanken oder übernachten kannst. Würdest du diese Zeichen nicht beachten, wäre deine Erfahrung wohl kaum als erfolgreich zu bezeichnen.

Zeichen tauchen an den Schnittstellen zwischen äußerer und innerer Realität auf. Sie sind Manifestationen unserer intuitiven Verbindung zum Leben und haben nur für den gegenwärtigen Moment Bedeutung. Du wirst kein Schild sehen, auf dem steht: „Biege morgen oder irgendwann nächsten Monat rechts ab." Das Verkehrszeichen weist dich darauf hin, daß du jetzt oder sehr bald rechts abbiegen mußt. Es weist dir den Weg im Hier und Jetzt. Solche Zeichen sind äußerst nützlich und wichtig. Unglücklicherweise beachtet der linear denkende Verstand sie nur selten.

Wenn du eine Reise machst, kann eine Landkarte sehr nützlich sein. Dein Intellekt kann dir helfen, dich gut vorzubereiten, aber wenn du dann losfährst, sind „Zeichen" unverzichtbar.

Beachtest du die Zeichen, die in deinem Leben auftauchen? Oder verläßt du dich bei deiner Lebensreise nur auf die Landkarte?

Jeder von euch hat Zugang zu einer inneren Führung. Wenn du bereit bist, dich auf deine Erfahrung einzulassen, wirst du die auftauchenden Zeichen wahrnehmen. Ein Zeichen besagt vielleicht nur „das fühlt sich gut an" oder „das fühlt sich nicht gut an", aber diese Information genügt in vielen Fällen schon. Du mußt keine Vision von irgendeinem Heiligen haben, um geführt zu werden.

Deine innere Führung ist die stärkste Verbündete auf deinem Lebensweg. Wenn du dich auf sie verläßt, kommst du mit einem Minimum an Planung aus. Wenn du sie jedoch ignorierst, kann dich auch die exakteste Planung nicht nach Hause bringen.

Wenn du weißt, wohin du gehen willst, kannst du dich auf deine innere Führung verlassen. Sie wird dir helfen, dorthin zu gelangen. Der Versuch, durch intensives Nachdenken herauszufinden, wie du dorthin kommen könntest, ist vergebliche Mühe. Du kannst es einfach nicht vorher wissen. Aber wenn du dich auf den Weg machst, werden die Zeichen im rechten Moment auftauchen und du wirst wissen, wo du abbiegen mußt.

Je mehr du auf deine innere Führung vertraust, desto spontaner wird dein Leben. Pläne sind immer etwas Vorläufiges, sie lassen Raum für unerwartete Herausforderungen und Glücksfälle. Das heißt aber nicht, daß du nicht mit ganzem Herzen bei der Sache bist. Du kannst dich sogar viel tiefer einlassen. Und wenn du unter diesen Voraussetzungen deine Verbindlichkeiten erfüllst, tust du es, ohne das Gefühl zu haben, ein Opfer zu bringen.

Verbindlichkeiten überprüfen

Verbindlichkeiten müssen im Laufe des Lebens immer wieder auf ihre Gültigkeit überprüft werden. Ein Plan, der für die Zukunft gemacht wurde, konnte nicht realisiert werden. Wie sehr du dich auch bemühst, den Plan zu verwirklichen, es funktioniert einfach nicht. Das ist ein Zeichen, die Realität anzuerkennen, Erwartungen loszulassen und offen für das zu sein, was sich in diesem Moment verwirklichen will.

Einmal eingegangene Verpflichtungen in Frage zu stellen, ist kein Zeichen von Schwäche oder Unzuverlässigkeit, es sei denn, es wird zur Regel. Wenn eine bestimmte Sache für dich nicht zu funktionieren scheint, kannst du nichts Besseres tun, als allen an dem Projekt Beteiligten die Wahrheit zu sagen. Oft wirst du feststellen, daß die anderen in bezug auf das Vorhaben ihre eigenen Vorbehalte haben. Ein Überdenken des Plans ist daher im Interesse aller Beteiligten.

Manchmal möchtest du eine bestimmte Verpflichtung vielleicht gegen den Willen anderer auflösen. In diesem Fall solltest du zuerst in dich gehen und schauen, ob diese Veränderung wirklich wichtig für dich ist. Ist es wirklich wichtig für den oder die anderen Beteiligten, daß du an dem Vorhaben festhältst? Kannst du dein Versprechen halten, ohne dich selbst zu verleugnen? Wenn dir daran gelegen ist, sowohl deine eigenen Bedürfnisse als auch die der anderen zu würdigen, wird es in den meisten Fällen möglich sein, eine für alle Beteiligten befriedigende Lösung zu finden. Und wenn du dir immer wieder ins Gedächtnis rufst, daß das, was deinem höchsten Wohl dient, nicht zum höchsten Wohl der anderen im Widerspruch stehen muß, wird es dir leichter fallen, Lösungen zu finden, die allen Beteiligten gerecht werden.

Mißbrauch und Betrug sind meistens das Ergebnis eines zu starren Festhaltens an einmal gefaßten Plänen oder sie geschehen, weil ein Versprechen aus Angst gebrochen wird. Wenn du eine Verpflichtung eingehst oder ein Versprechen gibst, dich aber bei der Vorstellung, es halten zu müssen, unwohl fühlst, dann mußt du das den an dieser Vereinbarung beteiligten Menschen mitteilen. Das Wichtigste ist in diesem Fall nicht, daß ein Versprechen gehalten wird, sondern daß man über die veränderte Einstellung oder Gefühlslage spricht. Es ist immer am besten, den anderen die Wahrheit über die eigene Erfahrung zu sagen.

Verrat ist eine Reaktion. Irgend etwas löst Angst aus und diese Angst wird unterdrückt oder nicht mitgeteilt. Das von dieser Angst gesteuerte Verhalten wird von anderen als Angriff erlebt. Und es ist ein Angriff. Eine Alternative dazu ist ehrliche Kommunikation. Wenn du zu einem anderen Menschen sagst: „Ich bekomme Angst und weiß nicht, ob ich mein Versprechen dir gegenüber halten kann“, hast du sowohl auf dich selbst als auch auf die andere Person Rücksicht genommen. Indem du jedoch nichts sagst und dich einfach zurückziehst oder gar feindselig verhältst, verstärkst du nur deine Angst (und vermutlich auch die des anderen).

Das Thema „Verpflichtung“ ist eines der heikelsten Themen, mit denen Menschen konfrontiert werden. Es ist emotional sehr aufgeladen, weil es mit der Angst verknüpft ist, kontrolliert oder verlassen zu werden. Wer von anderen Liebe fordert oder sich solchen Forderungen beugt, wird letztendlich verraten oder verlassen werden. Denn im Grunde verraten diese Menschen sich selbst.

Zu einem anderen Menschen eindeutig „ja“ oder „nein“ zu sagen gehört zu einer klaren, ehrlichen Kommunikation. Aber „nein“ zu sagen und ja zu meinen oder „ja“ zu sagen und nein zu meinen bereitet den Boden für Mißbrauch. Zu verstehen, daß du „ja“ gesagt hast, aber jetzt weißt, daß es sich nicht gut anfühlt, ist der erste Schritt zu einem respektvollen Umgang mit dir selbst. Deinem Partner die Wahrheit zu sagen ist der zweite Schritt.

Letztendlich darf niemand einen anderen an eine in der Vergangenheit eingegangene Verpflichtung binden, die sich in der Gegenwart nicht mehr gut anfühlt. Wenn du einen anderen Menschen nicht von der Vergangenheit entbinden kannst, wie kannst du dich dann selbst von ihr befreien?

Wichtig ist nicht, ob ihr zusammenbleibt oder euch trennt, sondern ob ihr das in gegenseitigem Respekt tut und ehrlich zueinander seid. Das ist der Schlüssel zu allem.

Bedürfnisse

Daß du vom Strom der Liebe abgeschnitten bist, rührt hauptsächlich daher, daß du glaubst, du könntest anderen etwas geben oder etwas von ihnen bekommen. Diese Vorstellung und die damit einhergehenden Manipulationen verursachen unglaublich viel Schmerz und Leid in deinem Leben.

Denke einmal darüber nach, warum du in deinen Beziehungen zu anderen Menschen so oft enttäuscht bist. Was auch immer du bei dem anderen zu finden hoffst, es taucht meistens wie ein mit Wasser gefüllter Ballon vor dir auf, doch sobald du ihn anstößt, stehst du wie ein begossener Pudel da. Sei ehrlich: Hast du jemals von einem anderen Menschen das bekommen, was du dir von ihm gewünscht hast? Natürlich nicht! Dieser Mensch trat einzig und allein in dein Leben, um dich daran zu erinnern, daß du dich selbst nähren mußt.

Denke einmal darüber nach, warum du immer auf die Nase fällst, wenn du versuchst, anderen zu helfen. Allein das Bedürfnis, einen anderen Menschen „in Ordnung zu bringen“, verrät deine Überzeugung, daß du selbst, so wie du bist, nicht in Ordnung bist. Immer wenn Geben oder Nehmen mit „Bedürftigkeit“ oder Zwang einhergeht, kannst du sicher sein, daß die Liebe sehr weit weg ist. Wenn Liebe da ist, geschieht Geben und Nehmen in Freiheit, ohne jegliche Verpflichtung. Das ist so, weil du nur das geben und nehmen kannst, was du hast. Der Versuch, etwas zu geben oder zu nehmen, was du nicht hast, ist völlig nutzlos. Er kann nur zu Enttäuschung und Leid führen.

Wenn du liebevoll zu anderen bist, wirst du Liebe empfangen, denn Liebe kehrt immer zu sich selbst zurück. Wenn du jedoch Liebe forderst, wirst du selbst mit Forderungen konfrontiert werden. Was du säst, das wirst du ernten. Das Gesetz der Energie ist ein Kreislauf. Was du aussendest, kommt zurück, und was zurückkommt, geht hinaus. Wie kannst du also etwas „bekommen", das du nicht hast? Das ist unmöglich.

Die Wahrheit ist, daß du alles hast, was du brauchst. Nichts von dem, was du brauchst, wurde dir vorenthalten. In diesem Sinne kannst du nur „brauchen", was du nicht brauchst.

Bitte laß dieses Paradoxon eine Weile auf dich wirken. Ich will dich nicht verwirren.

Wenn du etwas „brauchst", glaubst du, daß du es nicht geben kannst. Doch wenn du es nicht geben kannst, wie kannst du es dann empfangen? Wenn du jedoch weißt, daß du es geben kannst, wirst du es ohne Zwang geben und empfangen. Und in diesem Fall „brauchst" du es nicht.

Die Wahrnehmung eines Mangels verhindert die Fülle. In Wirklichkeit ist der Mangel nicht real. Aber der Glaube an den Mangel ist real. Der Mangel wird also durch den Glauben daran Realität. Willst du Fülle schaffen, dann schaue dir jedes deiner „Bedürfnisse" an. Solange du etwas „brauchst", kannst du es nicht haben. Aber sobald du es nicht mehr „brauchst“, taucht es vor dir auf.

Niemand braucht Liebe. Niemand braucht Geld. Niemand braucht irgend etwas. Aber diejengen, die glauben, daß sie etwas brauchen, suchen ohne zu finden.

Das ist ein einfaches Gesetz. Du kannst nicht empfangen, was du nicht geben kannst. Und du kannst nicht geben, was du nicht empfangen kannst. Geben und Nehmen sind ein und dasselbe. Geben ist Nehmen, Nehmen ist Geben. Wenn du das weißt, fällt das ganze Schachspiel in sich zusammen. Das Geheimnis ist gelüftet.

Die Wahrnehmung der Gleichheit

In einem physischen Körper zu sein gibt dir Gelegenheit, den Irrtum zu erkennen, der dich glauben läßt, du hättest andere Bedürfnisse als andere Menschen. Sobald du begreifst, daß deine Bedürfnisse sich überhaupt nicht von den Bedürfnissen anderer unterscheiden, beginnt sich der Schleier zu heben. Du hörst auf, nach besonderer Behandlung zu verlangen. Und du hörst auf, anderen eine besondere Behandlung zuteil werden zu lassen. Was du für einen Menschen willst, willst du für alle. Eine bestimmte Person ist dir nicht wichtiger als eine andere.

Indem du anfängst, die Gleichheit wahrzunehmen, beginnst du den Körper und die physische Welt zu transzendieren. Wenn du dich nicht mehr von anderen abgrenzen mußt, kannst du dienen, ohne gebunden zu sein. Du kannst geben, ohne dich darum kümmern zu müssen, wie das Geschenk entgegengenommen wird. Dienen ist eine Chance, kein Job. Wenn du dienst, bist du nicht der oder die Dienende, denn du kannst nicht dienen und eine Identität haben.

Du kannst nur hilfreich sein, wenn du mit deiner Hilfe keine bestimmten Ziele verfolgst. Wenn du das „Bedürfnis“ hast, anderen zu „helfen“, verschleierst du mit dieser Hilfe nur dein eigenes Bedürfnis nach Hilfe.

Das Ziel besteht nicht darin, sich über den physischen Körper zu erheben oder diese Dimension zu verlassen, sondern darin, den Glauben an die Getrenntheit aufzugeben, der dazu führt, daß du die Körper als verschieden wahrnimmst. Alle Körper sind letztendlich gleich. Alle körperlichen Bedürfnisse sind letztendlich gleich. Alle emotionalen Bedürfnisse sind letztendlich gleich. Und alle Vorstellungen von Getrenntheit sind letztendlich gleich.

Wenn ich dir helfe, helfe ich mir selbst. Ich helfe meinem Vater und meiner Mutter. Ich helfe meinem Vetter dritten Grades. Ich helfe dem Betrunkenen an der Straßenecke. Meine Hilfe findet ihren Weg zu allen, die ihrer bedürfen. Hilfe hat mit mir als Helfer und mit dir als demjenigen, dem geholfen wird, nur insoweit etwas zu tun, als in diesem Moment die Bereitschaft zum Geben und Empfangen da ist. Hilfe ist für einen und für alle. Du kannst sie weder einem Menschen anbieten, ohne sie allen anzubieten, noch kannst du sie allen anbieten, ohne sie diesem einen Menschen anzubieten. Es gibt keine zeitliche und räumliche Distanz zwischen dem Einen und den Vielen. Alles ist eins.

Zwei Wege der Befreiung

Zeit und Raum existieren nur auf der Ebene der Dualität, der Ebene des Vergleichens, des Urteilens, der Trennung. Mein Körper, dein Körper. Meine Idee, deine Idee. Mein Haus, dein Haus. Da beginnt der Körper. Ohne Mann gäbe es keine Frau, ohne Eltern kein Kind, ohne Schwarz kein Weiß. Alle Dinge existieren in Relation zu ihrem Gegenteil und werden durch dieses Gegenteil definiert.

Der Geist, der vergleicht, führt Trennung herbei. In diesem Sinne beruht alles Wissen auf Trennung. Deshalb ist es unmöglich, Gott zu „kennen". Sobald du Gott kennst, geht die Erfahrung der Einheit verloren.

Viele der Enttäuschungen, die du auf dem spirituellen Weg erlebst, sind auf die Tatsache zurückzuführen, daß du nicht etwas erfahren und es gleichzeitig studieren kannst. Wenn du zurücktrittst und beobachtest, kannst du nicht die Erfahrung des Teilnehmers machen. Und wenn du teilnimmst, kannst du nicht die Erfahrung des Beobachters machen. Ein spiritueller Weg fordert dich auf, zum Beobachter zu werden, ein anderer verlangt von dir, Teilnehmer zu sein. Beide Methoden funktionieren, aber du kannst nicht beide gleichzeitig praktizieren. Wenn du „wissen" willst, mußt du lernen, einen Schritt zurückzutreten und die Dinge zu beobachten. Und wenn du „sein" willst, mußt du in die Erfahrung eintauchen.

Den Körper segnen

Immer wenn ich auf die naturgegebenen Begrenzungen des physischen Körpers hinweise, interpretiert irgend jemand meine Worte so, als hätte ich gesagt, der Körper sei „schlecht, minderwertig oder eine Manifestation des Bösen." Dieses Bedürfnis, den Körper abzulehnen, ist eine Form der Bindung an den Körper. Wo Widerstand gegen das Verlangen existiert, wird das Verlangen gestärkt.

Der Körper ist in keiner Hinsicht schlecht oder minderwertig. Er ist lediglich eine vergängliche, vorübergehende Erscheinung. Allein durch die Befriedigung seiner Bedürfnisse wirst du letztendlich keine Erfüllung finden. Aber du findest sie auch nicht durch das Verleugnen oder Unterdrücken deiner körperlichen Bedürfnisse. Den Körper zu pflegen und gut für ihn zu sorgen, ist ein würdevoller Akt. Die exzessive Beschäftigung mit körperlichen Freuden und Leiden ist dagegen alles andere als würdevoll. Wenn du den Weg gehen willst, den ich dir gezeigt habe, mußt du deinen Körper ganz und gar akzeptieren und gut für ihn sorgen. Wird der Körper liebevoll behandelt, tut er seine Pflicht ohne zu klagen.

Sei dir deiner Gefühle bewußt. Schuldgefühle werden oft über den physischen Körper ausgetragen. Wenn du dich schlecht fühlst, weil du zu einem Freund oder Angehörigen etwas Negatives gesagt hast, verletzt du dich vielleicht am Mund, an der Zunge, an den Zähnen oder bekommst eine Halsentzündung. Nimm deine körperlichen Symptome sensibel wahr. Sie zeigen dir, wie dein Körper versucht, die bewußten oder unbewußten Anweisungen zu befolgen, die er von dir erhalten zu haben glaubt.

Du kannst nicht lernen, dich selbst zu lieben, wenn du deinen Körper vernachlässigst. Nimm ihn liebevoll an, und er wird dir ein bereitwilliger Diener auf deinem spirituellen Weg sein.

Selbst wenn es möglich wäre, den physischen Körper völlig zu vernachlässigen, könntest du dadurch keine Freiheit erlangen. Denn nach dem Tod des physischen Körpers machst du Erfahrungen in einem anderen Körper. Jeder Körper ist eine Hülle, welche die Seele zu einem gewissen Grad in Unwissenheit und Begrenzung gefangen hält. Wir fühlen uns immer zu der körperlichen Form hingezogen, die es uns ermöglicht, das gegenwärtige Ausmaß unserer Angst ganz zu erfahren. Je intensiver unsere Angst ist, desto dichter muß der Körper sein, um sie in sich beherbergen zu können.

Der Versuch, dem physischen Körper zu entfliehen, ist also völlig sinnlos. Eine der Lektionen auf dieser Seinsebene besteht darin, den eigenen Körper lieben zu lernen. Und das, meine Freunde, gilt auch für eure Sexualität. Eure sexuelle Vereinigung sollte ein Akt der Freude sein, ein Akt der Hingabe an den Christus im eigenen Innern und an euren Partner. Physische Liebe ist nicht von geringerer Schönheit als andere Formen der Liebe und kann auch nicht von ihnen getrennt werden. Diejenigen, die körperliche Liebe als etwas Unheiliges betrachten, werden sie auf diese Weise erleben, aber nicht, weil sie unheilig ist, sondern weil sie sie so wahrnehmen.

Wenn ihr eure Liebe durch die physische Vereinigung zelebriert und dabei ein Kind zeugt, werdet ihr das Leben mit diesem Kind nicht als Belastung empfinden. Wenn ihr das Kind als Belastung empfindet, solltet ihr euch Gedanken über die Qualität eurer Beziehung machen. Das Kind ist immer ein Barometer für eure Beziehung. Wenn ein Kind in euer Leben gekommen ist, wird es Teil der Struktur eurer physischen Existenz. Es gibt keine Möglichkeit, der Verantwortung für diese Beziehung auszuweichen. Sie bleibt bestehen, solange du lebst. Und du wirst diese Beziehung nutzen, so wie du all deine intimen Beziehungen nutzt – um deine Schuld zu verringern oder zu vergrößern. Dabei spielt es keine Rolle, ob du mit deinem Partner zusammenbleibst oder nicht.

Wenn du dem hier aufgezeigten Weg folgen willst, sind dogmatische Verhaltensregeln in bezug auf Heirat und Kinder nicht hilfreich. Ich habe dich gebeten, alle Menschen gleichermaßen zu lieben. Das schließt natürlich auch deinen Partner und deine Kinder mit ein. Indem du deinen Partner und deine Kinder verläßt, ohne dich vollkommen mit ihnen ausgesöhnt zu haben, zögerst du nur etwas hinaus, das letztendlich geschehen muß, wenn du Frieden finden willst.

Spielt es eine Rolle, wie lange das dauert? Für mich nicht, aber ich wäre nicht ehrlich zu dir, wenn ich dir nicht sagen würde, daß du umso mehr Schmerz erfahren wirst, je länger du wartest.

„Kann es je richtig sein, einem Ungeborenen das Leben zu nehmen?" fragst du. Ich muß dir sagen, daß es niemals und unter keinen Umständen richtig sein kann, irgend jemandem das Leben zu nehmen. Bedeutet das, daß es niemals geschehen wird? Nein, es wird geschehen, soviel ist sicher. Und wenn es geschieht, ist Mitgefühl für alle Beteiligten vonnöten.

Ihr lebt nicht in einer vollkommenen Welt. Indem ihr von anderen erwartet, dass sie vollkommen sind, greift ihr sie an. Das entspricht nicht meiner Lehre. Es ist bereits ein Angriff, andere als schuldig zu betrachten. Greife deinen Bruder oder deine Schwester nicht an. Daraus kann nichts Gutes entstehen.

Religiöse Rechtschaffenheit

Religiöse Rechtschaffenheit ist ein verschleierter Angriff auf andere. Nur die Hochmütigen glauben, sie hätten ein Monopol auf die Wahrheit und das Recht, über andere zu urteilen und ihnen zu sagen, was richtig ist und was falsch.

Die christliche Religion – jene Religion, die behauptet, von mir inspiriert zu sein – ist von unzähligen Fällen von spirituellem Hochmut belastet. Es gibt keine Entschuldigung oder Rechtfertigung für den Mißbrauch anderer. Aber es wird wohl immer irgend jemanden geben, der es nötig hat, anderen zu predigen, so wie es immer Menschen geben wird, die in bezug auf ihren Glauben so unsicher sind, daß sie ihm zuhören und ihn Messias nennen. Sie verkünden seine Lehre und verleugnen die Weisheit in ihren eigenen Herzen. Doch solche Idole müssen unweigerlich fallen. Und wenn das geschieht, kommen die Ängste ihrer Anhänger ans Licht und können heilen.

Der Prediger, der seine Weisheiten von jeder Waschmittelpackung verkündet, ist vielleicht ein

Narr, aber derjenige, der ihm glaubt, ist ein noch größerer Narr. Und der größte Narr von allen ist der, der den einen oder den anderen oder beide verurteilt.

Wir müssen lernen, andere leben und lernen zu lassen. Die einzige Hilfe, die wir anbieten können, muß auf unserer Liebe und Akzeptanz beruhen, nicht auf unseren Urteilen.

Ich verdamme weder Ehebruch noch Scheidung noch Abtreibung. Denn wenn ich das tun würde, würde ich die daran Beteiligten kreuzigen. Wir hätten eine weitere Inquisition, einen weiteren heiligen Krieg, in dem das Gute gegen das Böse, der Gerechte gegen den Ungerechten kämpft. Es nicht meine Aufgabe, irgend etwas oder irgend jemanden zu verurteilen. Ich bin gekommen, um zu verstehen und zu segnen. Meine Aufgabe besteht darin, die Angst in den Augen der Menschen zu sehen und sie daran zu erinnern, daß sie geliebt werden.

Und wenn das meine Aufgabe ist, weshalb sollte ich dann auf die einschlagen, die deiner Liebe am dringendsten bedürfen? Du willst mich auf die Ebene deiner Furcht ziehen und mir deine Worte in den Mund legen. Halte inne, mein Freund. Du hast mich mißverstanden. Du bist im Irrtum. Meine Lehre ist eine Lehre der Liebe, nicht eine des Urteilens, Verdammens oder Bestrafens.

Ich habe euch nur zwei Regeln gegeben: Gott zu lieben und einander zu lieben. Das sind die einzigen Regeln, die ihr braucht. Verlangt nicht nach mehr Regeln oder Geboten. Verlangt nicht von mir, dass ich mich in euren Seifenopern auf eine bestimmte Seite schlage und Partei ergreife. Bin ich für das Leben oder für die Freiheit? Wie könnte ich das eine ohne das andere sein? Das ist unmöglich.

Wenn du die Wahrheit erkannt hast, wirst du es nicht länger nötig haben, deinen Bruder oder deine Schwester anzugreifen. Selbst wenn du überzeugt bist, daß du recht hast und er oder sie im Unrecht ist, wirst du ihm oder ihr nicht die „Wahrheit" um die Ohren schlagen, sondern verständnisvoll reagieren und deine Unterstützung anbieten. Auf diese Weise könnt ihr gemeinsam der Wahrheit noch näher kommen, weil ihr eure Liebe miteinander teilt.

Jedesmal, wenn ich etwas sage, um euch zu lehren, macht irgend jemand aus meinen Worten einen Knüppel, mit dem er auf andere einschlagen kann. Seid euch darüber im klaren, meine Freunde, daß Worte, mit denen man auf andere einschlägt, nicht von mir kommen können.

Ich habe dir gezeigt, wo der Schlüssel liegt, der die Tür zu deinem Innern aufschließen kann. Bitte benutze ihn und mach dir keine Sorgen über die Taten und Worte anderer. Arbeite an dir selbst. Wenn du die Wahrheit fest in deinem Herzen verankert hast, kannst du in die Welt gehen und sie mit anderen teilen. Bevor du dieser Lehre dienen kannst, mußt du sie verinnerlichen. Sei kein Sprachrohr für Worte und Überzeugungen, die du nicht voll und ganz in dein Leben integriert hast. Bezeichne dich nicht als meinen Jünger, denn ich habe keine Jünger. Alle, die meine Lehre verbreiten, tun das von der selben Bewußtseinsebene aus wie ich. Andernfalls ist das, was sie verbreiten, nicht meine Lehre.

Ein erleuchteter Mensch, ob Mann oder Frau, hat Mitgefühl mit allen Wesen. Seine Worte spiegeln sich in seinen Taten wider. Du wirst nie beobachten können, daß er sich anderen gegenüber lieblos verhält oder dass er von anderen verlangt, ihm zu folgen und seinen Willen zu tun. Dennoch besitzt er eine innere Gewißheit, die seinen Worten Autorität verleiht. Aber diese Autorität gibt er stets an seine Zuhörer zurück. Denn diese müssen ganz allein entscheiden, nach welchen Vorstellungen sie ihr Leben leben wollen.

Gesunde Beziehungen

Der Weg des Herzens

Viele von euch glauben, eine Beziehung könne sie glücklich machen. Nichts ist weiter von der Wahrheit entfernt. Die Verheißung von Glück durch Beziehungen ist ein schlechter Scherz. Das stellt ihr im allgemeinen sehr schnell fest.

Ihr könnt nur auf einem einzigen Weg echte Erfüllung finden: indem ihr lernt, euch selbst zu lieben und zu akzeptieren. Auf dieser Basis hören eure Beziehungen auf, traumatisch zu sein. Das hängt vielleicht damit zusammen, daß ihr nun mit etwas weniger großen Erwartungen an eine Beziehung herangeht.

Wenn du in der Lage bist, „mit dir selbst zu sein", wird es dir auch leichter fallen, mit anderen „zu sein". Doch wenn dein Leben eine einzige Flucht vor dir selbst ist, kannst du kaum erwarten, daß du fähig sein wirst, eine stabile Beziehung einzugehen. Das ist einfach unmöglich. Du wirst lediglich ein paar Kollisionen haben.

Ihr lebt in einer Zeit, in der sich die Familienstrukturen immer mehr auflösen und immer mehr Menschen Schwierigkeiten haben, geerdet zu bleiben. Existentielle Rhythmen und Geborgenheit vermittelnde Bindungen wurden zerstört. Vertrauen ist für die meisten Menschen zum Fremdwort geworden.

Was ihr jetzt erlebt, geschieht immer, wenn das Alte stirbt und etwas Neues geboren wird. Es ist eine traumatische Übergangszeit. Ich bitte euch, das zu sehen. Sucht in einer solchen Zeit das Glück nicht außerhalb von euch. Sonst werdet ihr in euren Netzen Dinge vorfinden, nach denen ihr nicht gesucht habt. Ihr habt genug mit eurem eigenen Schmerz zu tun. Vergrößert ihn nicht, indem ihr zusätzlich noch das Leid anderer mit euch herumschleppt.

Willst du mit einem anderen Menschen tanzen, dann sorge zuerst einmal dafür, daß du in dir selbst ruhst und gut geerdet bist. Lerne, auf deine innere Führung zu hören. Sprich mit deinem verletzten inneren Kind und mit deinem göttlichen Selbst. Lerne, dir zu vergeben und Mitgefühl für dich selbst zu empfinden. Bleib bei dir und deinen Erfahrungen und lerne daraus. Bleibe im Rhythmus deines eigenen Lebens verankert. Sei offen für andere, aber verleugne dich nicht selbst, um mit ihnen zusammenzukommen. Diejenigen, die zu tanzen verstehen, werden dir auf halbem Wege entgegenkommen. Es wird kein Kampf sein. Du wirst Freundschaft erleben, die nicht mit Anstrengung und Mühe verbunden ist.

So sollte es sein. Wenn du mit deinem Partner in Frieden zusammensein kannst, ist eure Beziehung in Ordnung. Herrscht dagegen Unfrieden in eurer Beziehung, so ist sie entweder unpassend oder unreif. Beziehungen zwischen Partnern, die nicht zueinander passen, verstärken die Muster des Mißbrauchs aus der Vergangenheit. In solchen Beziehungen ist das Lernen ein schmerzhafter Prozeß. Du kannst und solltest eine bessere Wahl treffen. Doch um diese bessere Wahl treffen zu können, mußt du ohne falsche Bescheidenheit sagen können, was du willst. Wenn du zuläßt, daß der andere die Bedingungen für die Beziehung diktiert, brauchst du dich nicht zu wundern, wenn du dich mißachtet fühlst. Du weißt, was sich für dich gut anfühlt und was nicht. Sag, was du brauchst, stehe zu deiner Wahrheit und laß dich nicht von dem Weg abbringen, der zu deiner Heilung führt. Nur wenn du entschlossen bist, dich selbst zu achten, ziehst du einen Partner an, der bereit ist, das ebenfalls zu tun.

Das sind einfache Wahrheiten. Aber sie werden nicht gelebt. Du machst immer wieder Kompromisse, unterwirfst dich den Spielregeln anderer und betrügst dich selbst. Inzwischen solltest du eigentlich genug davon haben, ständig die gleiche Lektion zu wiederholen und deine Wunde zu vergrößern.

Ich will es dir so deutlich wie möglich sagen: Wenn du nicht gut für dich selbst sorgen kannst oder nicht dazu bereit bist, wird auch kein anderer Mensch für dich sorgen. Dein Mangel an Liebe und Fürsorge für dich selbst zieht Menschen in dein Energiefeld, die ähnliche Lektionen zu lernen haben. Und dann spiegelt ihr euch gegenseitig diesen Mangel an Selbstachtung und Selbstliebe.

Es ist unmöglich, sich einem anderen Menschen zu verpflichten, wenn man sich nicht selbst verpflichtet ist. Das ist sehr wichtig. Diejenigen, die selbstlos zu handeln versuchen, zäumen das Pferd von der falschen Seite auf. Sorge zuerst gut für dich selbst. Erst dann kannst du darüber hinausgehen. Das ist kein Egoismus, sondern Hingabe an das Göttliche im eigenen Innern.

Der oder die Geliebte zeigt sich, wenn man sich dem eigenen Selbst verpflichtet fühlt. Er oder sie manifestiert sich im Außen, wenn diese Selbstliebe ein festes Fundament hat. Dann gehen die äußere und die innere Verbindlichkeit Hand in Hand. Indem man den Geliebten oder die Geliebte ehrt, ehrt man das göttliche Selbst, das in allen Körpern wohnt. Es ist eine heilige Beziehung.

Nur wenige Menschen begegnen ihrem oder ihrer Geliebten in diesem Leben, denn nur wenige haben gelernt, sich selbst zu achten. Nur wenige sind innerlich geheilt. Du kannst jedoch eine oder einer dieser wenigen sein, wenn du bereit bist, etwas für deine eigene Heilung zu tun. Übernimm diese Verantwortung, und der oder die Geliebte wird die Botschaft erhalten.

Leiste diesen einfachen Schwur: Ich schwöre, daß ich mich von nun an in keiner meiner Beziehungen verleugnen oder verraten werde. Ich werde ehrlich sagen, was ich denke und fühle. Ich werde das mitfühlend tun, aber ich werde mich nicht von der Reaktion meines Beziehungspartners abhängig machen. Ich vertraue darauf, daß ich dadurch, daß ich die Wahrheit sage und mich selbst achte, mit meinem oder meiner Geliebten verbunden bin. Von jetzt an werde ich nicht mehr versuchen, eine Beziehung „zum Funktionieren zu bringen", indem ich mich aufopfere, um die Bedürfnisse meines Partners zu erfüllen.

Die Ehe

Eine Ehe muß zuerst in den Herzen der Partner geschlossen werden. Allen echten Beziehungen ist eines gemeinsam: Man wünscht für die andere Person das Beste. Man ist sogar bereit, den Partner loszulassen, wenn er oder sie dadurch glücklicher werden kann. Im Gegensatz zur landläufigen Meinung ist die Ehe kein Band, das uns aneinander bindet, sondern eines, das uns befreit.

Man wünscht, daß der Partner so glücklich wie möglich sein kann, so wie man sich das auch für sich selbst wünscht. Man liebt den Partner wie sich selbst, man bringt ihm die gleiche Zuneigung entgegen. In einer echten Partnerschaft sind die Bedürfnisse des Partners genauso wichtig wie die eigenen. Nicht wichtiger, nicht weniger wichtig, sondern genauso wichtig. In der Ehe erstreckt sich die gleiche liebevolle Fürsorge, die man sich selbst entgegenbringt, auch auf den Partner. Es ist keine neue Geste, sondern die Erweiterung einer vertrauten.

Eine Ehe ist nicht das Versprechen, bis in alle Ewigkeit zusammenzubleiben, denn das kann niemand versprechen. Sie ist das Versprechen, „jetzt" da zu sein. Dieser Schwur muß in jedem Augenblick erneuert werden, wenn er überhaupt von Bedeutung sein soll. In Wirklichkeit kannst du in einem Moment verheiratet sein, und im nächsten nicht. Die Ehe ist also ein Prozeß, eine Reise, auf der man lernt, für sich selbst und den anderen ganz präsent zu sein.

Es wäre gut, wenn sich alle Ehepaare immer wieder daran erinnern würden, wozu sie sich innerlich verpflichtet haben. Dieses Versprechen zu vergessen bedeutet, die Ehe zu entweihen. Ehebrecherische Beziehungen sind nur das Ergebnis des Mangels an Nähe zwischen den Ehepartnern. Der Ehebruch ist nicht das Problem, sondern nur ein Symptom. Wenn du dich deinem Partner wirklich verbunden fühlst, ist es dir unmöglich, ihn oder sie zu betrügen. Denn das wäre so, als würdest du dich selbst betrügen. Du kannst es einfach nicht tun. Vielleicht fühlst du dich zu einem anderen Menschen hingezogen, aber du hast nicht den Wunsch, mit dieser Person zusammenzusein. Du stellst dir nicht vor, wie es wäre, mit dieser Person ins Bett zu gehen.

Wenn du verheiratet bist, ist der Wunsch nach sexueller Vereinigung ein wichtiger Teil des Ehesakraments. Die Ehe sollte eine Umarmung sein, die alle Chakras einbezieht. Die sexuelle Leidenschaft ist Teil einer umfassenderen Anziehung, die den Wunsch auslöst, sein Leben mit diesem Menschen zu teilen. Wenn die Sexualität abgespalten wird, wird sie immer als Angriff erlebt. Viele Eheleute praktizieren Sex ohne echte Hingabe. Das ist der Beginn eines inneren Trennungsprozesses, der oft zur Untreue führt. Doch soweit könnte es gar nicht kommen, wenn nicht einer der Partner (oder beide) die Beziehung durch lieblosen Sex entweihen würden.

Wenn die Partner einander lieben und sich emotional einander hingeben, wird die Sexualtät zu einer absolut erhebenden, heiligen Erfahrung. Eine solche Beziehung kann niemals von außen zerstört werden. Doch wenn die Kommunikation innerhalb der Beziehung nachlässig und rücksichtslos wird, wenn die Ehepartner sich keine Zeit mehr füreinander nehmen, dann wird die Beziehung zu einer leeren Hülle, in der man sich versteckt. Die Energie schwindet aus der Beziehung und die Partner fühlen sich einander nicht mehr verbunden. Die Sexualität wird zu einem körperlichen Akt des Betrugs.

Die innere Verbundenheit kann wiederhergestellt werden, wenn beide Partner dazu bereit sind und einander vertrauen können. Denn das Ziel der Vereinigung auf allen Ebenen kann nur durch Liebe, Energie und Achtsamkeit verwirklicht werden.

Scheidung

Beziehungen beenden sich letztendlich selbst. Irgendwann ist nicht mehr genügend Energie und Interesse vorhanden. Der Weg zur Scheidung beginnt mit der Erkenntnis, daß man keine gemeinsamen Ziele mehr hat und keine gegenseitige Anziehung mehr vorhanden ist.

Nicht alle Beziehungen sind dazu bestimmt, in die Ehe zu münden. Manche sollen vorübergehende Lernerfahrungen sein, die ein paar Monate oder Jahre dauern. Unglücklicherweise heiraten viele Menschen, bevor sie im Herzen die Gewißheit haben, daß sie einen Lebenspartner gefunden haben. Doch wenn beide Seiten den Fehler einsehen, entsteht kein Schaden. Es ist auch unnötig, sich der falschen Wahl eines Ehepartners zu schämen, denn damit ist niemandem gedient. Viele Menschen machen diesen Fehler. Manche leiden daran und verharren in Beziehungen, die schon lange ihre Lebendigkeit eingebüßt haben. Andere schleichen sich aus solchen Beziehungen davon, bevor sie ihre Lektionen gelernt haben und mit ihren Partnern ins reine gekommen sind. Das ist keine neue Entwicklung.

Wie die Hochzeit beginnt auch die Scheidung in den Herzen der Partner. Es ist ein organischer Prozeß der Entflechtung. Wenn zwei Menschen so weit miteinander gegangen sind, wie sie können oder wollen, ist eine Scheidung die einzig humane Lösung. Es ist unethisch, einen anderen Menschen gegen seinen Willen festhalten zu wollen. Im besten Fall sind die Partner bei der Scheidung dankbar für die Zeit, die sie miteinander verbringen konnten. Dann ist es keine Trennung, sondern eine Vollendung.

Es wäre unehrlich zu behaupten, daß Kinder durch die Scheidung ihrer Eltern nicht verletzt würden. Sie werden aber auch verletzt, wenn ihre Eltern sich weigern, einander zu lieben und zu respektieren. Wenn die durch die Scheidung geschaffene Distanz den Partnern hilft, wieder Respekt füreinander zu empfinden, so kann das für die Kinder durchaus förderlich sein. Kinder profitieren immer, wenn sie beobachten können, wie Erwachsene liebevoll miteinander umgehen und sich gegenseitig achten. Doch auch in einer heilsamen Trennungssituation müssen die Eltern den Kindern fortwährend besondere Aufmerksamkeit schenken, damit diese sich nicht im Stich gelassen oder schuldig fühlen.

Beziehungen und Grenzen

Die Fähigkeit, Beziehungen harmonisch zu gestalten, setzt ein Verständnis für Grenzen voraus. Du mußt erkennen, welche psychischen Inhalte zu dir gehören, damit du sie nicht auf deinen Partner projizierst oder sie zurücknehmen kannst, wenn du merkst, dass du es getan hast. Nichts bringt mehr Verwirrung in eine Beziehung als der Kreislauf gegenseitiger Projektionen. Obwohl Spiegelung – das Wiedererkennen der eigenen Eigenschaften im Partner – sehr hilfreich sein kann, haben die wenigsten Menschen genug Gespür für Grenzen entwickelt, daß sie diese Art von Rückmeldung positiv nutzen können. Bei den meisten Menschen führen Projektionen nicht zu größerer Bewußtheit, sondern zu weiteren unbewußten Reaktionen. Auch wenn das damit verbundene Leid irgendwann zu größerer Bewußtheit führen kann, gibt es Möglichkeiten des Lernens, die weniger hart sind.

Um auf sanfte Weise lernen zu können, solltest du einen Partner wählen, der nicht „alle deine Knöpfe auf einmal drückt." Wähle einen Partner oder eine Partnerin, der oder die sich eine bewußt gelebte Beziehung wünscht und bereit ist, Verantwortung für die Konfrontation mit den eigenen Ängsten zu übernehmen. Wähle einen Partner, den du liebst und respektierst, und der oder die in der Lage ist, ein sicheres, liebevolles Energiefeld aufrechtzuerhalten. Gib dich nicht mit weniger zufrieden.

Wende immer, wenn zwischen dir und deinem Partner Unfrieden herrscht, die folgenden einfachen Kommunikationsregeln an.

1. ***Identifiziere deine Angst.*** *Angst ist die Wurzel aller negativen, streßauslösenden Emotionen, einschließlich Wut und Verletztheit. Verweile lange genug bei deinen Gefühlen, um die ursprüngliche Angst identifizieren zu können. Übertreibe deine Gefühle ein wenig, wenn dir das hilft, die Ursache der Angst deutlicher zu erkennen.*

2. ***Erkenne, daß du dich als Opfer betrachtest.*** *Unser innerer Frieden verläßt uns nur, wenn wir glauben, jemand anders könnte uns gegen unseren Willen etwas tun. Was genau macht in dieser Situation dein Gefühl der Hilflosigkeit aus?*

3. ***Übernimm Verantwortung für deine Opferrolle*** *und deine Hilflosigkeit und teile sie deinem Partner auf eine Weise mit, die ihm zeigt, daß du die volle Verantwortung für deine Gefühle übernimmst. (Zum Beispiel: „Als du nicht angerufen hast, hatte ich Angst, verlassen zu werden. Ich fühle mich schwach und hilflos, wenn ich davon abhängig bin, von dir auf eine bestimmte Weise geliebt zu werden.") Bitte den anderen, dir zuzuhören ohne zu urteilen oder zu antworten.*

4. ***Vergewissere dich, daß der andere dich verstanden hat,*** *damit du das Gefühl hast, wirklich gehört worden zu sein.*

5. ***Frage den anderen, ob das, was du gesagt hast, irgendwelche Gefühle bei ihm oder ihr auslöst*** *(keine Urteile oder Ratonalisierungen, sondern Gefühle).*

6. ***Höre dir an, was der andere zu sagen hat, ohne es zu bewerten oder zu interpretieren.*** *Bestätige, daß du ihn oder sie wirklich gehört hast.*

7. ***Dankt euch gegenseitig dafür, daß ihr bereit wart, einander zuzuhören.***

8. ***Versucht jetzt nicht, eine Lösung zu finden.*** *Freut euch einfach darüber, daß ihr einander zugehört* *habt. Vereinbart, wieder miteinander zu sprechen, falls sich bei einem von euch neue Einsichten oder andere Gefühle zu dem, was geschah, ergeben.*

Diese Methode funktioniert immer, weil sie euch beiden hilft, in jeder Situation die volle Verantwortung für eure Gefühle zu übernehmen. Sie erlaubt euch nicht, den anderen für eure Gefühle verantwortlich zu machen. Wenn du deine Gefühle für dich „beanspruchst" und sie mitteilst, fühlt sich der andere nicht angegriffen, denn du gibst ihm Informationen über dich selbst, anstatt ihn für deine Erfahrung verantwortlich zu machen. So werden die Grenzen respektiert und gegenseitige Übergriffe ausgeschlossen.

Die Methode ist außerdem erfolgreich, weil sie euch vermeiden hilft, den Partner „festzunageln". Ihr einziges Ziel ist eine bessere, klarere Kommunikation (auf eine nicht bedrohliche Weise) über das, was jeder von euch fühlt. Eine ehrliche Herz-zu-Herz-Kommunikation läßt sofort wieder das Gefühl von Liebe und Verbundenheit zwischen euch entstehen. Und wenn das geschieht, lösen sich alle Probleme auf – die ja nur Symptome der inneren Trennung und Entfremdung sind.

Der Versuch, sich auf das Problem zu konzentrieren, verstärkt es nur. Dann fließt die Energie in das Bemühen, die Trennung zu „überwinden", anstatt ihre Ursachen zu verstehen. Das Bedürfnis, etwas „in Ordnung" zu bringen, beruht immer auf der Annahme, daß irgend etwas nicht in Ordnung ist. Und wenn irgend etwas nicht in Ordnung ist, wird in der Regel „irgend jemand" dafür verantwortlich gemacht. Es ist viel heilsamer, von der Annahme auszugehen, daß *alles in Ordnung ist*. Du hast einfach nur ein Gefühl, das du mitteilen mußt.

Das Zurückhalten von Gefühlen führt zur Entfremdung; der Austausch von Gefühlen verhindert sie. In den meisten Fällen zieht das Zurückhalten von Gefühlen sofort Projektionen und Anschuldigungen nach sich. Auf diese Weise gerät der Frieden schnell außer Reichweite. In solchen Momenten muß man die eigenen Projektionen zurücknehmen, Verantwortung für die eigenen Gefühle übernehmen und sie mitteilen. Diese einfache Strategie stellt die notwendigen Grenzen wieder her und schafft ein sicheres Energiefeld, in dem beide Partner die Chance haben, wirklich gehört zu werden.

Tägliche Rituale der Nähe und des Friedens

Die Qualität deiner Beziehung zu dir selbst kann man daran messen, wieviel Zeit du dir bewußt nimmst, um „mit dir zu sein". Die Qualität deiner Beziehung zu anderen kann man daran erkennen, wieviel Zeit du dir für euer Zusammensein nimmst. Wenn du dir beispielsweise täglich eine halbe Stunde Zeit nimmst, um zu meditieren oder in Stille mit dir allein zu sein, könntest du auch jeden Tag eine bestimmte Zeit für ein intensives Zusammensein mit deinem Partner reservieren. Wenn du gern zum Essen ausgehst oder dir zuhause eine gemütliche Atmosphäre schaffst, könntest du das auch zusammen mit deinem Partner tun.

Suche nach Möglichkeiten, gut für dich selbst zu sorgen, während du mit deinem Partner zusammen bist. Teile deinem Partner mit, was dir gut tut und was dir inneren Frieden schenkt. Wählt bestimmte Rituale, die euch beide nähren, und praktiziert sie gemeinsam, einmal am Tag oder einmal in der Woche.

Zelebriert eure Verbundenheit, indem ihr euch täglich mindestens fünf Minuten Zeit nehmt, um einander still in die Augen zu schauen. Übt euch darin, eure harte Schale durchlässig zu machen und die Liebe eures Partners hereinzulassen. Erinnert euch daran, weshalb ihr euch entschieden habt, den Weg gemeinsam mit diesem Menschen zu gehen, und erneuert eure innere Verpflichtung, sein oder ihr höchstes Wohl im Auge zu behalten. Beginnt den Tag mit einer liebevollen Geste und weiht eure Liebe dann Gott. Betet darum, daß ihr an diesem Tag fähig seid, zu lernen, zu lieben und euch selbst zu erkennen. Betet darum, daß ihr euer Herz jedem Menschen öffnen könnt, dem ihr heute begegnet. Betet darum, daß ihr fähig seid, durch eure Ängste hindurchzugehen. Betet darum, daß ihr für andere hilfreich sein könnt. Betet darum, daß ihr eure innere Führung wahrnehmt. Erinnert euch jeden Tag an einander und an Gott. Auf diese Weise wird die spirituelle Grundlage eurer Beziehung immer wieder erneuert.

Wiederholt dieses Ritual jeden Abend vor dem Schlafengehen. Dankt für alles, was an diesem Tag geschehen ist und euch geholfen hat, euer Herz zu öffnen und durch eure Ängste hindurchzugehen. Legt alle ungelösten Angelegenheiten in Gottes

Hand – mit der Bereitschaft zu tun, was dem höchsten Wohl aller Beteiligten dient. Gibt es Unstimmigkeiten zwischen euch, dann versucht, die Atmosphäre verbal oder ohne Worte zu bereinigen. Drückt gegenseitig eure Dankbarkeit aus. Schaut euch in die Augen und laßt zu, daß euer Herz sich öffnet. Wenn ihr euch körperlich lieben wollt, dann tut es voller Freude und Dankbarkeit und öffnet eure Augen und Herzen für die Schönheit eures Partners, eurer Partnerin. Sex ist nicht etwas, das man hastig „hinter sich bringen" sollte. Du mußt nicht dein Bewußtsein verlieren, um das Vorspiel oder die Entspannung durch den Orgasmus mit deinem Partner genießen zu können. Der sexuelle Austausch mit deinem Partner ist etwas Heiliges, ein Akt des Vertrauens, der gegenseitigen Hingabe und körperlichen Kommunion.

Sex als körperliche Kommunikation

Eine wesentliche Voraussetzung für das volle Aufblühen eurer Beziehung ist die Fähigkeit, eure Sinnlichkeit zu genießen. Sie ist nichts, wovor ihr euch fürchten oder wofür ihr euch schämen müßtet. Ihr solltet sie als ein Geschenk Gottes betrachten und zelebrieren. Wenn du einen Partner hast, der dich liebt und achtet und der dich voll Dankbarkeit und Freude berührt, so ist das ein Gottesgeschenk.

Manche Menschen lehnen eine gesunde Sexualität ab, weil sie Probleme mit ihrer eigenen Sexualität haben. Diese Menschen – zu denen auch viele Kirchenleute gehören – verschmutzen den Brunnen für andere. Schenke ihren Worten keine Beachtung. Sie haben in diesem Leben ihre eigenen schwierigen Lektionen zu lernen.

Die einzig verwerfliche Ausdrucksform der Sexualität ist Sex ohne Liebe. Manche Menschen sind süchtig nach dieser objekt-orientierten Sexualität. Sie versuchen in der orgiastischen Lust Erfüllung zu finden. Aber das funktioniert nie, weil man nach der Gipfelerfahrung des Orgasmus stets wieder auf den Boden der Realiät zurückkehren muß, wo der Kontakt mit dem Partner unausweichlich ist. Wenn du den Menschen liebst, mit dem du zusammen bist, wird dieser Kontakt harmonisch und friedvoll sein. Andernfalls wirst du dich leer und unbehaglich fühlen.

Sex ohne Liebe ist letztendlich immer unbefriedigend und suchterzeugend. Man braucht immer mehr davon. Mehr Sex, mehr Partner, mehr Stimulation. Aber mehr ist nie genug. Wenn du dich auf eine sexuelle Beziehung mit jemandem einläßt, den du nicht liebst, mißachtest du dich und die andere Person. Sex ohne Liebe bereitet den Boden für Mißbrauch. Wenn du dir viel Leid ersparen willst, dann laß dich nicht auf eine sexuelle Beziehung mit jemandem ein, den du nicht liebst.

Aber auch wenn du in einer liebevollen Beziehung lebst, solltest du dich nur dann auf Sex einlassen, wenn dein Herz offen für deinen Partner ist. Sex ohne Liebe, unter welchen Bedingungen auch immer, zerstreut die Energie eurer Verbindung und vergrößert eure emotionalen Wunden.

Das sagt euch der gesunde Menschenverstand, aber wie viele von euch leben danach? Seid nicht nachlässig in eurem Verhalten gegenüber eurem Partner. Schließt nicht die Augen, werdet nicht unbewußt. Der oder die Geliebte verdient eure volle Aufmerksamkeit.

Wöchentliche Rituale

Einmal pro Woche solltet ihr mit anderen Menschen zusammenkommen, um euch gemeinsam an das Göttliche in jedem von euch zu erinnern. In unserer Tradition war der Sabbat stets heilig. Es ist eine Zeit, in der sich die ganze Gemeinde versammelt, um sich an ihr Versprechen zu erinnern, sich von Gott leiten zu lassen.

Am Sabbat macht ihr eine Pause vom Auf und Ab der weltlichen Angelegenheiten. Ihr dankt Gott für alle Freuden und erbittet seine Hilfe für alle Herausforderungen. Gemeinsam betet ihr um Verständnis und Frieden. Ihr schafft ein sicheres Energiefeld, wo viele Menschen ihre Herzen öffnen und durch ihre Ängste hindurchgehen können.

In dieser urteilsfreien Atmosphäre gegenseitiger Unterstützung ist es möglich, ehrlich zu sein und sich mit allen Schwächen zu zeigen. Leid wird zur Kenntnis genommen, miteinander geteilt und losgelassen. Unstimmigkeiten zwischen einzelnen werden geklärt, damit sie euch nicht schwer auf dem Herzen liegen. Diese Zusammenkünfte bieten Raum für Bekenntnisse und Versöhnungen. Hier können die Mißgeschicke und Mißverständnisse eurer weltlichen Erfahrung sich im Licht bedingungsloser Annahme und Liebe auflösen.

Paare und Kleinfamilien finden hier die erweiterte Familie, die Gemeinde, den multikulturellen Mikrokosmos, in dem die verschiedensten Individuen aufeinandertreffen: Schwarze und Weiße, Alte und Junge, Männer und Frauen, Arme und Reiche, Gebildete und Ungebildete. Hier ist das Herz des Einzelnen offen für alle Brüder und Schwestern. Hier demonstriert er seine Gleichheit und Solidarität mit anderen Frauen und Männern.

Einen solchen urteilsfreien, sicheren, liebevollen Raum, der allen Menschen offensteht, sollte es in jeder Gemeinde geben. Und falls in deiner Stadt noch keiner existiert, hast du hier Gelegenheit, mit deinem Dienst zu beginnen. Indem du nach Möglichkeiten suchst, dein Bedürfnis nach einer spirituellen Gemeinschaft zu erfüllen, ebnest du den Weg, auf dem auch andere den sicheren, heilsamen Raum erreichen können. Die einzige Vorausetzung ist deine Bereitschaft, dich mit einem anderen Menschen im Geiste bedingungsloser Liebe und gegenseitiger Unterstützung zusammenzuschließen.

Das ist keine politische Angelegenheit, sondern ein spiritueller Akt. Ein solcher Raum muß offen für alle sein, die bereit sind, die einfachen Regeln zu beherzigen. Hier wird kein Werbeträger gebraucht und kein Podium für wichtigtuerische Lehrer, die ihre persönlichen Evangelien predigen wollen. An einem solchen Ort werden keine Glaubenssätze verkündet, sondern die Prinzipien von Liebe und Gleichheit gelebt. Es ist ein Ort der Vergebung, ein Energiefeld, in dem wir so viel Sicherheit spüren, daß wir die Vergangenheit hinter uns lassen und uns für das Wunder des gegenwärtigen Augenblicks öffnen können. Es ist ein einfacher Ort, ein sicherer Raum, der leicht zu finden und aufrechtzuerhalten ist.

Laß alle anderen Götter und Idole draußen, wenn du durch die Tür dieses Heiligtums gehst. Laß alle Kämpfe um Selbstachtung, Anerkennung, Geld oder Ruhm hinter dir. Hier bekommst du Anerkennung ohne Gegenleistung und ohne Bedingungen. Hier bist du ein Kind Gottes, ein Bruder oder eine Schwester für jeden, den du hier triffst. Unterstütze die Gemeinde so gut du kannst. Gib von deiner Zeit, deiner Energie und von deinem Geld, das du mit Hilfe deiner Fähigkeiten und Talente verdienst. Wenn jedes Mitglied die Gemeinschaft nach seinen Kräften und Möglichkeiten unterstützt, werden stets genügend Ressourcen da sein, um den sicheren Raum und die verschiedenen Angebote aufrechterhalten zu können.

Denkt daran, daß dieser Raum klein und schlicht bleiben sollte. Damit Nähe und Gemeinschaftsgeist nicht verloren gehen, sollte eine spirituelle Gemeinschaft nicht mehr als etwa hundert erwachsene Mitglieder haben. Gemeinschaften, die diese Größe überschreiten, werden meistens zu Institutionen, die kaum noch auf die Bedürfnisse ihrer Mitglieder eingehen.

Es sollte auch Programme für Kinder geben, in denen diesen gezeigt wird, wie man Verantwortung für die eigenen Gedanken und Gefühle übernimmt, wie man ehrlich und ohne andere anzugreifen kommuniziert und wie man Konflikte friedlich löst. Man kann Kindern auch die Grundlagen der Meditation, des Gebets und der Heilung erläutern und demonstrieren. Doch der Schwerpunkt dieses Programms sollte darauf liegen, den Kindern zu vermitteln, wie sie sich selbst und andere gleichermaßen achten können. Spiele ohne Konkurrenzdruck, Theaterspiel, Kunst und Musik können als Instrumente des Selbstausdrucks und der Kooperation dienen.

Die einfachste Form einer spirituellen Gemeinschaft ist die *Affinitiy-Gruppe,* eine Gruppe von acht bis zehn Menschen, die gemeinsam lernen wollen, Vergebung zu üben und einander bedingungslos zu lieben und zu unterstützen. Statt eines Leiters oder Lehrers gibt es lediglich einen Koordinator und von einem bestimmten Zeitpunkt an übernehmen alle Mitglieder die Gestaltung des Gruppenprozesses gemeinsam.

Eine spirituelle Gemeinschaft von größerer Vielfalt kann entstehen, wenn sich mehrere Affinity-Gruppen zusammenschließen. Die Mitglieder dieser Gruppen wissen bereits, wie man gemeinsam einen sicheres, liebevolles Energiefeld schaffen kann, und können so mit ihrer Erfahrung diesen Prozeß in einem größeren Rahmen unterstützen. Die große Gruppe könnte sich beispielsweise einmal im Monat, vierteljährlich oder immer, wenn das Bedürfnis oder ein Anlaß besteht, zu einem gemeinsamen Abendessen oder zur Gruppenmeditation treffen. So kann allmählich eine größere spirituelle Gemeinschaft organisch zusammenwachsen.

Die Vision der Unschuld aufrechterhalten

In einer Affinity-Gruppe (oder jeder anderen spirituellen Gemeinschaft) geht es vor allem darum, das Wissen um die Unschuld jedes Einzelnen aufrechtzuerhalten. Eine authentische spirituelle Gemeinschaft stellt ihr sicheres, liebevolles Energiefeld allen Menschen zur Verfügung, die bereit sind, gemeinsam mit anderen diese liebevolle Energie zu halten. Diejenigen, die dazu nicht bereit sind, solltet ihr liebevoll verabschieden. Betet für sie und sagt ihnen, daß sie zurückkommen können, wenn sie bereit sind, die Ziele und Regeln der Gruppe zu achten. Es ist genauso wichtig, den sicheren Raum zu schützen, wie offen für neue Mitglieder zu sein. Wenn ihr nicht entschlossen seid, die Energie zu halten, wird die Gruppendynamik bedingungsloser Liebe und Unterstützung unnötigerweise gefährdet.

Die Mitglieder der spirituellen Gemeinschaft wollen ohne Bedingungen akzeptiert und geliebt werden und sind ebenfalls bereit, diese bedingungslose Liebe und Annahme zu geben. Jedes Grupenmitglied wird als unschuldig betrachtet, ganz gleich, was dieser Mensch mit den anderen teilt. Fehler, die in der Vergangenheit gemacht wurden, wie schwerwiegend sie auch sein mögen, werden dem Betreffenden nicht vorgeworfen. Er wird in jedem Augenblick als ein neuer und unschuldiger Mensch gesehen. Und jede Tendenz zu urteilen wird als das gesehen, was sie ist: die Projektion eigener Schuldgefühle auf den Betreffenden. Sobald die Projektion als solche erkannt wird, wird sie zurückgenommen. „Ich betrachte dich als egoistisch, weil ich in der Vergangenheit selbst egoistisch gehandelt habe und mir das bisher noch nicht verzeihen konnte."

Wenn man sich selbst vergibt, gibt es keinen Grund mehr, irgend jemand anderen für irgend etwas zu verurteilen. Die spirituelle Gemeinschaft hält also einfach das Energiefeld aufrecht, in dem Vergebung stattfinden kann. In diesem Sinne ist es kein interaktiver Prozeß. Niemand versucht, irgend jemanden „in Ordnung zu bringen", zu ändern oder zu heilen. Heilung geschieht durch den Geist und findet in dem Augenblick statt, in dem der Einzelne bereit ist, die Opferrolle aufzugeben und um Hilfe zu bitten.

Die Gruppe hält das Energiefeld, in dem Süchte und kontrollierendes Verhalten losgelassen und an die geistige Welt abgegeben werden können. Sie gibt nicht vor, die Probleme irgendeines ihrer Mitglieder lösen zu können. Sie macht jedem Gruppenmitglied lediglich immer wieder bewußt, daß es unschuldig ist. Die Gruppe sieht das Individuum so, wie ich es sehen würde. Die betreffende Person ist „in Ordnung", so wie sie jetzt ist. Wonach sie scheinbar auch verlangt, in Wirklichkeit wünscht sie sich nichts als Liebe. Und ich bin bereit, sie zu lieben. Aus meinem Christusbewußtsein heraus erinnere ich jedes einzelne Mitglied der Gruppe an sein eigenes.

Seht, daß nichts anderes nötig ist als Liebe und Akzeptanz, und gebt davon im Überfluß. Und nehmt diese Liebe und Akzeptanz an, wenn sie euch entgegengebracht wird. Wenn ihr das tut, erlebt eine so überwältigende Freude, daß es euch schwerfallen wird, im Körper zu bleiben. Euer Verstand hat sich ergeben, er ist frei von Urteilen, und ihr fühlt euch mit anderen auf eine Weise verbunden, die nicht mit Worten zu beschreiben ist. Wenn du dich der allgegenwärtigen Liebe Gottes hingibst und sie an andere weitergibst, wirst du keine Getrenntheit mehr wahrnehmen. Jeder Mensch, dem du begegnest, wird der oder die Geliebte sein, der oder die dir Gelegenheit gibt, bedingungslos zu geben und zu empfangen. Jede Angst, die in dir aufsteigt und dein Herz zusammenschnürt, ist nur ein Augenblick der Dunkelheit, den du vertrauensvoll dem Licht übergibst.

Du wirst lernen, dir deiner Unschuld absolut gewiß zu sein, dieses Bewußtsein aufrechtzuerhalten und auf alle Kinder Gottes auszudehnen. Denn du bist das Licht der Welt. Es gibt kein anderes. Es gibt kein Erwachen außer dem, das du selbst erfährst. Es gibt nichts außerhalb von dir, nichts Höheres, nach dem du streben müßtest. Und du mußt nichts Vergangenes sühnen. Es gibt nur diesen einen Augenblick, in dem du strahlst wie ein Stern, der den dunklen Himmel erhellt. Wo du auch hinschaust – überall werden neue Sterne geboren. Die innere und die äußere Erfahrung sind zu einem einzigen pulsierenden Rhythmus verschmolzen. Es ist das Lied der gesamten Existenz. Es ist der Phönix, der nach deinem inneren Sterben aus der Asche aufsteigt. Es ist deine aufgestiegene Seele, dein innerer Christus, deine Unschuld.

Die Scham loslassen

Solange Urteile gefällt werden, wird es Scham auf der Welt geben. Scham ist die Überzeugung, daß das Unwahre wahr ist. Scham ist die verkehrte Wahrnehmung der Welt. Die Scham läßt dich sagen: „Ich bin schlecht." Das ist nicht wahr und kann niemals wahr sein. Aber du glaubst es und projizierst diese Überzeugung auf deine Brüder und Schwestern. Jedesmal, wenn du ein Urteil über einen anderen Menschen fällst, verstärkst du dein eigenes Gefühl der Scham.

Es wird keinen Frieden auf der Welt geben, bevor nicht in deinem eigenen Herzen Frieden eingekehrt ist. Aber es kann kein Frieden in dein Herz einkehren, solange du Feinde oder „böse" Menschen um dich herum siehst. Alles Böse, das du in der Welt entdeckst, weist dich auf etwas nicht Verziehenes in deinem eigenen Herzen hin, das der Heilung bedarf. Hör auf, andere zu verurteilen. Beende das „Schuldspiel". Sieh jedes Urteil als das, was es ist: ein Angriff auf dich selbst, ein Angriff auf Gottes Sohn, ein Verstärken deiner eigenen Scham.

Du, mein Freund, bist der einzige Sohn Gottes, so wie ich es war. Es gibt keine Welt jenseits deiner Glaubensätze und Erfahrungen. Jenseits deiner Urteile gibt es keine Hölle – so wie es jenseits deiner Liebe keinen Himmel gibt.

Und dennoch gibst du vor, ein Opfer dieser Welt zu sein. Du tust so, als ob es einen „Teufel" außerhalb deines Denkens gäbe, als ob das „Böse" unabhängig von deinen Urteilen existierte. Das ist nicht wahr. Alles Böse kommt von deinen Urteilen und der Teufel ist nichts anderes als die Projektion deiner Scham. Sieh das Drama nicht außerhalb von dir, sonst wirst du den Schlüssel zum Königreich Gottes verlieren. Diejenigen, die sich als Opfer betrachten, werden nicht ermächtigt werden. Diejenigen, die sich als schwach betrachten, werden die Hindernisse in ihrem Leben nicht überwinden.

Das Drama von Schuld und Scham spielt sich nur in deinem Kopf ab und dort mußt du es auflösen. Glaube einen Augenblick lang: „Ich bin liebenswert, ich bin in Ordnung, wie ich bin, ich bin wertvoll", und schon hörst du auf, ein Opfer zu sein. Glaube: „Ich bin fähig, meinen Bruder zu lieben, ganz gleich, wie er sich mir gegenüber verhält", und schon löst sich das unsichtbare Band der Projektion auf. Du bist der Mann oder die Frau, der oder die den Schlüssel zum Königreich in der Hand hält. Und ich lade dich ein, ihn zu benutzen. Gib die Liebe, die du hast, und die Liebe, nach der du dich sehnst, wird zu dir zurückkehren – vielleicht dann, wenn du es am wenigsten erwartest. Das Geschenk der Vergebung, das du dir selbst machst, berührt alle Menschen. Und so verwandeln sich die Ketten aus Schuld und Scham allmählich in Brücken der Vergebung. Zwischen allen Körpern, die einen Geist vom anderen zu trennen scheinen, entstehen Brücken. Zwischen Gedanken wie „Ich bin es nicht wert, geliebt zu werden" und „er behandelt mich lieblos" entsteht eine Brücke der Selbstachtung, die nur der Aufrichtige überqueren kann.

Was du anderen bereitwillig gibst, gibst du dir selbst. Gibst du echte Liebe, Liebe, die über Fehler hinwegsieht und sich über jegliche Urteile erhebt –

wie könnte dann weniger als das zu dir zurückkommen? Dies ist eine Welt der Kreisläufe. Was hinausgeht, kommt wieder herein und umgekehrt. Die Welt erscheint uns nur linear. Sie existiert nur scheinbar in Raum und Zeit. Aber in Wirklichkeit sind Denken und Handeln eins. Es gibt kein getrenntes „Außen". Innen und außen sind eins. Sobald du denkst „Ich bin wertlos", wirst du eine Erfahrung machen, die diese Überzeugung bestätigt. Das ist keine Strafe Gottes, sondern ein Beweis für die Macht deines Geistes.

Gib nicht Gott die Schuld an deinem scheinbaren Unglück. Auch nicht deinem Nachbarn, deiner Frau, deinem Mann oder deinem Kind. Gib nicht einmal dir selbst die Schuld. Bitte einfach darum, daß du es ohne zu urteilen sehen kannst, wie es ist. Sieh, wie du danach verlangt hast und wie dein Wunsch sich erfüllte. Schau es dir an, ohne dich dafür zu verurteilen. Und verurteile auch nicht den Fremden, der an deine Tür geklopft hat, um die Botschaft zu überbringen. Schau es dir einfach in Demut an und versöhne dich mit dir selbst und deiner Erfahrung.

Gott kommt in vielerlei Gestalt zu dir. Alles, was in deinem Leben geschieht, ist Teil deiner Gotteserfahrung. Ist eine Erfahrung schmerzhaft, dann frage dich: „Was kann ich durch diesen Schmerz lernen?" Bitte nicht darum, daß der Schmerz verschwindet. Weise die Lektion nicht zurück. Denn jede Lektion, der du ausweichst, kommt in anderer Form wieder auf dich zu. Frage stattdessen: „Lieber Gott, was soll ich hier lernen?"

Der Vater und die Mutter der Schöpfung verlangen von dir nur das zu lernen, was deinem Erwachen dient. Denn sie sind erwacht und sie wollen, daß auch du aufwachst. Ihre Liebe zu dir ist sowohl sanft als auch feurig. Eine Art von Liebe ist nicht genug. Du braucht sowohl die Liebe der Mutter als auch die des Vaters.

Bete zum Vater um Mut und zur Mutter um Sanftheit. Geh mutig durch deine Ängste hindurch. Öffne sanft dein Herz.

Du bist gesegnet, denn du hast Eltern, die dich lieben. Wenn du das nicht weißt, ist einfach noch mehr Vergebung nötig.

Den Eltern vergeben

Deine Beziehung zu Vater und Mutter Gott hängt zum großen Teil von deiner Bereitschaft ab, dich innerlich mit deinen irdischen Eltern zu versöhnen und dein eigenes Leben zu leben. Wenn du weiterhin deine Eltern für die Schwierigkeiten in deinem Leben verantwortlich machst, wird deine Beziehung zu Gott schwierig und unbeständig bleiben. Deine Wut auf die Eltern, dein Gefühl, von ihnen verraten worden zu sein, wird sich zwangsläufig auf deine Erfahrung mit Gott auswirken. Wenn du überzeugt bist, ein Opfer zu sein, wirst du auch glauben, daß Gott dein Peiniger ist. Denn nur ein solcher würde sein Kind im Stich lassen, anstatt es aus der Gefahr zu erretten.

Hast du ein Problem mit dem männlichen oder weiblichen Prinzip oder mit beiden? Menschen, die Probleme mit dem männlichen Prinzip haben, sind unfähig, die eigene kreative Lebensaufgabe zu erkennen und zu erfüllen. Probleme mit dem weiblichen Prinzip zeigen sich in der Unfähigkeit, liebevolle Beziehungen einzugehen und aufrechtzuerhalten. Gewöhnlich wird ein Problem mit dem einen Prinzip durch eine übertriebene Hinwendung zum anderen kompensiert. Ein Gleichgewicht kannst du nur herbeiführen, indem du beide Elternteile und ihren jeweiligen Beitrag zu deinem Erwachen anerkennst, wie schwierig die Beziehungen zu ihnen für dich auch gewesen sein mögen.

Ich möchte, daß du weißt, daß es keinen Menschen auf der Erde gibt, der nicht von einem oder beiden Eltenteilen verraten oder mißbraucht wurde. Denn jegliches unbewußte Verhalten führt zu Mißbrauch. Gewaltsames Verhalten ist immer auf unverheilte und verdrängte Wunden der betreffenden Person zurückzuführen. Und alle Eltern dieser Welt haben solche Wunden und blinden Flecken. Es ist natürlich immer eine Frage des Ausmaßes. Kein Vater und keine Mutter kann dich vollkommen respektieren, solange er oder sie nicht gelernt hat, sich selbst vollkommen zu respektieren. Und niemand, der in einem physischen Körper auf dieser Erde weilt, hat dieses Stadium der Vergebung erreicht.

Ich habe euch gefragt: „Wer will den ersten Stein werfen?“ Bevor du anklagend mit dem Finger auf einen deiner Brüder oder eine deiner Schwestern zeigst, der oder die sich dir oder einem dir nahestehenden Menschen gegenüber negativ verhalten hat, frage dich: „Wie kann ich urteilen? Woher kann ich wissen, welche unverheilte Wunde diese Person veranlaßt hat, so zu handeln? Eigentlich kann ich es nur wissen, wenn ich meinen eigenen Schmerz und mein

Gefühl der Isolation wahrnehme." Und wenn du bei dieser Wahrnehmung bleibst, anstatt aus einem Gefühl der moralischen Überlegenheit heraus zu agieren, wirst du Mitgefühl für die Leidenden empfinden – sowohl für das Opfer als auch für den Täter.

Welcher Art von Mißbrauch du in deinem Leben auch ausgesetzt warst, irgendwann wirst du vergeben müssen. Und wenn du vergeben hast, hältst du nicht mehr an der Verletzung fest. Du läßt die Scham los. Du vergibst zuerst dir selbst und dann dem Täter. Versuche es nicht in der umgekehrten Reihenfolge. Du kannst anderen nicht vergeben, bevor du dir selbst vergeben hast.

Wenn du mit deinen Eltern ins reine gekommen bist, hörst du auf, in deinen intimen Beziehungen nach Eltern-Lektionen Ausschau zu halten. Du wirst den unbewußten Teufelskreis des Mißbrauchs durchbrechen und bewußt an deiner Heilung arbeiten – gemeinsam mit einem Partner, der fähig ist, das gleiche zu tun. Deine Eltern haben dir zu einem Körper verholfen, in dem du lernen kannst. Du hast dich in deiner Familie inkarniert, weil dir gerade dieses Umfeld die beste Möglichkeit bietet, dich selbst und andere gleichermaßen achten zu lernen. Alle Situationen, in denen du um Liebe feilschen mußtest, waren Lektionen in Integrität und Selbstverantwortung. Und alle Situationen, in denen du dich kontrolliert, mißbraucht oder im Stich gelassen gefühlt und auf die du mit Verteidigung, Angriff oder Rückzug reagiert hast, waren ebenfalls Lektionen in Selbstachtung und Ebenbürtigkeit.

Wenn du dich mit deinen Eltern ausgesöhnt hast und sie auf einer Stufe mit dir selbst siehst, sind deine alten Wunden vollständig verheilt. Dann wünschst du dir nicht länger, daß deine Eltern sich ändern, um deine Erwartungen zu erfüllen, und hast auch selbst nicht mehr den geringsten Wunsch, dich zu ändern, um ihre Erwartungen zu erfüllen. Ihr akzeptiert und liebt einander so, wie ihr seid. Du unterwirfst dich nicht mehr den Autoritätsansprüchen deiner Eltern, beanspruchtst aber auch keine Autorität über sie. Du betrachtest sie als gleichwertig und segnest sie. Du erkennst ihre Leistungen an und betrachtest ihre Schwierigkeiten und Fehler mit Mitgefühl.

Der Seelengefährte oder Lebenspartner tritt in dein Leben, wenn du deine „Eltern-Lektionen" gelernt hast. Dann hört der Mann auf, in seiner Frau die Mutter zu suchen, und die Frau sucht nicht länger den Vater in ihrem Mann. Unbewußte Beziehungsmuster gegenseitigen Mißbrauchs lösen sich auf oder werden transformiert. Nun sind die Voraussetzungen für eine bewußte, hingebungsvolle Intimität geschaffen.

Dem Seelengefährten begegnen

Eine Beziehung zwischen Seelengefährten ist eine gemeinsame Reise, bei der es um Gleichheit, gegenseitiges Vertrauen und Respekt geht. Das Hauptmerkmal einer solchen reifen Beziehung ist bewußte, bedingungslose Liebe. Sie erfordert gute Kommunikationsfähigkeiten, die gewöhnlich durch den Prozeß der Vergebung in vorhergehenden, weniger bewußten Beziehungen erworben wurden. In gewissem Sinne dienen alle vorhergehenden Beziehungen der Vorbereitung auf diese Beziehung.

Der Seelengefährte kann erst auftauchen, wenn in all deinen Beziehungen Aufrichtigkeit und Klarheit herrschen. Wenn du deinen Ehepartner und deine Kinder verläßt, um mit einem oder einer neuen Geliebten zusammenzusein, solltest du den Tatsachen ins Auge sehen. Du kannst nicht mit deinem Seelengefährten zusammenkommen, indem du einen anderen Menschen im Stich läßt. Du mußt mit all deinen Beziehungen im reinen sein. Du mußt furchtlos die Wahrheit sagen, aber du mußt das auf sehr sanfte und liebevolle Weise tun. Die anderen müssen wissen, wo du stehst. Sie müssen wissen, in welchen Punkten sich deine Beziehung zu ihnen geändert hat und in welchen sie gleich geblieben ist. Du zeigst ihnen deine Liebe, indem du keine Geheimsisse vor ihnen hast und ihnen deine Gedanken und Gefühle offen mitteilst. Du behandelst sie so, wie du selbst in einer solchen Situation behandelt werden möchtest. Dann kannst du weiterziehen, ohne andere im Stich zu lassen, ohne rücksichtslos und impulsiv zu handeln.

Echte Liebe zu einem Menschen führt nie zu unfreundlichem oder rücksichtslosem Verhalten gegenüber einem anderen Menschen. Das bedeutet nicht, daß du Bindungen niemals lösen kannst, sondern, daß du solche Veränderungen mit Respekt und Fürsorge für deinen Partner und mit einem klaren Gefühl für das, was du willst, vornimmst.

Wenn der Seelengefährte in dein Leben tritt, entsteht ganz von selbst eine Bindung. Euer beider Wunsch, in der Nähe des anderen zu sein, wird zum spontanen, fortwährenden Ausdruck eurer inneren Bindung. Während in deinen vohergehenden Beziehungen Entscheidungen mühsam und von Ego-Kämpfen begleitet waren, gestalten sie sich mit dem Seelenpartner einfach und mühelos. Beide Partner respektieren die Gedanken und Gefühle des anderen, ohne das eigene Erleben zu mißachten. Beide sind bereit, vollkommen präsent zu sein, einander zuzuhören und Entscheidungen erst dann zu treffen, wenn sie beide das Gefühl haben, daß Klarheit herrscht.

Solange du nicht gelernt hast, auf deine innere Führung zu hören, wirst du deinem Seelengefährten nicht begegnen, denn du begegnest ihm oder ihr ja, weil du innerlich zu ihm oder ihr geführt wirst. Wenn ihr euch trefft, werdet ihr euch erkennen. Ihr „wißt" mit jeder Faser eures Wesen, daß dies eurer Seelenpartner ist.

Dieses gegenseitge Erkennen verändert euer ganzes Leben. Ihr strebt nicht länger nur nach eurem persönlichen Glück, auch der Frieden und das Glück des Partners liegen euch jetzt am Herzen. Die individuelle innere Führung tritt in den Hintergrund und macht einer gemeinsamen Führung Platz. Nicht die Unterschiede zwischen euch stehen im Vordergrund, sondern die Gemeinsamkeiten. Ein neuer Abschnitt eurer Lebensreise beginnt. Äußerlich seid ihr zwei, aber innerlich seid ihr eins. „Du" bist jetzt ein anderes Wesen. Natürlich hast du immer noch einen eigenen Körper, aber selbst die körperliche Trennung beginnt sich aufzulösen, wenn ihr in der physischen und emotionalen Vereinigung immer mehr miteinander verschmelzt. Ihr gebt eure separaten Bestrebungen auf und vereint euch im Tanz der gemeinsamen Aufgabe und des wortlosen Verstehens. Ein neues Wesen wird durch euch geboren. Es ist die Frucht eurer Liebe und der Diener eurer gegenseitigen inneren Führung.

Eure Verbindung ermöglicht euch eine gemeinsame Arbeit, die keiner von euch beiden allein hätte leisten können. Sie wird erst durch eure Vereinigung möglich. Gemeinsam nehmt ihr eure spirituelle Aufgabe an und erfüllt sie voller Freude, während sich eure Beziehung entfaltet und alle Menschen in eurem Umfeld von eurer Liebe berührt werden.

Wenn du dem oder der Geliebten erst einmal in physischer Form begegnet bist, kann dein Leben nicht mehr so weitergehen wie bisher. Sämtliche trennenden Eigeninteressen müssen losgelassen werden. Nur was eurer gegenseitigen Liebe und Wertschätzung dient, kann weitergeführt werden. Das isolierte, getrennte Selbst muß sterben, damit das Selbst als Partner, als Lebensgefährte geboren werden kann. Das ist die spirituelle Hochzeit.

Da immer mehr von euch den Weg der Selbsterkenntnis und Selbstheilung beschreiten, wird sich diese heilige Vereinigung zweier Menschen immer häufiger einstellen. Ihr und andere, die auf dem gleichen Weg sind, trefft euch als ebenbürtige Partner und lebt eine neue Form der Beziehung vor. Andere Menschen nehmen euren gegenseitigen Respekt und euer gegenseitiges Vertrauen wahr. Sie sehen, daß ihr eure gemeinsame Aufgabe erfüllt, ohne euch „aufzuopfern". Die Energie eurer Beziehung berührt auch andere, denn ihr lebt vor, was es bedeutet, einen sicheren, liebevollen, urteilsfreien Raum füreinander zu schaffen.

Spirituelle Gemeinschaften

Diejenigen, die so eine heilige Verbindung eingehen, schließen sich nach und nach zu kleinen spirituellen Gemeinschaften zusammen, Gruppen von Menschen, deren gemeinsames Ziel darin besteht, ein sicheres, liebevolles Energiefeld füreinander zu schaffen.

Durch die bedingungslose gegenseitige Unterstützung entsteht ein Gruppenbewußtsein und die Gruppe wird als Ganzes zu ihrer spirituellen Aufgabe geführt, deren Erfüllung durch den Zusammenschluß ihrer Mitglieder möglich wird. Echte Liebe dehnt sich immer mühelos auf andere aus, die sich dafür öffnen. Jede Gemeinschaft hat also nicht nur ihr eigenes sicheres, spirituelles Energiefeld, sondern darüber hinaus auch noch die Möglickeit, außerhalb der Gruppe zu dienen.

Der sichere, liebevolle Raum erweitert sich ganz von selbst. Es besteht keinerlei Notwendigkeit, diesen Prozeß zu forcieren. Hier geht es nicht ums „Machen", sondern ums Zulassen. Und da man nichts „macht", ist man auch nicht auf Ergebnisse fixiert. Das ist echtes Dienen.

Immer, wenn die Gruppenmitglieder anfangen zu missionieren oder versuchen, neue Mitglieder zu werben, ist der „sichere Raum" nicht mehr sicher – weder für die, die vorgeben, ihn zur Verfügung zu stellen, noch für die, denen er angeboten wird.

Wachstum geschieht ganz natürlich, weil ein liebevolles, heilsames Energiefeld, das anzieht, was Heilung und Liebe braucht. Das geschieht ganz automatisch wie eine magnetische Anziehung, und deshalb ist „Missionieren" völlig überflüssig. Doch wann immer sich Menschen zu der Gemeinschaft hingezogen fühlen, ist die Bereitschaft da, sie willkommen zu heißen, zu akzeptieren und ihnen zu dienen. Das geschieht am besten dadurch, daß man ihnen zeigt, wie man ein sicheres, liebevolles Energiefeld für sich selbst schaffen kann. Solche Energiefelder werden überall gebraucht: in Schulen, Krankenhäusern, Obdachlosenheimen, Gefängnissen. Die Mitglieder der Gemeinschaft sind bereit, ihre Freude mit allen zu teilen, die danach verlangen.

Indem sich die Liebe auf natürliche, organische Weise ausbreitet und Führung zunehmend zu einer Sache des Gruppenkonsens wird, beginnt sich der sichere, liebevolle Raum in der Welt auszudehnen. Trennendes wird still aber tiefgreifend überwunden, während die Menschen Sicherheit finden und sich der Liebe öffnen, nach der sie sich sehnen. Auf dem Planeten setzt eine spirituelle Renaissance ein, die auf der Entscheidung beruht, sich selbst zu lieben und zu achten. Diese Liebe wächst zunächst in einer heiligen Beziehung mit einem anderen Menschen und manifestiert sich dann in kleinen Gemeinschaften, in denen der Gruppenkonsens und die Vergebung an erster Stelle stehen.

Diese Vision wird euch nicht nahegebracht, damit ihr sie „in die Tat umsetzt", sondern damit ihr erkennt, was euch jetzt, da sich das Bewußtsein auf der Erde verändert, möglich ist. Das Zeitalter des Individuums geht zu Ende. Da das Individuum nun selbst Verantwortung für die Erfüllung seiner Bedürfnisse übernimmt, entwickelt es die Fähigkeit zu echter Nähe. Spirituelle Beziehungen entstehen und Mißbrauchsbeziehungen werden transformiert. Gemeinschaften bilden sich, wenn mehrere Familien zusammenfinden. Sie können zusammenleben oder auch nicht, aber sie haben gemeinsame Ziele.

Gott hat viele Aufgaben für diejenigen, die dienen wollen. Doch bevor euch die Verantwortung für eine solche Aufgabe übertragen werden kann, müssen eure Beziehungen auf einer festen Basis stehen, denn durch diese Verbindungen wird das Energiefeld aufrechterhalten, in dem andere Menschen Liebe und Frieden finden können. Wir sind Kanäle, durch die Gottes Liebe zu anderen hinfließen kann. Das ist nichts Geheimnisvolles. Sobald du in deinem Herzen Raum für Gott schaffst, führt er den Fremden an deine Tür. Sobald du in deiner Beziehung Raum für Gott schaffst, schickt er dir das Mißbrauchsopfer und den Täter, damit du ihnen beistehen kannst. Sobald ihr in eurer Gemeinschaft Raum für Gott schafft, führt er die Ausgestoßenen und Benachteiligten in den sicheren Raum eurer Kirche.

Das ist der spirituelle Weg. Wenn ihr Liebe ausstrahlt, werden jene, die auf der Suche nach Liebe sind, euch finden. Ihr müßt nichts anderes tun, als dafür sorgen, daß das, was ihr anbietet, echt ist. Haltet das sichere, liebevolle Energiefeld für euch selbst und andere aufrecht. Übt euch in Vergebung und bringt einander Mitgefühl entgegen.

Interpretiere die Erfahrung eines anderen Menschen nicht und gib nicht vor zu wissen, was gut für ihn ist. Aber nimm das, was er dir offenbart, liebevoll und repektvoll an. Schaffe in deinem Herzen Raum für deine Brüder und Schwestern. Dann finden sie den Weg zu Gott. Durch deine liebevolle Präsenz.

Einst bot ich dir an, die Tür für dich zu sein. Diese Zeit ist vorbei. Jetzt mußt du selbst zur Tür werden.

Keine anderen Götter …

Die Tür zur göttlichen Präsenz

Die Tür zur göttlichen Präsenz befindet sich in deinem Herzen. Sie öffnet sich durch deine Liebe zu dir selbst. Sie öffnet sich, indem du dich in jedem Augenblick liebevoll akzeptierst. Sie öffnet sich dadurch, daß du deine Erfahrung annimmst, durch deine Bereitschaft, mit dem zu *sein,* was in diesem Moment geschieht.

Die Tür zur göttlichen Präsenz öffnet sich durch deine Freundlichkeit gegenüber anderen Menschen und durch deine Bereitschaft, sie liebevoll so anzunehmen, wie sie in diesem Augenblick sind. Sie öffnet sich durch deine Bereitschaft, mit ihnen zu *sein* und weder über das zu urteilen, was sie denken und fühlen, noch zu versuchen, sie „in Ordnung zu bringen." Sie öffnet sich durch die von Herzen kommende Aufmerksamkeit, die du anderen schenkst.

Die Tür zu Gott öffnet sich dadurch, daß du dich einfach in jedem Moment an Ihn erinnerst. Sie öffnet sich, wenn du weißt, daß du nicht allein bist, wenn du weißt, daß du jede Entscheidung, die du treffen mußt, in Gottes Hände legen kannst. Die Tür öffnet sich, wenn du nicht mehr das Bedürfnis hast, dein Leben unter Kontrolle zu bringen, wenn du es nicht mehr nötig hast, die Realität an deine Vorstellungen anzupassen. Sie öffnet sich, wenn du alles losläßt, was du zu wissen glaubst, und jedem Augenblick völlig frei von Erwartungen begegnest. Die Tür zur göttlichen Gegenwart öffnet sich, wenn du ganz lebendig bist. In diesem Augenblick bist du eins mit Gott. Du bist der Mensch, durch den Gott spricht und zuhört. *Du bist es.*

Wenn du Gott finden willst, dann begrüße Ihn jetzt. Hör auf, in deinen heiligen Büchern und religiösen Ritualen nach Ihm zu suchen. Dort wirst du Ihn nicht finden. Wenn du Gott finden willst, dann öffne dein Herz. Geh liebevoll mit dir selbst und anderen um. Sieh deine Urteile als das, was sie sind: ein Hindernis für den äußeren und inneren Frieden.

Gott ist nichts Abstraktes, sondern eine liebevolle Präsenz in deinem Leben, die du wahrnehmen kannst. Sie unterscheidet sich jedoch von jeder anderen Präsenz, weil sie formlos ist. Wenn du verstehen willst, was Gott ist, dann denke an einen Verstorbenen, der dir nahestand. Diese Person existiert nicht länger in ihrer physischen Form, und dennoch bleibt ihre geistige Essenz mit dir verbunden. Gott ist die Essenz aller Wesen. Er ist der Atem, der alle Formen belebt. Er ist das höchste Verstehen, der höchste Ausdruck der Liebe für alle Wesen und Dinge. Wenn du dich deinem Verstorbenen nahe gefühlt hast, kannst du dir vielleicht vorstellen, wie nah du dich Gott fühlen wirst, wenn du Ihn in dein Herz hineinläßt.

Wie läßt du Ihn in dein Herz hinein? Das ist wirklich ganz einfach. Hör auf, gegen deine Erfahrungen Widerstand zu leisten. Hör auf, deine Liebe zurückzuhalten und die Liebe anderer zurückzuweisen. Hör auf, das Opfer zu spielen. Hör auf, andere für deine Trauer und deinen Schmerz verantwortlich zu machen. Öffne dich für all das. Laß all das in dein Herz hinein. Nimm es als zu dir gehörend an. Laß es zu. Sage die Wahrheit über deinen Schmerz. Laß zu, dass du den Schmerz anderer spürst, aber versuche nicht, sie zu „therapieren“. Fühle all das und laufe nicht davon. Gott wird bei dir sein, denn du hast Ihm vertraut. Du hast intuitiv darauf vertraut, daß mit deinem Leben und dem Leben anderer alles vollkommen in Ordnung ist. Du hast aufgehört, dich zu beklagen und Schuldige zu suchen. Du hast aufgehört, Fehler zu suchen. Du bist nicht länger das verletzte, wütende Kind. Du versuchst nicht mehr, die Welt dafür zu bestrafen, daß sie dich im Stich gelassen hat. Du hast aufgehört, „aus der Haut zu fahren“, und hast einfach in Gottes Augen geschaut. Und Er hat dir zugezwinkert und gesagt: „Willkommen zu Hause.“

Du bist bereits in Gottes Liebe zu Hause. Du bist bereits hier. Nimm dir ein wenig Zeit, dich daran zu gewöhnen. Atme und sei *jetzt hier*. Komplizierte Gebets- oder Meditationsrituale sind vollkommen überflüssig. Atme einfach, und *sei da*. Verweile in der Stille deines eigenen Herzens. Laß deine Gedanken kommen und gehen, bis mehr Raum zwischen ihnen ist. Laß deine Gefühle der Anspannung und Angst, der Langeweile und Frustration kommen und gehen, bis dein Herz weich wird, bis du Geduld mit dir haben kannst und jeder Atemzug von dem Gefühl der Vergebung begleitet ist. Laß Frieden in dein Herz einkehren – ganz von selbst. Wenn du zulassen kannst, daß Raum da ist, ohne ihn mit irgend etwas füllen zu müssen, dann nimm die Präsenz wahr, die sich in diesem Raum ausdehnt. Das ist der Geist Gottes, die göttliche Gnade – nenne es wie du willst. Diese Präsenz ist jetzt in dir und mit dir, denn du hast aufgehört zu kämpfen. Du hast deine Urteile und Verletzungen wie ein Paar alte Schuhe an der Schwelle dieses heiligen Raumes zurückgelassen. In deinem Herzen ist jetzt nur noch Liebe und Segen. Und so ruhst du in Gott und Er ruht in dir. Das ist die göttliche Umarmung.

Wenn du einmal die ungeheure Freude dieser Vereinigung erlebt hast, willst du nicht mehr ohne sie sein. Du wirst dir täglich ein paar Minuten Zeit nehmen, um einfach zu atmen und zu sein, um deinen Geist leer zu machen von der Welt und Frieden in dein Herz einkehren zu lassen. Und du wirst das weder aus Pflichtgefühl noch aus dem Wunsch nach Anerkennung heraus tun, sondern weil es einfach Seligkeit ist. Du wirst dir Zeit für Gott nehmen, so wie du dir Zeit nimmst, um in der Nacht deine Geliebte oder deinen Geliebten zu umarmen. Weil es sich so gut anfühlt. Weil es ein solcher Segen ist.

Gott ist eine lebendige Präsenz in deinem Leben – keine abstrakte Vorstellung. Er bietet dir eine dauerhafte Beziehung, eine Freundschaft an, die über die Grenzen der physischen Form hinausgeht. Auch wenn alles andere sich auflöst, bleibt Gott bei dir. Denn ihr seid eins im Geist und im Herzen.

Die einzige Autorität

Erwarte nicht, daß deine Beziehung zu Gott der Beziehung anderer Menschen zu Gott gleicht, sonst untergräbst du sie. Gottes Präsenz in deinem Leben ist absolut einzigartig. Deine Kommuniktion mit Ihm kann verbal oder nonverbal sein, eine Leinwand voller bunter Farben oder ganz ohne Bilder.

Versuche nicht, den Grad deiner Spiritualität zu messen, indem du deine spirituellen Erfahrungen mit den spirituellen Erfahrungen anderer vergleichst.

Akzptiere keine Vermittler zwischen dir und Gott. Weise alle Gurus und spirituellen Lehrer zurück. Akzeptiere keine Gottesvorstellungen von anderen. Akzeptiere kein magisches Denken. Vergiß Heilmittel und Formeln. Vergiß, was du zu wissen glaubst. Vergiß, was man dich gelehrt hat. Komm innerlich leer zu Gott und gib dich hin. Gib deine Einwände und Pläne auf. Sei einfach da und begegne Ihm, wie du bist, mit deinem ursprünglichen Wesen.

Dies ist eine Zeit, in der alle Idole verworfen werden müssen. Alle Formen äußerer Autorität müssen ihre Macht verlieren. Begehe nicht den Fehler zu glauben, irgend jemand anders hätte mehr spirituelles Wissen als du. Das ist absurd. Jeder, der Gott nahe ist, weiß, daß du derjenige bist, der Gott erlaubt, in deinem Leben präsent zu sein – nur du allein. Das Festhalten an den Ideen und Konzepten anderer beeinträchtigt die Klarheit deiner direkten Verbindung zur geistigen Welt.

Pflege deine Beziehung zu Gott direkt. Geh in die Stille deines eigenen Herzens. Sprich mit Gott. Bete und bitte um Führung. Beginne das Gespräch, höre Gottes Antworten in deinem Innern und achte auf die Zeichen, die Er dir auf deinem Weg gibt. Mache deine eigenen Erfahrungen und lerne Gott selbst kennen. Akzeptiere keine Stellvertreter. Vergiß all die Priester, Medien und Schamanen, die dir bereitwillig Antworten geben. Es sind Blinde, die Blinde führen.

Und sei dir absolut darüber im klaren, daß keine angstauslösende Botschaft jemals von Gott kommen kann oder von denen, die Ihm dienen. Jede Botschaft, die dich schwächt oder entmutigt, kommt von einem falschen Propheten, einem Ausbeuter, einem Rächer. Kehre solchen Lehren den Rücken, aber schicke denen, die sie verbreiten, Liebe und Mitgefühl, denn diese Menschen leiden sehr. Zeige ihnen liebevoll durch dein eigenes Beispiel, daß es einen anderen Weg gibt, einen Weg des Herzens, den Weg der direkten Erfahrung.

Akzeptiere keine spirituellen Lehrer und sei selbst keiner. Sei einfach ein Bruder oder eine Schwester. Befolge keine Vorschriften anderer und mach anderen keine Vorschriften. Mache dir nicht einmal selbst Vorschriften, sondern lausche auf die Stimme Gottes und laß dich davon führen. Denn du kennst den Weg nicht. Dein Bruder und deine Schwester kennen ihn ebenfalls nicht. Nur Gott kennt ihn. Gott allein weiß. Akzeptiere keine Stellvertreter. Baue keine Idole auf. Vergiß deine Astrologie, deine Kabbala, deine Psychologie und deine Physik. Keines dieser Systeme kann dir die Antworten geben, nach denen du suchst. Keines kann dir Frieden schenken.

Verbrenne deine Bibeln, deine „gechannelten" Schriften und deine heiligen Bücher. Sie dokumentieren die Erfahrungen anderer Leute. Akzeptiere keinen anderen Lehrer als dein Herz und keine andere Lehre als die, die von dort kommt. Nur das ist die Lehre Gottes.

Halte dich fern von Zusammenkünften, bei denen Narren das Wort führen und die Zuhörer geistig und spirituell im Tiefschlaf verharren. Diejenigen, die wollen, daß andere ihnen sagen, was zu tun ist, werden bald herausfinden, daß niemand Antworten für sie hat. Gib deine Macht nicht an Hochstapler ab. Akzeptiere nur Gottes Lehre in deinem Leben und verbinde dich mit Ihm in der Stille. Du, mein Freund, meine Freundin, bist genug. Du hast alles, was du brauchst. Alle Schätze des Wissens findest du in deinem eigenen Innern. Alle Freuden der Spiritualität kannst du in deinem eigenen Herzen entdecken.

Versammelt euch in gegenseitiger Wertschätzung, um Gott zu danken, aber übernehmt keine Richtlinien von anderen. Achtet euch gegenseitig in eurer individuellen Erfahrung. Der Weg eines jeden ist heilig und muß weder kommentiert noch beurteilt werden. Feiert eure gemeinsame Erfahrung. Meditiert und betet gemeinsam, brecht euer Brot gemeinsam. Gebt und empfangt und dient gemeinsam. Aber laßt neben der Autorität Gottes keine andere Autorität in eurem Leben gelten.

Jeder von euch wird auf einzigartige Weise geführt und hat besondere Gaben für die Welt mitgebracht. Freut euch über diese Führung und diese Gaben. Aber versucht nicht, diese eure Führung auf andere zu übertragen und akzeptiert die Führung eines anderen selbst dann nicht, wenn er sie euch anbietet. Das ist ein zweifelhaftes Geschenk, denn was für den einen richtig ist, muß noch lange nicht richtig für alle anderen sein.

Wenn du begreifst, daß du zu jeder Zeit direkten Zugang zu Gottes Führung hast, wirst du aufhören, außerhalb von dir selbst nach Antworten zu suchen. Und du wirst aufhören, Antworten zu geben, wenn andere dich um Rat fragen. Dies ist der einzige Rat, den du einem Sucher geben kannst: Suche nach der Wahrheit in deinem eigenen Herzen, denn nur dort kannst du sie finden.

Solltest du deine Erfahrungen mit anderen teilen? Natürlich! Deine Geschichte kann anderen eine große Hilfe sein. Aber es ist klar, wo die Grenze eines solchen Angebots liegt. Es ist *deine* Erfahrung, *deine* Geschichte, kein Rezept für andere. Welche Wahrheit ein anderer Mensch darin auch entdecken mag, es die Wahrheit, die er entdecken soll. Und jeder, der deine Geschichte hört, wird vermutlich eine andere Wahrheit darin entdecken.

Letztendlich bist nur du allein dafür verantwortlich, welche Aussagen du akzeptierst. Ein anderer Mensch kann dir furchtbare Lügen erzählen, aber er ist niemals dafür verantwortlich, daß du sie glaubst. Verschwende deine Zeit also nicht damit, dem Guru, der Sekte oder der Kirche die Schuld an deinem Elend zu geben. Du solltest ihnen eher dankbar sein. Danke ihnen dafür, daß sie dich auf den richtigen Weg gebracht haben. Hättest du ihre Schwäche und menschliche Unvollkommenheit nicht gesehen, würdest du sie weiterhin idealisieren und deine Macht an andere abgeben. Jetzt kannst du sie wieder für dich beanspruchen und deinen Weg zum inneren Frieden weitergehen.

Ob diese Leute es nun wissen oder nicht, sie haben dir einen großen Dienst erwiesen. Jeder Betrüger ist ein großartiger Lehrer. Er oder sie zeigt dir deutlich, was du vermeiden solltest. In Wirklichkeit ergänzen sich negative und positve Lehren, beide tragen zur Charakterbildung des Suchers bei.

Betrogen zu werden und es zu wissen, ist ein Segen. Wenn du daran zweifeln solltest, denk einfach mal an all die Menschen, die glückselig und wie hypnotisiert einen Lehrer anhimmeln, der sie ausbeutet, indem er ihr Geld, ihre sexuellen Dienste und ihre Macht für sich beansprucht. Du kannst dankbar dafür sein, daß du aus diesem Schlaf erwacht bist.

Jeder gibt irgendwann einmal seine Macht ab, nur um zu lernen, dass man sie sich wieder zurückholen kann. Das ist eine wichtige Lektion auf dem spirituellen Weg. Sei dankbar, wenn du diese Lektion gelernt hast. Es zeigt dir, daß du deiner eigenen Wahrheit näher gekommen bist. Und wenn du näher an deiner eigenen Wahrheit bist, bist du auch Gott näher – der universalen Wahrheit.

Einheit erreichen wir nicht durch Konformität, sondern durch Authentizität. Jeder Mensch, der den Mut hat, er oder sie selbst zu sein, findet die höchste Wahrheit, die er oder sie erfassen kann. Wenn er das Höchste in sich selbst findet, kann er leicht mit anderen verschmelzen. Doch seine Hingabe ergibt sich nicht daraus, dass er sich selbst verleugnet, sondern daraus, dass er die Trennung überwunden hat. Indem er sein höchstes Wohl akzeptiert, akzeptiert er auch das höchste Wohl aller anderen. Es ist in der Tat ein- und dasselbe.

Das ist etwas ganz anderes als die Unterwerfung unter eine Autorität, als die Unterwerfung eines Egos unter ein anderes. Letzteres ist nicht das Ende des Leidens, sondern sein Anfang. Diejenigen, die Geiseln nehmen, müssen ihnen Wohnraum und

Nahrung geben. Sie müssen viele Gefängnisse bauen. Sie finden keine Freiheit, weil sie keine Freiheit geben. Das Selbst findet nur dann Freiheit, wenn alle äußeren Autoritäten zurückgewiesen werden und wenn man sich weigert, für irgend jemand anderen eine Autorität zu sein. Das ist paradoxerweise der Moment, in dem das Selbst zum wahren Selbst wird.

Ich bitte dich eindringlich, Anspruch auf das zu erheben, was dir gehört. Sei du selbst und ermutige andere, sie selbst zu sein. Sei ein Bruder, eine Schwester, ein Freund, aber akzeptiere keinen anderen Lehrer als den, der in deinem Herzen wohnt.

Die letzte Trennung überwinden

Die eigene innere Autorität zu finden ist ein lebenslanger Prozeß. Aber was genau ist diese Autorität, die in den Tiefen deines Herzens schlummert?

Es ist klar, daß diese Autorität sich nicht den Wünschen und Bedürfnissen anderer Menschen unterwirft, wie gut getarnt diese auch sein mögen. Aber sie unterwirft sich auch nicht deinen eigenen Wünschen und Bedürfnissen, die stets deiner Angst entspringen. Die wahre Autorität deines Herzens segnet dich und weiß, daß du bedingungslos geliebt wirst und sicher bist. Sie wünscht nichts. Sie braucht nichts. Sie hungert nicht nach Anerkennung von außen.

Wahre Autorität ruht in sich selbst. Sie bewegt sich auf ihre größte Freude zu, ohne anderen zu schaden. Sie lebt in der Gewißheit, daß ihre Freude nicht im Widerspruch zur Freude anderer steht. Sie dient anderen nicht aus Pflichtgefühl, sondern aufgrund einer inneren Freude, die sich unablässig nach außen verströmt. Sie steht felsenfest zu ihrer eigenen Wahrheit und akzeptiert, daß auch andere ihre eigene Wahrheit haben. Sie versucht nicht, andere zu bekehren oder von ihren Erfahrungen zu überzeugen, aber sie stößt sie auch nicht von sich. Sie ruht einfach in ihrer Erfahrung – zufrieden, heil, bereit, ihr Wissen mit anderen zu teilen.

Diese felsenfeste Gewißheit ist in dir. Vielleicht weißt du nicht, wie du Zugang zu ihr finden kannst, aber sie ist da – so sicher, wie du da bist. Die Frage ist: „Wie kann ich in Kontakt mit jenem intakten, heilen Selbst kommen, das nicht in Angst lebt?"

Zuerst mußt du erkennen, was es nicht ist. Es ist nicht der Wunsch, es anderen recht zu machen und ihre Anerkennung zu erlangen, aber es ist auch nicht das Verlangen, es sich selbst auf Kosten anderer gut gehen zu lassen. Um das heile, ursprüngliche Selbst zu entdecken, muß man viel tiefer gehen.

Es ist das, was hinter allen Facetten der Angst, in der Stille, im tiefen Atmen zu finden ist. Das, was jenseits der sich endlos drehenden Gebetsmühle des Verstandes existiert. Das, was sich nicht nach außen in die Dramen anderer hineinziehen läßt, sich aber auch nicht in inneren Dramen verstrickt. Nenne es Gott, nenne es Höheres Selbst. Nenne es Christusbewußtsein oder Buddhabewußtsein. Bezeichnungen spielen keine Rolle.

Du gelangst weder durch Suchen noch durch Tun oder Denken in diesen Bewußtseinszustand, sondern nur durch deine eigene Stille, durch dein stilles Akzeptieren deiner selbst und anderer, durch deine absolute Bereitschaft, präsent zu sein. Die Ebene der oberflächlichen Widersprüche hinter dir lassend sinkst du in die Tiefe des Herzens hinein.

Und dort begegnest du Gott, nicht als einer von dir getrennten Wesenheit, sondern als deinem Selbst. In der Stille schlägt nur ein Herz. Es kann nur dein eigenes sein, denn außer dir ist niemand da. Würdest du nicht bereits im Herzen Gottes leben, könntest du deinen Weg dorthin nicht finden. Aber du findest ihn. Jeder von euch stolpert irgenwann einmal über vollkommenen Frieden und Glückseligkeit. Es geschieht so schnell, daß du dich fragst, ob es real war. Aber in Wirklichkeit war dieser Raum immer da und hat auf deinen Besuch gewartet, auf deine Offenheit und Bereitschaft.

Setz dich einen Moment lang still hin und vergib dir. Verzeihe alles, was in deinem Leben geschehen ist, und du wirst erleben, daß sich die Mauern auflösen, die dich von Gottes Gnade getrennt haben. In dem Moment, in dem du diesen göttlichen Raum der Gnade betrittst, läßt du alle menschlichen Konflikte hinter dir. Die Welt, die du gekannt hast, verschwindet zusammen mit all deinen Urteilen. Das ist die Offenbarung. Der Schleier wurde gelüftet.

Mach nicht den Fehler zu glauben, daß diese Erfahrung nur einigen Auserwählten zuteil wird. Sie ist jedem zugänglich. Sie ist auch für dich bestimmt. Irgenwann wirst du aufwachen, denn du kannst nicht für immer schlafen. Du kannst nicht bis in alle Ewigkeit Widerstand leisten. Du kannst nicht für immer in deinem Schmerz verharren.

Früher oder später wirst du deinen Widerstand aufgeben und aus deinem Versteck kommen. Du hörst auf, dich zu verteidigen und zu verstecken. Du wirst sichtbar und verletzbar. Du hörst auf zu reagieren. Du hörst auf, vor den Angriffen anderer davonzulaufen oder zurückzuschlagen. Dazu bist du in der Lage, weil du selbst aufgehört hast, andere subtil oder offen anzugreifen. Du hörst auf, deine Liebe zurückzuhalten. Und du stößt die Liebe anderer nicht mehr weg. Wenn du aufhörst, andere anzugreifen, fürchtest du keine Rache mehr und kannst nackt und schutzlos dastehen – einfach so, wie du bist. Du kannst deine Erfahrung leben, ohne sie verteidigen zu müssen. Und du kannst die Erfahrung anderer akzeptieren, ohne sie zu beurteilen oder den Wunsch zu verspüren, sie zu ändern.

Was ist das? Es ist die Geburt des Christusbewußtseins in dir.

Es ist deine Auferstehung, dein Erkennen des Göttlichen in dir, dein Erkennen des göttlichen Geistes, der in dein Herz einzieht. Jetzt bist du nicht mehr von ihm getrennt, ihr seid eins. Ihr sprecht von der Dreifaltigkeit, aber ihr versteht sie nicht. Wer ist der heilige Geist, wenn nicht der Christus im Innern, der Geist Gottes, der im Herzen des Sohnes wohnt? Und wer ist der Sohn? Bin ich es, bist du es – oder wir beide?

Ich will dir reinen Wein einschenken: Als Mensch kommst du hier nicht lebend heraus. Das Menschliche muß sterben, damit das Göttliche geboren werden kann. Nicht weil es schlecht ist, sondern weil es die Schale ist, die den Geist umhüllt, der Kokon, in dem der Schmetterling sich entwickelt.

Aber du brauchst nicht bis zum Zeitpunkt deines physischen Todes zu warten, um das Menschliche in dir sterben zu lassen. Das Menschliche kann sich in diesem Augenblick im Göttlichen auflösen, wenn du bereit bist, in deine Göttlichkeit einzutauchen. Wenn du bereit bist, die Opferrolle aufzugeben. Wenn du bereit bist, deinen Widerstand, deine Verteidigungsstrategien, dein Versteckspiel und deine Projektionen und Beschuldigungen aufzugeben. Du kannst nicht fliegen, solange du nicht deine Flügel für dich beanspruchst. Aber sobald du es tust, kannst du nicht länger im Schatten deiner Angst verharren.

Es ist deine Entscheidung. Wie wirst du dich entscheiden? Was möchtest du sein: Opfer oder Engel? Dazwischen gibt es nichts! Das, was scheinbar dazwischen existiert, ist nur die menschliche Hülle. Das Wesen, das sich noch nicht entschieden hat. Die Raupe, die von Flügeln träumt.

Erlösung

Du allein bist der Christus, der Messias, der Eine, der Erlösung bringt. Denn du bist der Einzige, der deine Erfahrung leben kann. Nur du allein kannst ganz in sie eintauchen und sie auf eine höhere Ebene heben. Du bist derjenige, der die Liebe bringt, die du bei anderen gesucht hast. Du bist diejenige, die dich vor Selbstverleugnung und Mißbrauchsbeziehungen retten kann.

Wenn du dich ohnmächtig fühlst, wenn du dich als Opfer siehst, wenn deine gesamte Erfahrung vom Ego bestimmt zu sein scheint, ist es hilfreich, die Quelle der Macht außerhalb deiner Ego-Strukturen zu erkennen. Es ist sicherlich besser, sich Gott hinzugeben als sich der inneren Ohnmacht zu überlassen und Opfer zu bleiben. Aber die Hingabe an einen äußeren Gott bringt die Gefahr mit sich, daß du deine Opferrolle nicht aufgibst und immer noch glaubst, das Leben würde dir „angetan". Der einzige Unterschied besteht darin, daß „Gott" jetzt dein Verbündeter ist. Wenn Gott dein Verbündeter ist, kann er aber immer noch zu deinem Feind werden. Du setzt dich nach wie vor der Gefahr des Verrats aus.

Nur wenn du weißt, daß du selbst der Lichtträger bist, verschwindet die Dunkelheit. Aber bevor du zum Lichtträger werden kannst, mußt du durch deine eigene Dunkelheit gehen. Der Lichtträger leugnet die Dunkelheit nicht, er geht durch sie hindurch. Wenn es in bezug auf dich oder einen anderen Menschen nichts mehr gibt, das du dir nicht furchtlos anschauen kannst, hat die Dunkelheit keine Macht mehr über dich. Dann kannst du durch sie hindurch gehen und das Licht sein.

Wenn du vorgibst, ein Lichtträger zu sein, bevor du dich mit deiner eigenen Angst konfrontiert hast, bist du ein Hochstapler, ein ungeheilter Heiler, ein Heuchler. Jeder ungeheilte Heiler muß irgenwann von seinem eingebildeten Podest heruntersteigen. Wo das Licht nur vorgetäuscht wird, herrscht immer noch Dunkelheit.

Um das Licht sein zu können, mußt du die Dunkelheit umarmen. Deine Dunkelheit. Die Dunkelheit eines jeden Menschen. Du mußt mit deinem Ego ins reine kommen und seine absolute Nutzlosigkeit erkennen. Du mußt lernen, Angst mit Liebe im Herzen anzuschauen. Deine Angst. Die Angst deiner Schwestern. Die Angst des Vergewaltigers und Mörders. Du mußt wissen, daß alle Ängste gleich sind und daß jede Angst einen Mangel an Liebe verrät. Und du mußt lernen, mit Liebe darauf zu antworten. Liebe ist die Antwort auf dein tiefstes Gefühl der Getrenntheit. Nicht die Liebe irgendeines anderen Menschen, sondern deine Liebe zu dir selbst. Sie ist das Licht. Dann beginnst du, ein Lichtträger zu sein.

Wenn du anfängst, die Fackel der Wahrheit für dich selbst hochzuhalten und deinen verletzten Anteilen mit Liebe zu begegnen, holst du dir deine Macht zurück. Du gibst deine Opferrolle auf. Nun kann dich niemand mehr unfair behandeln, weil du die Quelle der Liebe, der Akzeptanz und der Vergebung bist. Woher kommt Liebe? Sie kommt von dir. Du bist der Weg, die Wahrheit und das Leben, so wie ich es war. Suche das Göttliche nicht außerhalb von dir, denn es ist im Innern zu finden. Wenn du dich selbst segnest, erfährt die ganze Welt Vergebung und Segnung.

Suche nicht länger, mein Bruder, meine Schwester. Alles beginnt und endet mit dir. Du bist es. Du bist Es!

Das Reich Gottes auf Erden

Wann kommt das Königreich Gottes auf die Erde? Sobald du das Licht akzeptierst, es in Besitz nimmst und selbst zum Licht wirst. Sobald du bereit bist, dein Herz zu öffnen und durch deine Ängste hindurchzugehen. Sobald du bereit bist, dich selbst in den Augen deines Bruders gespiegelt zu sehen. Wann kommt der Messias? Nein, nicht später – auf keinen Fall am Ende aller Zeiten. Er kommt jetzt. Das Ende aller Zeiten ist jetzt. Jetzt ist das Ende der Trennung und das Ende der Selbstkreuzigung gekommen. Das Ende der Projektionen. Der letzte Todeskampf der Angst.

Projiziere die Erlösung nicht in die Zukunft, sonst wird sie nie Wirklichkeit werden. Bitte jetzt darum. Nimm sie jetzt an.

Das Königreich Gottes manifestiert sich nur in diesem Augenblick, an diesem Ort. Es muß kein besonderer Zeitpunkt sein. Jeder Zeitpunkt ist besonders. Es muß kein besonderer Ort sein. Jeder Ort ist besonders.

Wann werden wir den Himmel auf Erden haben? Wenn uns dieser Moment genügt. Wenn uns dieser Ort genügt. Wenn uns dieser Freund genügt. Wenn *diese* Ereignisse und Umstände akzeptabel sind. Wenn du nicht länger nach irgend etwas anderem verlangst als nach dem, was direkt vor dir ist. Sobald du deinen Frieden mit dem gemacht hast, „was ist", kehrt er in dein Herz ein. Dann ist die Trennung aufgehoben. Dann gibt es keinen Kampf, kein Wollen, keinen Widerstand und keinen Rückzug mehr.

Du bist, was ist, und es ist du. Du lebst im kosmischen Körper, selbst wenn du deine physischen Arme und Beine bewegst. Du bist Freiheit, die sich in physischer Form manifestiert hat – sogar, wenn du krank oder behindert bist. Sogar, wenn du scheinbar leidest. Da ist kein Groll. Du fühlst dich nicht angegriffen. Da ist kein Schuldgefühl und nicht das Gefühl, bestraft zu werden. Da ist nichts als die Erfahrung und dein Annehmen der Erfahrung. Da ist nichts als deine Unschuld, wie schlimm oder ungünstig deine Lage auch scheinen mag.

Deine Lage kann nicht ungünstig sein, wenn du dein Leben akzeptierst. Dann kannst du nicht wütend oder von Bitterkeit zerfressen sein. Alles in deinem Leben wird zu einem Werkzeug. Du akzeptierst deinen Körper, ganz gleich, wie er aussieht. Was immer du zu geben hast – es ist vollkommen in Ordnung. Es spielt keine Rolle, wenn es nicht die Talente sind, die du zu haben glaubtest oder die du gern gehabt hättest. Wenn du dein Leben akzeptierst, weigerst du dich nicht, deine Gaben auszuteilen, nur weil sie nicht deinen Erwartungen entsprechen. Du gibst sie, weil sie da sind, um weitergegeben zu werden, weil sich die Gelegenheit ergibt, sie weiterzugeben. Und indem du deine Gaben verschenkst, wird deine Bestimmung offenbar.

Nur Gott in deinem Innern weiß, warum dein Leben so ist, wie es ist. Er weiß es, kann es dir aber nicht sagen, weil du es nicht verstehen würdest. Wenn du aber anfängst, auf die Gaben zu vertrauen, die dir mitgegeben wurden, wirst du den Sinn deines Lebens erkennen. Dann verstehst du. Vielleicht kannst du es nicht in Worte fassen, aber du verstehst es. Du erkennst, daß jede Lektion, jede Einschränkung, jedes Problem, jeder Augenblick des Leidens absolut notwendig war, damit sich deine Gabe offenbaren konnte. Damit du auf sie vertrauen kannst. Damit das Geschenk gegeben und empfangen werden kann. Wenn du dein Leben akzeptierst, wie es ist, bist du zutiefst dankbar, denn du siehst und fühlst, daß eine höhere Intelligenz am Werk ist. Diese Intelligenz existiert in deinem Herzen und im Herzen aller Wesen. Sie dient deinem Wohl und gleichzeitig dem Wohl anderer. Sie achtet alle und alles.

Gottvertrauen

Du kannst kein Gottvertauen haben, wenn du kein Vertrauen in dich selbst und in deinen Bruder oder deine Schwester hast. Aber frage dich einmal: „Was ist Gottvertrauen?"

Ist es der Glaube an etwas, woran es in deinem Leben anscheinend mangelt? Wenn ja, ist es kein Gottvertrauen. Gottvertrauen ist nie die Wahrnehmung eines Mangels. Gottvertrauen ist die Wahrnehmung des Guten in dem, was böse oder schlecht zu sein scheint. Es ist die Wahrnehmung der Fülle in dem, was nicht genug zu sein scheint. Es ist die Wahrnehmung von Gerechtigkeit in dem, was unfair zu sein scheint.

Gottvertrauen durchdringt das Ungeliebte mit Liebe und das Gnadenlose mit Mitgefühl. Es bringt Gottes Präsenz an Orte, wo sie abwesend zu sein scheint. Gottvertrauen ist das Erkennen eines höheren Wohles, einer höheren Ordnung, einer höheren Wahrheit als der, die das ängstliche Kind sieht. Aber zum Gottvertrauen gelangt man immer nur dann, wenn man ganz tief gefallen ist.

Wo findest du dein Gottvertrauen? Im tiefsten Leid! In den Momenten, in denen du dich absolut verlassen und abgelehnt fühlst! Das scheint so unfair zu sein. Aber das ist es nicht. Solange du glaubst, daß du angegriffen werden kannst, wirst du das Christuskind als mißbrauchtes Kind wahrnehmen. Klein und wehrlos wie es ist, schlägt es nicht zurück. Es widersteht dem Bösen nicht, weil es weiß, daß das Böse nichts anderes ist als die wahrgenommene Abwesenheit von Liebe. Und die wahrgenommene Abwesenheit von Liebe kann nur durch die Gegenwart der Liebe aufgehoben werden.

Die stärkste Kraft im Universum scheint so schwach zu sein, so leicht zu überwältigen. Man scheint sie so leicht kreuzigen und vergessen zu können. Aber das ist nicht die Wahrheit. Alle, die Christus angreifen, müssen zurückkommen und ihm dienen. Und sie werden solange zurückkommen, bis sie begriffen haben, daß er eins mit ihnen ist. Und deshalb kann er nicht zerstört werden. Ist das unfair?

Nur im tiefsten existentiellen Schmerz findest du dein Gottvertrauen. Das ist kein Mysterium. Es ist nur die Abkehr von der Selbstgeißelung. Es ist der Moment, in dem du erkennst, daß alles, was du außerhalb von dir siehst, nichts als eine Spiegelung deiner inneren Einstellung zu dir selbst ist. In diesem Augenblick hörst du auf, ein Opfer zu sein.

In diesem Augenblick weißt du, daß alles, was in deinem Leben geschehen ist, vollkommen gerecht war.

In diesem Augenblick erhebst du Anspruch auf dein Leben, deine Urheberschaft, dein göttliches Erbe. Du bist nicht der Junge, der ans Kreuz genagelt wurde und nicht das Mädchen, das auf dem Scheiterhaufen verbrannt wurde, sondern das Kind, das gelernt hat, sich selbst zu segnen und damit die Welt gerettet hat. Du bist der Heilige, der Engel, die Erlöserin.

Wenn du aufwachst, ist meine Aufgabe erfüllt. Sie ist in Wirklichkeit schon erfüllt. Aber du wirst wiederkommen, bis du Gewißheit in deinem Herzen hast – ein für allemal.

Falsche Propheten, der Teufel und der Antichrist

Ein falscher Prophet ist jemand, der sein Ego zum Gott erhebt. Er gibt vor, erleuchtet zu sein, frei von Angst und Leid, aber früher oder später wird er sich durch sein Verhalten selbst entlarven und als Hochstapler erkannt werden. Ich habe es bereits gesagt und sage es noch einmal: „An ihren Früchten werdet ihr sie erkennen." Höre nicht auf die schlauen, verlockenden Worte jener Menschen, die spirituelle Autorität für sich beanspruchen. Schau dir ihre Taten an. Schau, ob das, was sie tun, mit dem übereinstimmt, was sie sagen.

Wenn du klug bist, folgst du niemandem. Dann kannst du auch nicht getäuscht werden. Wenn du jedoch einen Lehrer oder Führer brauchst, dann halte Ausschau nach einem, der dich auffordert, auf die Wahrheit in deinem eigenen Herzen zu hören. Halte Ausschau nach einem Lehrer, der dich liebt, ohne dich kontrollieren zu wollen, nach einem, der in der Lage ist, seine Wahrheit mit dir zu teilen, ohne zu erwarten, daß du sie akzeptierst. Suche dir einen Lehrer oder eine Lehrerin, der oder die dich achtet und respektvoll behandelt.

An ihren Taten sollt ihr sie erkennen. Jeder, der behauptet, über ein besonderes Wissen zu verfügen, und es für Geld feilbietet, ist ein falscher Prophet. Jeder, der von dir erwartet, daß du dich vor ihm verneigst, seine Meinung übernimmst oder seinen Zielen dienst, ist ein falscher Prophet. Jeder, der von dir Geld oder sexuelle Dienste fordert, ist ein falscher Prohet. Jeder, der dich auffordert, deine Macht abzugeben, oder dich dazu bringen will, deine Würde oder Selbstachtung aufzugeben, ist ein falscher Prophet. Meide solche Menschen. Sie haben nicht dein Wohlergehen im Sinn. Sie haben noch nicht einmal ihr eigenes Wohlergehen im Sinn. Sie beuten sich selbst und andere nach wie vor aus.

Suche nicht die Nähe eines Menschen, der dich erdrückt und dir die Freiheit nehmen will, du selbst zu sein. Akzeptiere keinen Lehrer, der dir Entscheidungen abzunehmen versucht. Akzeptiere weder die Lehren noch die Freundschaft eines Menschen, der dich kritisiert oder für seine Probleme verantwortlich macht. Laß nicht zu, daß dich irgend jemand herumkommandiert oder dein Leben kontrolliert.

Aber mach auch du anderen Menschen keine Vorschriften. Jedes Bedürfnis, jemanden zu kontrollieren oder Entscheidungen für andere zu treffen, weist auf Mißbrauch hin. Verletze die Grenzen anderer nicht und versuche nicht, ihnen die Freiheit zu nehmen, selbst zu entscheiden, was gut für sie ist. Jeder Versuch, das zu tun, bindet dich nur noch fester an das Rad des Leidens. Was du anderen gibst, bekommst du zurück. Sei weder Täter noch Opfer. Sei du selbst und erlaube anderen, sie selbst zu sein.

Der Antichrist sucht sein Heil und seine Zufriedenheit in der Macht über jene, die er zu kontrollieren versucht. Es ist der Versuch, eine Versöhnung oder Einigung zu erzwingen. Aber das funktioniert nie. Wer mit dem Schwert lebt, kommt durch das Schwert um. Falsche Mittel führen immer zu falschen Ergebnissen.

Doch noch nicht einmal der Antichrist ist böse. Er ist nur ausgehungert nach Liebe. Und weil er so ausgehungert ist, versucht er, sich Liebe zu kaufen, sie einzufordern und zu kontrollieren. Und treibt sie dadurch nur noch weiter von sich fort. Je mehr die Liebe ihn flieht, desto bösartiger wird er. Seine Angst ruft die Angst anderer wach. Oft tritt der Antichrist in Gestalt des Christus auf. Der Wolf erscheint im Schafspelz. Er gibt sich sanft, mitfühlend und weise, aber all das ist nur Fassade. Sobald er sich deiner Loyalität versichert hat, zeigt er sein wahres Gesicht. Deshalb mußt du sehr vorsichtig sein. Du glaubst Christus zu verehren, aber in Wirklichkeit ist es nicht Christus, sondern der verkappte Teufel.

Was ist der Teufel? Nichts anderes als das Ego-Bewußtsein. Das ängstliche, unglückliche, wütende kleine Kind in deinem Innern, das sich ungerecht behandelt fühlt. Das ist der einzige Teufel. Und der existiert in jedem von euch, denn jeder von euch schlägt erbarmungslos auf sich selbst ein. Jeder von euch hat ein sehr verletztes Kind in sich. Das ist der einzige Teufel.

Versucht nicht, dem Teufel Macht zu geben. Er ist nur deshalb so furchterregend und machtvoll, weil ihr Widerstände gegen ihn aufbaut. Stoßt ihn nicht länger weg. Nehmt ihn in die Arme und wiegt ihn sanft. Haltet ihn und sprecht liebevoll mit ihm. Liebt ihn und nehmt ihn als euer Kind an. Denn das ist er. Er ist das Christuskind, das in euren Armen schläft. Wenn er weiß, daß er liebenswert ist, wird er keine Ränke schmieden und euch nicht hintergehen. All seine unsinnigen Machenschaften entspringen seiner Überzeugung, nicht liebenswert zu sein.

Wenn du dein verletztes inneres Kind angenommen hast, zeigt es sein Engelsgesicht. Luzifer ist kein verwirrter Mensch, sondern ein gefallener Engel. Durch deine Liebe wird er im Sturz abgefangen und entdeckt seine Flügel. Seine Erlösung garantiert die deine.

Luzifer bedeutet Lichtträger. Er ist das verletzte Kind, das zum aufgestiegenen Christus wurde. Er ist das Engelwesen, das den Menschen in Gottes ewige Umarmung zurückführt.

Solange du nicht weißt, daß Liebe weder gefordert noch zurückgehalten werden kann, kannst du sie nicht bedingungslos geben und empfangen. Auf seiner einsamen Suche nach menschlicher Liebe und Anerkennung verkörpert der Antichrist Teufel und Erlöser zugleich. Doch am Ende gibt er auf. Unter großen Schmerzen erkennt er, daß er nicht siegen kann. Er glaubt, daß es nun aus mit ihm ist. Er erwartet Gottes Zorn. Aber dann stellt er überrascht fest, daß das Strafgericht ausbleibt. Stattdessen kommt Gott auf ihn zu und nimmt ihn in die Arme. „Willkommen zu Hause, Luzifer", sagt er. „Willkommen zu Hause."

Und so erhält Luzifer seinen Platz im Himmel zurück. Er war es, der den Menschen im Feuer scheinbarer Ungerechtigkeit und scheinbaren Mißbrauchs geprüft hat. Wenn Luzifer erlöst wird, erreicht das Licht den Menschen. Täter und Opfer schauen sich in die Augen. Gleichheit und Gerechtigkeit werden wahrgenommen.

Damit ist die Aufgabe des Antichristen auf Erden erfüllt. Der lange Umweg hat schließlich nach Hause geführt. Wir befinden uns nun jenseits der Versuchung, denn wir haben uns auf die Reise in die Angst begeben und sind zurückgekehrt. Wir erinnern uns an alles, was wir auf dieser Reise gesehen haben, und daran, daß es uns weder Glück noch Frieden gebracht hat. Wir erinnern uns.

Auf dunklen Schwingen ins Licht

Das größte Hindernis für ein spirituelles Erwachen ist die Verleugnung des Leidens in deinem Leben, die Behauptung, daß du keine Schmerzen littest. Wenn es in deinem Leben keinen Schmerz gibt, bist du entweder erwacht oder du lebst im Zustand der Verleugnung. Es tut mir leid, dich einer Illusion zu berauben, aber ich muß dir sagen, daß es auf diesem Planeten nur sehr wenige erwachte Wesen gibt. Es ist gut möglich, daß du nicht zu ihnen gehörst. Ich sage das, damit du in bezug auf dein spirituelles Leben realistisch sein kannst.

Auch wenn du den Schmerz betäubt hast, kann jemand, der in Angst erstarrt ist, wohl kaum als spirituell bezeichnet werden. In der Tat sind alle emotionalen Verteidigungsmechanismen, die du aufgebaut hast, um dich zu schützen, nur Mauern, welche die Liebe aussperren. Ja, du hast sie aufgebaut, um

Mißbrauch zu vermeiden oder zu überstehen, aber sie halten auch die Liebe von dir fern. Sie treiben die Liebe fort. Sie verschließen dein Herz.

Doch mit einem verschlossenen Herzen kannst du nicht erwachen. Der erste Schritt auf dem Weg zum spirituellen Erwachen besteht immer im Öffnen des Herzens. Und sobald sich dein Herz öffnet, wirst du den ganzen Schmerz und all die Scham fühlen, die du rationalisiert oder unterdrückt hast. Laß es zu. Laß den Schmerz in dir aufsteigen, damit du innerlich gereinigt werden kannst. Wenn du weiterhin mit dem Schmerz lebst, wirst du ein furchtbar eingeschränktes Leben führen. Tiefe, scheinbar überwältigende Ängste werden in deinem Unbewußten lauern und dich daran hindern, dein wahres Selbst zu erfahren oder echte Nähe zu anderen zuzulassen.

Laß den Schmerz aufsteigen. Laß zu, daß dein Herz sich öffnet. Indem du dich den Schmerz fühlen läßt, fängst du schon an, ihn zu verarbeiten. Du siehst, daß er nicht überwältigend ist. Du siehst, daß du ihn fühlen kannst, ohne zerstört zu werden. Fühle die Verletzung, die Wut und die Enttäuschung, die du weder als Kind noch als Erwachsener spüren wolltest. Laß das unterdrückte Gefühl, daß dir physisch oder psychisch Gewalt angetan wurde, an die Oberfläche kommen. Du kannst nicht aufhören, ein Opfer zu sein, solange du nicht herausfindest, warum du überhaupt zum Opfer geworden bist.

Finde heraus, warum du dich betrogen fühlst. Finde heraus, welche Urteile du über dich selbst fällst. Geh immer tiefer in dein Inneres hinein, bis du den Selbstbetrug siehst und Verantwortung dafür übernehmen kannst. Nein, verurteile dich nicht deswegen. Übernimm einfach Verantwortung dafür und spüre deine Trauer. Es ist ein spirituelles Gesetz, daß niemand außer dir selbst dich betrügen kann. Fange nicht an, dich an die Opferrolle zu gewöhnen. Sie verhindert nur, daß du den ganzen Schmerz deines Selbstbetrugs zu spüren bekommst. Laß ihn hochkommen, damit du ihn loslassen kannst. Laß all deine Urteile über dich selbst los. Du hast sie schon viel zu lange mit dir herumgeschleppt. Hör auf, dich selbst anzugreifen.

Nur sehr wenige Menschen haben ihren eigenen Heilungsprozeß abgeschlossen. Das gilt auch für die, die versuchen, anderen zu helfen. Die meisten von ihnen sind innerlich nicht geheilt. Sie haben keine Verantwortung für ihr eigenes Opfer-Drama übernommen. Wie können sie dir dann helfen?

Andere können dir nicht helfen. Du mußt deine Heilung selbst bewirken. Und wenn du jemanden brauchst, der dich dabei unterstützt, solltest du dich an einen Menschen wenden, der diesen Weg bereits selbst gegangen ist. Aber sei vorsichtig; es gibt wirklich nicht viele davon. Wenn du genau hinschaust, kannst du erkennen, ob ein Mensch seinen Schatten integriert hat oder ob er ihn noch immer verleugnet. Niemand, der Angst vor seinem eigenen Schatten hat, kann sich auf das Licht zubewegen. Wer sein Menschsein ablehnt und vorgibt, ein rein geistiges Wesen zu sein, kann nicht heil und ganz sein. Akzeptiere keinen verletzten Heiler, selbst wenn er einen Engelsnamen trägt. Selbst wenn andere ihn in den Himmel heben.

Suche dir einen Verbündeten, der keine eigenen Ziele mit deiner Heilung vernüpft, jemanden, der sagen kann: „Ja, ich bin dort gewesen. Ich kenne das Terrain ein bißchen, aber ich weiß nicht genau, was dich dort erwartet. Ich kann dich nur begleiten. Ich kann dich ermutigen, tief in die Dunkelheit hineinzugehen und zu sehen, was geschieht. Ich kann nur ein ‚Freund' sein, kein Experte."

Es gibt keine Experten. Es gibt nur Menschen, welche die Reise gemacht haben, und andere, die sie nicht gemacht haben. Erstere berufen sich nicht auf einen professionellen Status. Was sie auf ihrer eigenen Reise erlebt haben, hat sie bescheiden gemacht. Letztere erheben Ansprüche, die spätestens dann in sich zusammenfallen, wenn sie sich mit dir identifizieren und ihre eigenen Knöpfe gedrückt werden.

Ein Mensch, der einmal zur Hölle und zurück gereist ist, gerät schwerlich in Gefahr, einem Höhenrausch zu verfallen. Er kommt nicht aus dem Feenreich. Er riecht vielmehr nach Feuer und Erde. Seine Schönheit ist ganz irdisch. Er ist vielleicht eine Prinzessin mit wettergegerbter Haut, eher eine Mutter als eine jungfräuliche Braut.

Um auferstehen und in den Himmel aufsteigen zu können, mußt du dem Teufel begegnet sein. Wenn du allerdings nur in anderen Menschen nach ihm Ausschau hältst, wirst du ihn nie finden. Falls du nicht an den Teufel glaubst, hast du dir nicht die Mühe gemacht, in deinem eigenen Kopf nachzuschauen. Er ist deine Unbewußtheit, dein Vergessen, deine Gewalt gegen dich selbst. Er ist der Verletzte, der Gekreuzigte, der Engel, der vom Himmel in den Dreck gefallen ist, der in den wilden, gnadenlosen Sog der irdischen Kanalisation geraten ist. Er ist mehr „Du" als dein Feenselbst. Dein Feenselbst ist so dünn wie Luft. Es ist nicht irdisch. Es kann sich nicht über etwas erheben, das es nie erfahren hat.

Der Teufel ist ganz irdisch. Dein Egobewußtsein ist der Schöpfer dieser Erde mit all ihrem Schmerz und all ihrer Schönheit. Lehne deine eigene Schöpfung nicht ab, bevor du sie richtig kennengelernt hast. Geh durch den Regen. Brate in der Sonne. Wälze dich im Schlamm. Koste von allen irdischen Erfahrungen. Versuche nicht, die Welt zu verlassen, bevor du wirklich bereit dazu bist. Der Drang, die Erde zu verlassen, ist nur ein Ausdruck der intensivsten Sucht nach Schmerz. Ich sage dir ganz offen, daß du nirgendwo hingehen kannst. Es gibt keinen anderen Ort. Du kannst deine eigene Schöpfung nicht verlassen. Du mußt dich in ihr bewegen und mit ihr sein. Du mußt lernen, sie zu transformieren.

Gott wird nicht als Erlöser auf der Bildfläche erscheinen, um dich aus einer Welt zu befreien, die du dir selbst geschaffen hast. So habt ihr euch das früher vorgestellt. Aber eine solche Lösung paßt nicht mehr in die neue Zeit, denn sie beraubt euch eurer eigenen Kraft. Selbst wenn sie möglich wäre, wäre sie sicher nicht zu eurem Besten.

Gott zeigt sich in der Art, wie du dein Ego annimmst. Er zeigt sich in der Liebe und in dem Mitgefühl, die du dem Verletzten in deinem Innern und im Außen entgegenbringst. Er zeigt sich, wenn du deine Arme ausstreckst, um die dunklen Schwingen zu umarmen, die vor der Tür deiner Angst niederschweben. Diese Schwingen werden dich nicht verletzen. Niemand ist „befleckt", wie groß die Verletzung auch sein mag. Niemand wird seiner Unschuld beraubt, wieviel Mißbrauch auch getrieben oder erlitten wurde. Schau durch die dunkle äußere Hülle hindurch und laß dich von der Wärme dieser Flügel umfangen. Hier führt ein direkter Weg zum Herzen. Geh in deinen Schmerz hinein.

Du kannst nicht zu Gott gelangen, ohne durch die dunkle Nacht der Seele zu gehen. All deine Ängste und Schamgefühle müssen an die Oberfläche kommen. Dein Gefühl der Getrenntheit muß dir bewußt werden, damit du heil werden kannst. Wie kannst du aus der Asche deines Schmerzes aufsteigen, wenn du seine Existenz nicht anerkennst?

Diejenigen, die so tun, als sei die Wunde gar nicht da, begeben sich nie auf die spirituelle Reise. Und wer die Wunde öffnet und sich selbst und andere damit quält, wird nie über die erste Stufe des Heilungsprozesses hinausgehen. Wenn du heil werden willst, mußt du den Schmerz zulassen. Erkenne die Existenz der Wunde an. Lauf nicht davor weg. Schau lieber, was sie dich lehren will.

* Spüre den Schmerz, erinnere dich an die Verletzung.
* Vergib dir selbst.
* Sei liebevoll zu dir selbst.
* Sieh den Schmerz des Täters.
* Sieh den Angriff als einen Schrei nach Liebe.
* Stehe jetzt für dich ein.
* Schwöre, nie wieder Opfer zu sein.
* Schwöre, dich nie wieder selbst zu betrügen.
* Begreife, daß du den Schmerz akzeptiert hast, weil du dich nach Liebe gesehnt und nicht gewußt hast, wie du sie bekommen konntest.
* Sage jetzt, was du wirklich willst.

* Sag nein zu Verletzungen.
* Lerne, nein zu sagen, wenn du etwas nicht willst.
* Lerne, ja zu allem zu sagen, was du möchtest.
* Verwechsle diese beiden Dinge nicht.
* Akzeptiere nichts, was sich nicht gut anfühlt.
* Sag die Wahrheit, selbst wenn das bedeutet, daß andere dich verlassen.
* Bleib innerlich fest. Sei klar. Geh weiter in deinem Leben.
* Sei bereit, deine Gefühle zuzulassen, und laß andere wissen, wie du dich fühlst. Übernimm Verantwortung für deine Gefühle und mach andere nicht dafür verantwortlich. Schuldzuweisungen sind nicht angebracht – weder an dich selbst noch an irgend jemand anderen.
* Erkenne, daß Heilung ein lebenslanger Prozeß ist. Du wirst dich durch immer neue Schichten hindurcharbeiten müssen. Das ist in Ordnung. Jetzt weißt du, daß du fähig bist, den Schmerz zu fühlen und durch ihn hindurchzugehen. Jetzt hast du Vertrauen in deine Selbstheilungskräfte gewonnen.
* Es ist nicht nötig, daß du dich auf die Suche nach deinem Schatten machst. Er wird sich dir ganz von allein zeigen. Wenn du erst einmal bereit bist, innerlich zu heilen, wird der Schmerz des verletzten Selbst automatisch hochkommen. Bruchstükke des Puzzles kommen an die Oberfläche, und das Bild wird deutlich. Aber das geschieht nicht auf einmal.
* Hab Geduld. Du kannst den Prozeß nicht vorantreiben. Deine Heilung vollzieht sich in ihrem eigenen Tempo. Bleib am Ball, aber überfordere dich

nicht, sonst wirst du wieder in die Angst zurückfallen und darin erstarren. Sei einfach bereit, dich mit jedem einzelnen Thema dann auseinanderzusetzen, wenn es in dein Bewußtsein tritt.

* Darum geht es auf dem spirituellen Weg: um die Heilung unserer Wunden. Darum, daß wir unseren ureigenen Schmerz heilen, indem wir ihn öffentlich machen. Indem wir uns zu unseren Schamgefühlen bekennen. Indem wir unsere Partner auf dem Weg der Heilung finden.

Diese Arbeit kann nicht in einer einsamen Berghöhle getan werden. Der Rückzug vom Leben führt lediglich zu einem Abstumpfen der Sinne. Und das ist weder vorteilhaft noch notwendig.

Der kürzeste Weg zur Erleuchtung führt direkt durch unser Herz. Über unsere Beziehungen. Durch unseren Schmerz, unser Leid und unsere Angst hindurch. Es scheint kein würdevoller Weg zu sein – und doch ist er der würdevollste von allen. Auf diesem Weg verwandeln sich dunkle Schwingen in helle und strahlende Flügel. Die Dunkelheit bringt ihre eigenen Heilkräfte hervor, denn in der Dunkelheit werden wir genährt und vorbereitet. Aus der dunklen Gebärmutter bewegen wir uns auf das Licht zu. Ohne sie könnten wir nicht geboren werden. Ohne sie können wir nicht wiedergeboren werden.

Die Wunde heilen

Du mußt verstehen, daß du die Wunde nicht heilen könntest, wenn du sie nicht selbst verursacht hättest. Du kannst also froh sein, daß kein anderer dein Leid verschuldet hat. Freue dich darüber, daß Erlösung möglich ist, daß du das, was du geschaffen hast, wieder auflösen kannst. Aber verwende das Wissen, daß du der Schöpfer deines Leides bist, nicht gegen dich. Du erschaffst die Dinge unbewußt, also weißt du in Wirklichkeit gar nicht, was du tust. Wenn du es wüßtest, würdest du es nicht tun.

Du tust es, weil du unwissend bist und wissend werden mußt. Bewußt zu erkennen, auf welche Weise wir uns selbst mißbrauchen oder Mißbrauch durch andere dulden, ist eine wesentliche Voraussetzung, um Mißbrauchsmuster auflösen zu können.

Solange du dir der Dynamik dieser Vorgänge nicht bewußt bist, kannst du sie nicht verändern. Deshalb bist du nicht verantwortlich dafür. Du kannst nicht für etwas verantwortlich gemacht werden, das du nicht verstehst. Deine Verantwortung beginnt da, wo du dir des Mißbrauchs bewußt wirst. Schmerz ist das letzte Mittel zur Bewußtwerdung. Solange du den Schmerz nicht fühlst, weißt du nicht, daß du verletzt wurdest. Erst wenn du dir der Verletzung bewußt wirst, beginnt dein Heilungsprozeß. Es ist also nie schlecht, den Schmerz zu spüren. Das ist keine Bestrafung, sondern nur eine Aufforderung, bewußt zu werden, das verborgene Leid ins Bewußtsein zu heben.

Benutze das Wissen, daß du einen Fehler gemacht und unbewußt unverantwortlich gehandelt hast, nicht zur Selbstbestrafung, sondern akzeptiere die Korrektur. Leiste bewußt Wiedergutmachung für deinen Fehler. Übernimm Verantwortung für dein Verhalten, damit der Fehler, der Schmerz der Selbstverletzung und das dazugehörige Muster des Mißbrauchs aufgelöst werden können.

Der Schmerz fordert dich auf, bewußt zu werden. Suche nicht nach Hilfsmitteln, um diese Stimme zum Schweigen zu bringen, denn dann würde dein eigentliches Leid, deine eigentliche Krankheit unbehandelt bleiben. Behandle die Ursache des Schmerzes: dein Unglücklichsein, deinen selbstmörderischen Selbsthaß, deine Tendenz, dich selbst zu verletzen. Das einfache Heilmittel für alle Arten von Getrenntheit ist Annahme und Liebe.

Als erstes akzeptiere den Schmerz und bitte ihn, dich zu seinem Ursprung zu führen. Gib deine Fehler zu, ohne dich dafür zu bestrafen. Akzeptiere deine Gefühle, welcher Art sie auch sein mögen. Bringe dir selbst Liebe entgegen.

Werde dir bewußt, auf welche Weise du dich selbst verletzt, vergib dir dafür und versorge die Wunde liebevoll. Das ist das Heilmittel. Es ist kein komplizierter oder schwieriger Prozeß, es sei denn, du bist nicht bereit, Verantwortung für deine Heilung zu übernehmen.

Die Wunde zu heilen bedeutet letztendlich, ihre Ursache aufzulösen. Es bedeutet zu verstehen, welche Selbstverachtung dem Mißbrauch Tür und Tor geöffnet hat. Wenn dieses Verständnis da ist und dazu führt, daß du mit Liebe darauf reagierst, wirst du in Zukunft keine Mißbrauchssituationen mehr herbeiführen. Doch solange du diese Zusammenhänge nicht verstehst und keine Verantwortung übernimmst, wirst du dich ständig weiterhin in potentiell verletztenden Situationen wiederfinden. Jede dieser Situationen dient dazu, dich aufzuwekken. Keine muß schmerzhaft sein, wenn du ein bereitwilliger Schüler bist.

In jeder dieser Situationen hast du Gelegenheit, nein zu allem zu sagen, was deine Selbstachtung untergräbt. Wenn du nein sagen kannst, bevor die Verletzung geschehen ist, kannst du zusätzliches Leid vermeiden. Nein zu einem anderen Menschen sagen zu können, setzt natürlich das Bewußtsein voraus, daß du in der Vergangenheit dazu neigtest, ja zu sagen. Das bedeutet, daß du Verantwortung für die Dynamik übernimmst. Du weißt, daß du eine Mißbrauchssituation schaffst, indem du an Bedingungen geknüpfte Liebe akzeptierst. Du schaffst eine Mißbrauchssituation, indem du ja zu irgendeiner Form von Herabwürdigung sagst, weil du dafür Sicherheit und Anerkennung bekommst. Du sagst ja zur Angst, indem du um Liebe feilschst.

Jetzt weißt du, daß das nicht funktionieren kann. Um Liebe kann man nicht feilschen. Du mußt auf das Echte warten. Das heißt, du mußt immer ablehnen, wenn dir ein Kuhhandel vorgeschlagen wird, denn das ist immer ein Angriff. Wenn dir bedingungslose Liebe entgegengebracht wird, wirst du es wissen. Du kannst es einfach nicht verwechseln, weil du dich vollkommen gewürdigt fühlst. Liebe ohne Bedingungen verlangt nie mehr von dir, als du geben kannst. Sie manipuliert nicht und fordert nicht. Sie akzeptiert dich, wie du bist. Sie segnet dich.

Aber wenn du nicht weißt, wie du diesen Segen für dich selbst hervorbringen kannst, wie kannst du ihn dann von irgend jemand anderem empfangen? Übe es. Übe, dich so zu akzeptieren, wie du bist. Dann wirst du wissen, was Liebe ist, und du wirst sie erkennen, wenn sie in dein Leben kommt. Wenn du die Liebe zu dir selbst jedoch an Bedingungen knüpfst, wirst du Menschen in dein Leben ziehen, die das gleiche tun. Du kannst von anderen nicht bekommen, was du nicht selbst geben kannst.

Du hast also eine Menge Arbeit zu tun. Innere Arbeit. Inneres Annehmen. Wenn die innere Heilung voranschreitet, beginnt sich das in deinen äußeren Lebensbedingungen widerzuspiegeln. Du ziehst jetzt Menschen an, die respektvoller mit dir umgehen und dich mehr unterstützen. In deinem Leben gibt es weniger Kampf und mehr Anmut. Dein Herz öffnet sich sanft und innerer Frieden breitet sich aus.

Wenn Liebe da ist

Wenn Gott beständig in deinem Leben präsent ist, erlebst du Harmonie im Innern und Frieden im Außen. Du achtest dich selbst und andere gleichermaßen. Das ist das Zeichen für Gottes Gnade.

Diese Gnade wird nun zum Leuchtfeuer in deinem Leben. Oder zum Kompaß, mit dessen Hilfe du dein Lebensschiff auf Kurs hältst. Immer wenn du innere Disharmonie oder äußeren Unfrieden erlebst, weißt du, daß du nicht mehr im Einklang mit dem göttlichen Willen bist. Du weißt, daß es jetzt Zeit ist innezuhalten, zu atmen und wieder in deine Mitte zu kommen. Es ist Zeit, deine persönlichen Pläne, Vorstellungen und Wünsche aufzugeben und für das höchste Wohl aller Beteiligten zu beten.

Niemand lebt ununterbrochen im Zustand der Gnade. Immer wieder müssen neue Lektionen gelernt werden. Wie weit das Herz sich auch geöffnet haben mag, es wird immer wieder Zeiten geben, in denen es sich voller Angst zusammenzieht. Damit muß man rechnen. Es gibt keine irdische Vollkommenheit. Solange du hier in einem Körper existierst, kannst du nicht fehlerfrei sein.

Du beginnst also zu verstehen, daß die Gnade kommt und geht. Du findest den göttlichen Rhythmus und verlierst ihn wieder. Aber nur vorübergehend. Denn du weißt, wie du diese Verbindung wiederherstellen kannst. Du weißt, wie du dich wieder einschwingen kannst. Jedes Herz schlägt den Rhythmus dieses Tanzes. Der Atem strömt herein und wieder hinaus. Gott erscheint und verschwindet. Die Aufmerksamkeit kommt und geht. Das Selbst wird vergessen und wieder erinnert. Es ist ein immerwährender Rhythmus, ein Hin und Her. Und doch gibt es eine übergeordnete Kontinuität, innerhalb derer die Augenblicke der Unterbrechung akzeptiert werden. Dieser Tanz ist nicht steif, sondern anmutig und geschmeidig.

Das ist das Beste, was das Leben zu bieten hat. Wenn du mehr erwartest, suchst du umsonst. Wenn du nach absoluter Erleuchtung oder absoluter Sicherheit Ausschau hältst, wirst du sie nicht finden. Die Gnade zeigt sich im Fluß des Lebens, nicht jenseits seiner Ufer. Und das Leben ist wie ein Fluß, der sich seinen Weg aus den Bergen bis zum Meer bahnt.

In den Bergen fließt er rasch und ungestüm abwärts, eilt ungeduldig seinem Ziel entgegen. In der Ebene wird er dann langsamer, fließt ganz gemächlich, scheint eine Ewigkeit zu brauchen, um an den Feldern vorbeizufließen, teilt sich in verschiedene Ströme und vereint sich mit anderen Gewässern. Wenn er dann schließlich das Meer erreicht hat, ist alle Dringlichkeit verflogen. Seine vielen Erfahrungen haben ihn gelehrt zu vertrauen. Er betrachtet sich nicht mehr als etwas vom Meer Getrenntes. Er ruht völlig in sich selbst, ohne Anfang, ohne Ende.

Mit dir wird es genauso sein. Wenn du dich ganz auf dein Leben einläßt, wird alles, was dich im Zustand der Getrenntheit gehalten hat, sanft weggewaschen. Beim Einatmen öffnest du dich für das, was kommt, beim Ausatmen läßt du es sanft wieder los.

Auf die rechte Weise den Lebensunterhalt verdienen

Die Gaben Gottes

Die Gaben, die dir für dieses Leben mitgegeben wurden, gehören nicht dir allein. Sie gehören allen. Halte sie nicht egoistisch zurück. Sei kein Geizhals und verschanze dich nicht hinter einem Lebensstil, der keinerlei Raum für Spontaneität oder Anmut läßt und bei dem dein Geist zum Gefangenen wird.

Riskiere, ganz du selbst zu sein.

Mach dich frei von den Erwartungen anderer. Laß alle „Ich sollte" und „Ich muß" los und überlege einmal, welche Gedanken und Aktivitäten die größte Freude in dir auslösen. Lebe von innen nach außen, nicht von außen nach innen. Wenn du tust, was dir Freude macht, bist du kein Egoist. Im Grunde ist es die größte Freundlichkeit, die du anderen erweisen kannst. Denn deine Gabe, dein Geschenk wird in der Welt gebraucht. Wie können andere sich an deinen Gaben erfreuen, wenn du sie der Welt nicht bedingungslos schenkst und auf sie vertraust?

Stell dir einmal vor, wie leer dein eigenes Leben wäre, wenn sämtliche Menschen in deiner Umgebung sich weigern würden, ihre Gaben in die Welt hinauszugeben. Alles, was du so schön findest, die Musik, die Poesie, die Filme, die Sportveranstaltungen, das Lachen, würde verschwinden, wenn andere dir ihre Gaben vorenthielten. Weigere dich nicht, deine Gaben mit der Welt zu teilen. Und glaube nicht, daß du nichts zu geben hättest. Jeder hat etwas zu geben. Aber du solltest deine Gabe nicht mit den Gaben anderer vergleichen, sonst wirst du sie vielleicht nicht genügend schätzen.

Dein Geschenk an die Welt erfreut dich selbst und andere. Wenn in deinem Leben keine Freude ist, hältst du deine Gaben entweder zurück oder du vertraust nicht wirklich darauf. Du setzt das, was dir mitgegeben wurde, nicht aktiv um. Daher kann es sich in deinem Leben nicht manifestieren. Alle Gaben sind kreative Ausdrucksmöglichkeiten des Selbst. Das Selbst zeigt sich in ihnen. Sie reißen die Mauern der Trennung nieder und ermöglichen anderen zu sehen, wer du bist.

Schöpferisch sein bedeutet, ein inneres Gewahrsein in eine äußere Form zu bringen. Dieses Gewahrsein existiert in der Welt noch nicht auf die Art und Weise, wie *du* es ausdrücken würdest. Dein Selbstausdruck ist einzigartig, authentisch. Er ist frisch, ehrlich und manifestiert sich aus deiner eigenen Erfahrung heraus. Ein kreativer Mensch übernimmt keine Vorgaben von außen. Er imitiert keine bereits bestehenden Formen. Er hört in sich selbst hinein. Es kann durchaus sein, daß er die Welt genau studiert, sie vielleicht sogar einer eingehenden Prüfung unterzieht, aber dann verinnerlicht er, was er sieht. Er nimmt es in sich auf und „verdaut" es. Er betrachtet es im Licht seiner eigenen Erfahrung. Er fühlt es und macht es sich zu eigen. Und dann gibt er es wieder an die Welt zurück. Aber was er jetzt zurückgibt, ist seine Vision. Seine einzigartige Perspektive und seine Geschichte.

Wenn er ehrlich ist, werden andere darauf ansprechen, denn sie finden sich in seiner Geschichte wieder. Sie haben die gleiche Vision – einen Augenblick, einen Tag, eine Woche lang oder sogar noch länger. Andere werden seine kreative Arbeit unterstützen und diese Unterstützung wird sein Leben leichter machen. Die Energie, die er in die Welt hinausgibt, fließt allmählich zu ihm zurück. Er wird sich auf der emotionalen und materiellen Ebene anerkannt fühlen. Das ist ein schöner Prozeß.

Vielleicht hast du das auch schon versucht, aber vielleicht blieben deine Versuche fruchtlos. Vielleicht mühst du dich immer noch ab, dein Geschenk an die Welt zu manifestieren. „Was mache ich bloß falsch?" „Warum unterstützt mich die Existenz nicht?"

Darauf gibt es eine einfache Antwort. Entweder ist das, was du zu manifestieren versuchst, nicht dein Geschenk oder du glaubst nicht genug an dich selbst. „Aber wie kann ich das herausfinden?" möchtest du wissen. Frage dich selbst. „Tue ich das, was ich tue, weil es mir große Freude bereitet oder weil ich damit die Anerkennung anderer erringen will?" Wenn du das, was du tust, nicht aus Freude tust, wird es weder dich selbst noch andere glücklich machen. Du magst damit Erfolg haben oder scheitern, aber es wird sich nie ein Glücksgefühl einstellen. Nur das, was aus deinem Herzen kommt, was du mit großer Begeisterung tust, wird auf allen Ebenen gedeihen. Nur das, was du liebst, wird andere berühren und dir echte Wertschätzung einbringen.

Wertschätzung und Anerkennung sind zwei völlig verschiedene Dinge. Wertschätzung ist der natürliche, spontane Rückfluß der Energie, der sich einstellt, wenn sich andere mit dir und deiner Geschichte verbunden fühlen. Um Wertschätzung zu erfahren, kannst du nichts anderes tun, als du selbst zu sein und die Wahrheit zu sagen. Du hast keine Kontrolle über das, was zu dir zurückkommt. Doch wenn das, was du hinausgibst, authentisch ist, wird immer etwas Bedeutungsvolles zurückkommen. Vielleicht sieht es ein wenig anders aus als das, was du erwartet hast, denn dein Ego hält nicht nach Wertschätzung Ausschau, sondern nach Anerkennung. Die Suche nach Anerkennung entspringt der Vorstellung, daß du nicht gut genug bist. Du möchtest, daß andere dir die Liebe geben, an der es in deinem Leben mangelt. Diese Suche ist vergeblich. Wenn du dich leer fühlst und versuchst, diese Leere durch andere zu füllen, fühlen sich die anderen angegriffen. Sie erleben deine Suche nach Anerkennung als Forderung. Das wird sie abstoßen. Und es wird dein inneres Gefühl der Leere und des Zurückgewiesenseins noch verstärken.

Es kann keine Energie zu dir zurückkehren, wenn du keine Energie hinausgibst. Wenn du eine Forderung in die Welt schickst, gibst du keine Energie hinaus, sondern erzeugst ein Vakuum, das Energie von anderen Menschen abzieht. Du sendest die Botschaft aus: „Ich brauche deine Anerkennung, weil ich mich selbst nicht achte." Solange du dich nicht selbst liebst und schätzt, werden andere dein Geschenk nicht annehmen, wie sehr du dich auch bemühen magst, es ihnen zu geben. Energie hinauszugeben bedeutet, sich selbst ernst zu nehmen – aber nicht zu ernst. Es bedeutet, sich selbst genügend wertzuschätzen, um seine Gaben bereitwillig mit anderen zu teilen. Aber es bedeutet nicht, andere mit seinen Gaben zu attackieren. Indem du dein Geschenk an die Welt mit großen Erwartungen verbindest, machst du es anderen unmöglich, es anzunehmen. Wenn du deine Gabe selbst zu schätzen weißt, spielt es keine so große Rolle, wie andere darauf reagieren. Selbst wenn du keine positive Rückmeldung erhältst, wirst du nicht entmutigt sein, sondern sie immer wieder anbieten.

Glück und persönliche Erfüllung entspringen deiner Treue zu dir selbst. Und diese Treue wird immer wieder auf die Probe gestellt werden. Die Existenz wird dich immer wieder auffordern, deine Gabe auch angesichts der Kritik, der Zweifel oder der mangelnden Wertschätzung anderer anzubieten. Jedesmal, wenn deine Gabe zurückgewiesen wird, wirst du mit der Frage konfrontiert, ob du es noch einmal versuchen sollst oder nicht.

Wenn dein Geschenk nicht authentisch ist, wirst du früher oder später aufhören, es anzubieten. Du wirst erkennen, daß du dadurch nie das bekommen wirst, was du dir wünschst. Dir wird klar werden, daß diese Art und Weise, etwas in die Welt hinauszugeben, eine Art der Selbstbestrafung ist. Also wirst du aufhören, dich selbst herabzuwürdigen, indem du ein Geschenk anbietest, das nicht wirklich deines ist.

Ist dein Geschenk dagegen echt, wirst du aus scheinbaren Fehlschlägen und Zurückweisungen lernen. Du wirst lernen, noch mehr zu schätzen, was du zu geben hast, und wirst es noch glaubwürdiger anbieten können. Du wirst allmählich aufhören, andere mit deiner Gabe zu überfallen. Und damit wirst du ein liebevolleres Energiefeld schaffen, in dem das Geschenk angeboten und empfangen werden kann.

Eine echte Gabe entwickelt sich durch Zuversicht und Vertrauen weiter, eine unechte nicht. Erstere ist eine Gabe der geistigen Welt, und es liegt in deiner Verantwortung, sie zu hegen und zu pflegen, bis sie sich manifestiert und aufblüht. Letztere spiegelt nur die Erwartung deines Egos, die du früher oder später loslassen mußt, wenn du möchtest, daß deine wirklichen Gaben zum Vorschein kommen. Erstere bringt dir eine Wertschätzung, welche die Verbindung zu anderen vertieft. Letztere bringt dir Beifall oder Ablehnung ein, aber letztendlich führen sowohl Beifall als auch Ablehnung in die Isolation und bringen Schmerz und Demütigung.

Frage dich also: „Strebe ich nach Beifall und Anerkennung? Will ich von anderen die Streicheleinheiten bekommen, die ich mir selbst nicht geben will? Liebe und schätze ich mich jetzt, in diesem Augenblick, oder warte ich darauf, Liebe von anderen zu bekommen, damit ich das Gefühl haben kann, in Ordnung zu sein?“

Frage dich: „Habe ich genug Vertrauen in meine Gabe?“ „Fühle ich mich minderwertig, stelle ich mein Licht unter den Scheffel oder neige ich zur Selbstüberschätzung und überfalle andere mit meinem Geschenk?“

Ehrliche Antworten auf diese Fragen werden dir in dieser Angelegenheit absolute Klarheit verschaffen.

Die Gabe hegen und wachsen lassen

Viele Menschen behaupten, nicht zu wissen, welche Begabungen sie haben, aber das ist nur eine Vermeidungsstrategie. Du kannst nicht bei Bewußtsein sein und gleichzeitig nicht wissen, was deine Begabung ist. Du findest dein Geschenk immer dort, wo deine Freude am tiefsten und deine Begeisterung am größten ist. Die einzige Schwierigkeit, die Begabung zu erkennen, die dir mitgegeben wurde, liegt vielleicht darin, daß sie nicht deinen Vorstellungen von einer Begabung entspricht. Nehmen wir beispielsweise an, du verfügst über eine außergewöhnliche Fähigkeit zum Zuhören. Die Menschen kommen mit ihren Lebensdramen zu dir und gehen glücklicher und friedvoller weg als sie gekommen sind. Andere sagen dir immer wieder, wie gern sie mit dir zusammen sind. Sie spüren, daß du sie so akzeptierst, wie sie sind. Sie fühlen sich von dir ermutigt. Du scheinst ihre Probleme nicht zu den deinen zu machen und deine Gegenwart scheint sie aufzuheitern.

Aber du verstehst nicht, was vor sich geht. Du tust gar nichts Besonderes, also kannst du auch nicht verstehen, daß dies eine besondere Begabung sein soll. Und daher suchst du weiterhin jenseits deiner Erfahrung nach deiner Gabe. Du denkst: „Vielleicht sollte ich noch einmal studieren und Bibliothekarin werden.“ Aber du hast bereits zwei akademische Grade. Deine Ausbildung ist absolut ausreichend. Es geht nicht darum, eine weitere Ausbildung zu machen. Es geht nicht darum, den Beruf zu wechseln.

Tatsache ist, daß deine Begabung direkt vor deiner Nase liegt und du dich lediglich weigerst, sie zu sehen. Du glaubst, es ginge darum, „etwas zu tun“, aber darum geht es nicht. Deine Gabe ist „eine Seinsweise“, etwas, das dir keine Mühe macht, sondern vielmehr Freude bereitet. Etwas, das dir einfach zufällt und anderen unmittelbar und unübersehbar Freude bringt.

„Nun“, denkst du, „vielleicht sollte ich eine Ausbildung zum Psychotherapeuten machen. Niemand wird zu mir kommen und für meine Beratung Geld bezahlen wollen, wenn ich keinen Titel habe.“ Aber du verstehst immer noch nicht, worum es geht. Es spielt keine Rolle, was du tust. Wir sprechen nicht vom „Tun“, sondern vom „Sein“. Welchen Beruf du auch ausübst, du kannst deine Begabung überall einbringen. Dazu brauchst du keine besondere Rolle, keine besondere Plattform. Im Gegenteil, indem du nach einer besonderen Rolle suchst, stößt du das Geschenk weg. Du sagst damit: „Diese Begabung entspricht eigentlich nicht meinen Erwartungen. Ich kann meinen Lebensunterhalt nicht damit verdienen. Warum kann ich keine echte Begabung haben. Andere haben doch auch eine. Was ist mit mir nicht in Ordnung?“

Könntest du dir selbst die gleiche bedingungslose Liebe und Akzeptanz entgegenbringen, die du anderen entgegenbringst, würde sich dein ganzes Leben ändern, denn du würdest anfangen, auf deine Gabe zu vertrauen. Wie kann die Existenz dich unterstützen, wenn du nicht auf das vertraust, was du mitbekommen hast, wenn du dein Geschenk nicht zu schätzen weißt?

Viele von euch erkennen ihre Begabung nicht, weil sie nicht ihrer Vorstellung von einer Begabung entspricht. Manchmal entwertet ihr eure Begabungen auch, indem ihr sie mit den Begabungen anderer vergleicht. Ihr beneidet andere um deren Geschenk. Ihr hättet lieber das, was die anderen haben. Was für eine törichte Zeit- und Energieverschwendung! Nehmt das Geschenk an, das euch gegeben wurde, ganz gleich, wie es aussieht. Ihr werdet sehen, wieviel Spaß es euch machen kann. Das Leben wird fließen, sobald ihr eure Gabe ohne Erwartungen mit anderen teilt.

Jedesmal, wenn du die Bereitschaft, deine Gabe mit anderen zu teilen, an eine Bedingung knüpfst, rückt das Geschenk etwas weiter in die Ferne. „Ich singe nur, wenn ich mindestens tausend Zuhörer habe und mindestens zehntausend Mark Gage dafür bekomme!" Aber vielleicht bist du noch gar nicht so bekannt. Wie viele Engagements wirst du dann bekommen? Also weiterer Aufschub, noch mehr Widerstand, noch mehr Selbstzerfleischung! Wie soll dein Lebenswerk aufblühen, wenn du nicht den ersten Schritt tust, um es zu realisieren? Dein Lebenswerk ist wie ein Baby. Es muß innerhalb und außerhalb der Gebärmutter genährt werden. Wenn du dir deiner Gabe zum ersten Mal bewußt wirst, brauchst du das nicht gleich in die ganze Welt hinauszuposaunen. Sei dein eigener Berater. Fang an, in der Dusche zu singen. Suche dir einen Lehrer oder eine Lehrerin. Übe täglich.

Wenn deine Begabung dann so weit gereift ist, daß du bereit bist, sie mit anderen zu teilen, solltest du das vielleicht zunächst ganz zwanglos im kleinen Rahmen tun, damit weder du selbst noch deine Zuhörer unter Erwartungsdruck geraten. Bleib einfach entspannt bei der Sache, so wie ein Kind, das ein Lied vorsingen will. Sei dieses Kind. Wie sehr du dir auch wünschst, mit deiner Gabe „groß herauszukommen", zunächst mußt du dir die Zeit nehmen, das Kind zu sein. Lerne, wachse und pflege deine Begabung, bis sie sich immer deutlicher manifestiert. Geh zunächst kleine und dann immer größere Risiken ein. Sing vor kleinem Publikum, damit du Selbstvertrauen gewinnen kannst. Dann werden die Zuhörer ohne dein Zutun immer zahlreicher werden.

Diejenigen, die sich weigern, klein anzufangen, werden nie etwas erreichen. Sie greifen nach den Sternen und lernen nie, mit beiden Beinen auf der Erde zu stehen. Hab keine Angst davor, ein Schüler zu sein. Wenn du jemanden bewunderst, der eine ähnliche Begabung hat wie du, solltest du nicht zögern, bei dieser Person Unterricht zu nehmen. Das ist eine Möglichkeit, dich mit deiner Gabe vertraut zu machen.

Andererseits kannst du nicht immer Schüler bleiben. Irgendwann kommt die Zeit, wo der Schüler den Lehrer verlassen muß. Wenn dieser Moment gekommen ist, sei mutig und geh deinen eigenen Weg. Vertraue auf deine Gabe. Vertraue auf all die vielen Übungsstunden. Tritt aus dem Schatten deines Lehrers. Vertraue auf dich selbst. Du bist bereit.

Die Art und Weise, wie du mit deinen Gaben umgehst, hat viel damit zu tun, ob du glücklich bist oder nicht. Glückliche Menschen geben ihre Gaben stets weiter und bringen sie überall zum Ausdruck, wo das Leben ihnen eine Gelegenheit dazu bietet. Unglückliche Menschen halten ihre Gaben zurück und warten darauf, daß das Leben ihnen ein perfektes Umfeld bietet.

Ich kann dir schon jetzt sagen, daß du niemals ein perfektes Umfeld vorfinden wirst. Selbst wenn das Leben irgendwann einmal all deinen Vorstellungen entspricht, wenn der Augenblick kommt, auf den du so lange gewartet hast, wird alles ganz anders sein, als du erwartet hast.

Es ist wirklich ganz einfach. Du mußt lediglich deine ganzen Vorstellungen loslassen. Das Vertrauen in deine Gaben setzt auch voraus, daß du alle Vorstellungen darüber losläßt, wie dein Geschenk angenommen werden sollte. Das ist nicht deine Sache. Es geht dich gar nichts an. Wie großartig du in deinem Metier auch werden magst, du wirst nie wissen, wer von deiner Arbeit berührt wird und wer sich abwendet. Damit du das Geschenk weitergeben kannst, mußt du es innerlich loslassen. Du darfst nicht darauf fixiert sein, daß es von ganz bestimmten Menschen angenommen wird. Niemand kann alle Menschen ansprechen. Manch einer teilt seine Gaben mit einem kleinen Publikum, ein anderer mit Millionen. Im ersten Fall ist das Teilen etwas Intimes, Tiefgehendes, im zweiten bleibt es an der (breiten) Oberfläche. Es ist nicht deine Sache, darüber zu urteilen.

Beurteile das Geschenk nicht. Nimm es an, schätze es und gib es weiter. Und beurteile auch nicht die Art und Weise, wie es aufgenommen wird. Gib es, ohne auf Ergebnisse fixiert zu sein, ohne etwas dafür zu erwarten. Du kannst dein Geschenk nicht festhalten und gleichzeitig verschenken. Es wäre absurd, das zu versuchen. Wenn du das erkannt hast, wirst du ihm Flügel geben. Das ist der Moment, wo dein Geschenk diejenigen erreicht, die sich danach gesehnt haben. Seine Energie wird sie berühren und zu dir zurückkehren. Der Kreislauf von Geben und Nehmen schließt sich. Du wirst die Wertschätzung spüren und ein neuer Kreislauf des Gebens kann beginnen.

Treue zu dir selbst und anderen

Deine innere Entschlossenheit, deine Gaben in die Welt zu bringen, wird dein Leben von Grund auf verändern. Alle einschränkenden Strukturen beginnen auseinanderzufallen, sobald du diesen Vertrag mit dir selbst abschließt. Der Versuch, diese Strukturen von außen zu verändern, ist völlig sinnlos. Dadurch ändert sich gar nichts.

Veränderungen vollziehen sich von innen nach außen. Indem du dein Geschenk annimmst und die Angst, es in die Welt zu bringen, hinter dir läßt, verlieren alte, überholte Lebensmuster an Kraft. Wenn sie von dir keine neue Energie mehr bekommen, lösen sich diese Strukturen auf. Du brauchst gar nichts zu tun. Und indem sie sich auflösen, schaffen sie Raum in deinem Bewußtsein, damit das Geschenk immer klarer erkannt, gegeben und empfangen werden kann. Deine Arbeitssituation, dein Familienleben, deine Schlaf- und Eßgewohnheiten verändern sich, während du lernst, dich selbst wertzuschätzen und dich auf deine Freude zuzubewegen. Du löst dich ohne Kampf aus alten Rollen und Beziehungen, die deinem Wachstum nicht länger dienlich sind.

Das geschieht ganz spontan, nichts muß erzwungen werden.

Wenn andere mit der kompromißlosen Haltung konfrontiert werden, mit der du dir selbst treu bleibst, schließen sie sich dir entweder an oder sie gehen dir aus dem Weg. Es gibt keine Grauzonen mehr. Deine frühere Ambivalenz – beispielsweise der Wunsch, etwas zu behalten und es gleichzeitig aufzugeben – wandelt sich in Klarheit. Selbstzweifel und Fixierungen werden von deinem entschlossenen, strahlenden Selbst aus dem Weg geräumt.

Ein Mensch auf dem Weg zur Individuation gibt allen anderen die Erlaubnis, ebenfalls diesen Weg zu beschreiten. Gestörte oder krankhafte familiäre Muster werden aufgedeckt und durch neue Strukturen ersetzt, die alle beteiligten Individuen würdigen.

All das geschieht, weil du entschlossen zu deiner Wahrheit stehst. Diese innere Verpflichtung beendet Nachlässigkeit, Koabhängigkeit, neurotisches Feilschen um Liebe, Langeweile, Apathie und Kritiksucht. Sie gibt allen Individuen die Freiheit, sie selbst zu sein und auf authentischere und bewußtere Weise miteinander in Beziehung zu treten.

Ein Mensch, der zu seiner Wahrheit steht und bereit ist, seinen Traum zu leben, sprengt das ganze um ihn herum errichtete Angstgebäude. So einfach ist das. Und all das geschieht so sanft wie das erste Ja, das in der Stille des Herzens gesprochen wird. Dein Ja zu dir selbst kann niemanden ins Unglück stürzen. Wenn du anders darüber denkst, wirst du ein Gefängnis aus Angst und Schuldgefühlen um dich herum aufbauen. Dein Ja zu deinem wahren Selbst und zu deinem Lebenszweck ist auch ein Ja zum wahren Selbst und Lebenszweck der anderen. Der neurotische Kuhhandel um Liebe, bei dem ständig Grenzen verletzt werden, kann im Licht der Selbstbejahung nicht mehr abgeschlossen werden. Indem du dir selbst Freiheit gibst, forderst du die anderen auf, ihre eigene Freiheit zu beanspruchen. Es ist natürlich ihre Sache, ob sie das tun wollen oder nicht.

Der innere Ruf zur Selbstverwirklichung ist keine Aufforderung, andere im Stich zu lassen. Er ist keine Aufforderung zur Trennung oder zur Weigerung, Verantwortung zu übernehmen. Der innere Ruf nach Selbstachtung ist auch ein Aufruf, andere zu achten. Wenn ein Mensch nicht glücklich ist, sind es die anderen gewöhnlich auch nicht. Früher oder später müssen sich die Partner oder Familienmitglieder damit konfrontieren und darüber sprechen. Der Ruf nach Selbstverwirklichung trägt nur in dem Maße Früchte, wie das Herz offen bleibt.

Selbstverwirklichung hat nichts mit Abschotten zu tun, sondern mit der Bereitschaft, sich zu öffnen. Manchmal können andere das Geschenk nicht erkennen, das du ihnen machst, indem du dir selbst treu bleibst. Dann kann es sein, daß du auf eine Weise handeln mußt, die sie nicht nachvollziehen oder gutheißen können. Das wird nicht einfach für dich sein. Gib dem Druck nicht nach, der von Menschen kommt, die wollen, daß du dich schuldig fühlst, weil du deinem Herzen folgst. Steh fest und entschlossen zu deiner Wahrheit, aber verschließe dein Herz nicht vor dem Schmerz anderer. Liebe sie, segne sie, sprich mit ihnen, unterstütze sie so gut du kannst, aber erlaube ihnen nicht, dich von deiner Verantwortung für dich selbst abzubringen. Deine Treue zu anderen muß eine Erweiterung deiner Treue zu dir selbst sein und darf nicht im Widerspruch dazu stehen. Wie kannst du zwischen deinem eigenen Wohl und dem eines anderen wählen? Das ist unmöglich.

Niemand erwartet von dir, daß du eine solche Wahl triffst.

Du kannst eine Entscheidung fällen, bei der du dich und die anderen gleichermaßen würdigst. Finde diesen Weg. Sei entschlossen, ihn zu finden. Laß dich nicht selbst im Stich. Laß andere nicht im Stich. Ruhe in deiner Treue zu dir selbst. Lade andere ein, dir dabei Gesellschaft zu leisten. Ruhe in deiner Treue zu anderen. Bring dich ganz ein.

Sei der Mensch, der du bist, und sei bereit, mit anderen zu teilen. Setze dich nicht herab. Schließe andere nicht von deiner Liebe aus. Was kannst du sonst tun? Was ist sonst noch nötig? Laß die alte Form los und erlaube, daß sich die neue in ihrem eigenen Tempo in deinem Leben manifestiert. Begib dich bereitwillig in den leeren Raum des Nicht-Wissens. Immer wenn du die Vergangenheit losläßt, mußt du diesen Raum betreten. Hab keine Angst. Schäme dich nicht. Es ist in Ordnung, nichts zu wissen. Es ist in Ordnung, die Dinge allmählich entstehen zu lassen.

Sei einfach präsent und sage die Wahrheit. Hab Geduld. Wachsen ist ein Prozeß. Geh sanft mit dir selbst und anderen um. Du wirst nicht vermeiden können, Fehler zu machen.

Die einzige Arbeit, die zu tun ist

Spirituelle Arbeit ist immer mit freudvollem Selbstausdruck verbunden und wirkt erhebend auf andere. Wenn deine Arbeit dir keine Freude macht, wenn sich deine Talente und Fähigkeiten nicht in ihr widerspiegeln und wenn sie andere nicht berührt, dann ist es keine spirituelle Arbeit. Dann ist es weltliche Arbeit.

Ich habe oft zu dir gesagt: „Sei in der Welt, aber nicht von der Welt." Was bedeutet das? Es bedeutet, daß du die gleichen Arbeiten tun kannst wie andere Männer und Frauen, aber daß du sie voller Freude im Geist der Liebe tust. Du gibst deine Arbeit als Geschenk an die Welt. Das hat nichts mit „Aufopfern" zu tun. Wenn du das Gefühl hast, dich aufopfern zu müssen, wird keine Freude da sein. Dann wird auch kein Geschenk da sein.

Arbeite nicht aus Pflichtgefühl. Auch dann nicht, wenn du etwas für andere tust. Tu, was du mit Freude tun kannst, oder tu es nicht. Tu nicht irgend etwas, das dir keine Freude bereitet, nur weil du Geld dafür bekommst. Selbst wenn dieses Geld den Lebensunterhalt für eine ganze Familie sichert, dient dein Opfer letztendlich nicht dem Wohlergehen dieser Familie.

Wo Dinge ohne Liebe getan werden, kann nichts gedeihen.

Es gibt Hunderte, wenn nicht Tausende von Möglichkeiten, sich selbst zu betrügen und aus einem Pflichtgefühl oder einer Opferhaltung heraus zu arbeiten. Aber es gibt mindestens ebenso viele Möglichkeiten, andere zu betrügen und selbstsüchtig zu sein. Sei dir der vielen subtilen Strategien bewußt, mit denen du dich selbst und/oder andere betrügst. Gib dich nicht mit den Belohnungen zufrieden, die die Welt dir geben kann. Materieller Wohlstand, Status und Prestige werden dich nicht glücklich machen. Nur eine Arbeit, die dir Freude bereitet, wird dich glücklich machen. Und nur eine aus Freude getane Arbeit kann andere erfreuen. Glaube nicht, daß Aufopferung oder Kampf dir Glück bringen können. Die Mittel müssen mit den Zielen in Einklang stehen. Und das Ziel zeigt sich auf dem Weg.

Hüte dich, aus Schuldgefühlen oder spirituellem Hochmut heraus zu arbeiten. Versuche nicht, dich selbst zu retten, indem du anderen hilfst. Versuche nicht, andere zu retten, wenn du derjenige bist, der Hilfe braucht. Schaffe erst einmal Ordnung in dir selbst. Lerne, Vergangenes zu vergeben und dich hier und jetzt zu achten. Lerne, auf deine Gaben zu vertrauen. Wenn du dein Selbst ganz und voll Freude zum Ausdruck bringst, wird deine Arbeit wie von selbst diejenigen erreichen, die davon oder von deinem persönlichen Beispiel profitieren können. Das ist Gottes Arbeit. Sie braucht kein Marketing, denn sie hat ihren eigenen Wert.

Wenn du deine Lebensaufgabe gefunden hast, ist dein Versuch, sie zu „steuern", das, was dich am stärksten daran hindert, sie zu erfüllen. Du kannst deine spirituelle Arbeit nicht „geschehen" machen. Wenn du das versuchst, wirst du scheitern. Du wirst erleben, daß selbst die beglückendste Arbeit von spirituellem Hochmut überschattet und von den Erwartungen deines Egos untergraben wird. Du kannst deine spirituelle Arbeit nicht auf die gleiche

Weise tun, wie du deine weltliche Arbeit verrichtet hast. Erstere setzt Hingabe voraus, letztere basiert auf der Illusion der Kontrolle.

Sobald du das Bedürfnis nach Kontrolle aufgibst, kann jede Arbeit zu spiritueller Arbeit werden. Und sobald du versuchst, die Dinge zu steuern, scheitern selbst die spirituellsten Projekte. Spirituell ist nicht, was du tust, sondern wie du es tust. Alles, was du voller Freude tust, ist spirituelle Arbeit.

Ob deine Arbeit weltlich ist, hängt nicht davon ab, was du tust, sondern wie du es tust. Alles, was du aus Pflichtgefühl, einer Opferhaltung oder dem Streben nach Anerkennung heraus tust, ist weltliche Arbeit.

Nicht die äußere Form zählt, sondern die Motivation dahinter. Es geht nicht um das „Was", sondern um das „Wie". Versuche nicht, deine Lebensaufgabe zu finden, indem du dich von außen nach innen orientierst. Das ist unmöglich. Versuche nicht, sie zu finden, indem du dich an den Vorstellungen und Meinungen anderer orientierst. Auch auf diese Weise kannst du sie nicht entdecken. Du findest deine Lebensaufgabe, indem du der Stimme deines Herzens lauschst. Es gibt keine andere Möglichkeit.

Es scheint, als ob das ein ziemlich einsamer Weg wäre, und in gewisser Weise stimmt das auch, denn kein anderer kann ihn für dich gehen. Du mußt die ersten paar Kilometer ganz allein zurücklegen. Du mußt deine innere Entschlossenheit beweisen. Du mußt zeigen, daß du dich durch nichts und niemanden vom Weg abbringen läßt. Später wirst du andere treffen, die den Weg mit dir gemeinsam weitergehen. Das ist unvermeidlich. Du brauchst noch nicht einmal nach Begleitern zu suchen. Du begegnest ihnen ganz von allein, indem du dich selbst achtest und offen für deine Erfahrungen bist.

Der Mythos vom materiellen Reichtum

Es ist eine Tatsache, daß nur wenige Menschen sich dafür entscheiden, Gottes Werk zu tun. Von den vielen, die behaupten, es zu tun, sind nur wenige wirklich engagiert. Erwarte also nicht, daß die Welt dich auf deinem Weg zur Authentizität unterstützen wird. Sie wird es nicht tun! Die Welt unterstützt nur, was sie versteht, und gegenwärtig versteht sie nur „Pflicht“ und „Opfer“. Das wird sich im Laufe der Zeit ändern, aber rechne nicht zu bald mit dieser Veränderung. Mach dich nicht in der Hoffnung auf weltliche Unterstützung und Anerkennung an deine Lebensaufgabe.

Diejenigen, die meine Lehre verstehen und danach zu leben versuchen, werden in der Welt oft geringschätzig behandelt. Sei nicht überrascht, falls dir das geschieht. Es ist kein Zeichen göttlichen Mißfallens, wenn andere Männer und Frauen neidisch auf dich sind oder sich von dir bedroht fühlen. Wenn das geschieht, dann nimm es geduldig hin und reagiere mit Liebe und Akzeptanz darauf. Wenn die anderen sehen, daß du ihr höchstes Wohl im Sinn hast, werden sie allmählich offen für dich werden. Deine Geduld wird belohnt, wenn du auf deinem Weg bleibst und fest zu deiner Wahrheit stehst. Wenn du jedoch Beifall oder Anerkennung suchst, wirst du vergeblich warten müssen.

Laß dich nicht von der „Religion des Reichtums" beeindrucken. Sie ist weder wahrhaftiger noch hilfreicher als die „Religion der Aufopferung". Gott belohnt spirituelle Arbeit nicht unbedingt mit materiellem Erfolg. Die Belohnungen für eine integere, authentische Lebensweise sind eher spiritueller Natur: Glück, Freude, Mitgefühl, Frieden, Sensibilität, Empfänglichkeit.

Stellt sich kein materieller Erfolg ein, so ist er nicht wichtig. Und wenn er wichtig scheint, wenn Groll und Verbitterung aufsteigen, muß einfach noch mehr Ego „abgetragen" werden. Ihr müßt ein für allemal aufhören, spirituellen Reichtum mit weltlichen Maßstäben zu messen. Wenn sich materieller Erfolg einstellt, so ist das oft eine Prüfung, die zeigen soll, ob ihr egoistische Interessen und Gier transzendieren könnt.

Ein Mensch, der nicht bereit ist, seinen materiellen Reichtum mit anderen zu teilen, ist nicht spirituell. Wie alle anderen Gaben wird auch materieller Reichtum gegeben, damit er mit anderen geteilt werden kann. Wenn du Gottes Geschenke wie ein Geizkragen hortest, wirst du nie in den Genuß der Belohnung kommen, die wahrer Reichtum ist: Glück und Frieden.

Begehe nicht den Irrtum zu glauben, daß deine Lebensaufgabe dir ein hohes Gehalt einbringen muß. Wenn du das glaubst, während deine Arbeit nicht von weltlichem Erfolg gekrönt ist, wirst du denken, daß du die falsche Arbeit gewählt hast. Du wirst dich unzulänglich und minderwertig fühlen. Du wirst dich verurteilen und dein Geschenk achtlos beiseite schieben.

Du solltest aber auch nicht glauben, daß du arm sein mußt, um Gott dienen zu können. Ein reicher Mensch kann Gott genauso gut dienen wie einer, dem nur bescheidene Mittel zur Verfügung stehen, wenn er bereit ist, seinen Reichtum zu teilen. Es spielt keine Rolle, wieviel du in deinen Händen hältst. Wichtig ist allein, ob du deine Hände nach deinem Bruder oder deiner Schwester ausstreckst. Schau von innen nach außen, schau in dein Herz, erkenne deine Absicht, und du wirst die Dinge sehen, wie Gott sie sieht.

Alle Männer und Frauen haben ein Geschenk mitbekommen. Es spielt keine Rolle, in welchem Verhältnis das Geschenk eines Menschen zu dem eines anderen steht. Was zählt, ist allein, daß jeder Mensch lernt, sein Geschenk anzunehmen und es weiterzugeben.

Die innere Zerrissenheit heilen

Schwelgerei und Entsagung

Nach wie vor leben zu viele Menschen in der Erwartung: „Wenn ich gut bin, wird Gott mich belohnen." Ihre Vorstellung von Reichtum oder Fülle ist eindimensional. Sie glauben, sie könnten Gott mit dem richtigen Mantra manipulieren. Und wenn all ihr magisches Denken nicht hilft, fühlen sie sich als absolute Versager. Wenn sie Krebs bekommen oder bankrott gehen, überhäufen sie sich gnadenlos mit Selbstvorwürfen. Sie geben alle Hoffnung auf. Manch einer begeht sogar Selbstmord.

Andere gehen mit der entgegengesetzten Erwartung an ihr Leben heran: „Wenn ich leide, werde ich der Liebe Gottes wert sein." Weil ich gekreuzigt wurde, glauben sie, sie müßten ebenfalls gekreuzigt werden. Diese Menschen sind Opfer des gleichen linearen, eindimensionalen Denkens. Sie glauben, sie müßten sich Gottes Gnade durch Selbstkasteiung verdienen. Ist ihnen das Glück einmal hold, sabotieren sie ihren Erfolg durch ihr Gefühl der Unzulänglichkeit. Oder sie schämen sich ihres Glücks und verschleudern ihre Ressourcen aufgrund von Schuldgefühlen.

Doch weder Schwelgerei noch Entsagung bringen Frieden und Glück. Diejenigen, die dem materiellen Reichtum nachjagen, müssen irgendwann erkennen, daß ihr Weg in die Sucht führt, weil der materielle Überfluß sie immer weniger befriedigt. Und diejenigen, die sich alles versagen, stellen irgendwann fest, daß sie hart, starr, unsensibel und mitleidlos geworden sind.

Die meisten Menschen sind entweder genesende Süchtige oder genesende Asketen. Sie haben entweder den Schmerz der Übersättigung oder den Schmerz der Selbstkasteiung erfahren. Vielleicht sogar beides. Sie haben den Fehler gemacht, ihren zwanghaften Impulsen nachzugeben, ohne Rücksicht auf sich selbst oder andere zu nehmen. Sie sind einer Illusion von Erfüllung nachgejagt. Oder sie haben den Fehler gemacht, sich vom Leben zurückzuziehen, haben neue Situationen gemieden, sind niemals Risiken eingegangen.

Keines dieser beiden Extreme wird dem Menschen gerecht. Sowohl Suchtverhalten als auch Entsagung sind Formen des Festhaltens an der Vergangenheit. Um in der Gegenwart zu bleiben, muß jeder Mensch lernen, seine oder ihre Erfahrung und alle damit verbundenen Gefühle zu akzeptieren. Das gilt sowohl für Erfahrungen, die als unangenehm wahrgenommen, als auch für solche, die als angenehm erlebt werden. Wenn die betreffende Person ihre Erfahrung akzeptiert und in Kontakt mit ihren Gefühlen ist, ob sie nun negativ oder positiv sind, muß sie diese Erfahrung nicht unbewußt mit sich herumtragen.

Suchtverhalten und Vermeidung sind zwei verschiedene Methoden, die eigene Erfahrung auf Distanz zu halten. Beide ermöglichen dir, deine Erfahrung zu überspielen, anstatt dich auf sie einzulassen und alle mit ihr verbundenen Gefühle zu *fühlen*.

Wärst du in der Lage, all deine Gefühle zuzulassen und sie ohne Selbstverurteilung auszudrücken, würdest du kein unterbewußtes Reservoir unterdrückter Gefühle anlegen. Indem du eine Erfahrung abspaltest und dich die mit ihr verbundenen Gefühle nicht fühlen läßt, schaffst du ein gespaltenes Bewußtsein mit einem bewußten und einem unbewußten Teil. Diese Art von Abspaltung zeigt sich am deutlichsten in Fällen von schwerem körperlichem und/oder emotionalem Mißbrauch. Ein Teil des Selbst wird unzugänglich, es wird vom Gesamtbewußtsein abgespalten. Damit die Heilung einsetzen kann, müssen die abgespaltenen Teile des Selbst zusammen mit ihren traumatischen Erinnerungen zurückgeholt und wieder in die bewußte Wahrnehmung integriert werden.

Die Wiederherstellung der psychischen Einheit ist der wesentlichste Aspekt des Heilungsprozesses, selbst bei Menschen, die keine schweren physischen oder emotionalen Verletzungen erlitten haben. Alle angstauslösenden Erfahrungen verursachen irgendeine Art von Abspaltung, führen zu einer Veränderung des natürlichen Atemrhythmus und schneiden das Individuum von seinen Gefühlen ab. Diese Erfahrungen des Abgeschnittenseins vom eigenen Selbst legen jene verschlungenen Pfade an, über die sich alle zukünftigen Mißbrauchserfahrungen manifestieren.

Wenn Eltern, Lehrer und andere wichtige Bezugspersonen die Erfahrungen von Kindern nicht ernst nehmen, beginnen diese, ihre Erfahrungen zu verleugnen. Sie schlucken ihre Gefühle herunter und entwickeln ein falsches, gesellschaftlich akzeptiertes Selbst, das es ihnen ermöglicht, den Forderungen ihres Umfeldes zu entsprechen. Doch dieses Selbst ist eine Maske. Sie besteht aus Angst, überdeckt die Schamgefühle und präsentiert der Welt eine brüchige Fassade der „Normalität".

Alle Menschen leben hinter dieser brüchigen Fassade, tragen diese Maske, um sich vor Urteilen und Angriffen zu schützen. Alle Menschen schämen sich ihres Selbstbetrugs und halten ihn sogar vor ihren engsten Familienmitgliedern und Freunden geheim. Alle Menschen schleppen unbewußte Inhalte mit sich herum, die ins Bewußtsein gehoben werden müssen.

Damit das geschehen kann, muß die dünne Schale des falschen Selbst zerbrechen. Die betreffende Person verliert vielleicht ihre Arbeitsstelle oder ihren wichtigsten Beziehungspartner oder wird mit dem Tod eines geliebten Menschen konfrontiert. Manchmal stellt sich auch heraus, dass sie an einer ernsthaften körperlichen Erkrankung leidet. Wenn die Hülle erst einmal zerbrochen ist, kann das bisher dahinter versteckte Material durch die Bruchstellen an die Oberfläche kommen.

Da alle Abspaltungen von unserer bewußten Erfahrung im Körper gespeichert werden, können sich alle unterdrückten Mißbrauchserfahrungen als körperliche Krankheiten manifestieren. In diesem Sinne ist Krankheit ein Weckruf, ein Aufruf, bewußt den Weg der Heilung zu beschreiten. Je mehr sich die Psyche des Individuums auf die Frequenz der Liebe einschwingt, desto leichter können unterdrückte Erinnerungen aufsteigen. Jetzt ist die betreffende Person bereit, sich mit diesen Erinnerungen zu konfrontieren, die damit verbundenen Gefühle zu fühlen und die Erfahrung in ihr Bewußtsein zu integrieren.

Der auferstandene Körper

Die Zusammenführung bewußter und unbewußter Erfahrungen ist der wichtigste Aspekt der individuellen Integration. Sie ist das Fundament jeglicher Spiritualität. Die Spaltung zwischen Körper und Geist vollzieht sich im Bewusstsein – und dort muß sie geheilt werden. Der Körper war nie der Feind des Geistes. Im Gegenteil. Es ist der Körper, der die dünne, spröde Schale des falschen Selbst zerbrechen läßt und so das Aufsteigen unterdrückter Erinnerungen und damit Heilung möglich macht. Und weil der Körper das Kreuz ist, an dem der Mensch seinen Schmerz spürt, hat er einen schlechten Ruf. Aber solange dieser Schmerz nicht gefühlt wird, ist keine Auferstehung möglich.

Durch Verleugnen des Schmerzes wird der Körper weder transzendiert noch vom Schmerz befreit. Das Verleugnen des Schmerzes ist der eigentliche Akt der Kreuzigung. Und er findet in jedem Augenblick statt. Den Schmerz spüren heißt, sich wieder mit dem Körper zu verbinden, den Atem (Geist) wieder in den Körper zu bringen. Durch diese Rückverbindung wird das falsche Selbst ein für allemal zerstört. Die Maske der Heuchelei und Verleugnung ist zerbrochen. Erinnerungen kehren zurück. Erfahrungen werden integriert. Der Schmerz ist nicht dein Feind, sondern dein bester Freund. Er bringt dich in deinen Körper zurück. Er verbindet dich wieder mit dem Atem. Er verhilft dir zur Ganzheit deiner Erfahrung.

Der wiederauferstandene Körper ist ein Symbol für die Reintegration des gespaltenen Bewußtseins. Nur im Bewußtsein kann Unbewußtes bewußt werden. Nur im Bewußtsein kann Heilung und Integration stattfinden. Nur im Bewußtsein kann Vergebung auf das Urteil folgen, so wie das Ausatmen auf das Einatmen folgt.

Der erste Schritt auf dem Weg der Hingabe

Die Menschen haben von jeher äußere Normen aufgestellt, um „den Grad ihrer Spiritualität" zu messen. Diese Normen sind allerdings von Grund auf unsinnig, weil Spiritualität nicht an äußeren Maßstäben gemessen werden kann. Selbst psychologische Maßstäbe wie „innerer Frieden" können leicht irreführend sein, weil Verleugnung oft Konfliktfreiheit vortäuscht.

Die schwierigsten und herausforderndsten Situationen fördern das spirituelle Wachstum oft am meisten. Manchmal führt nur der krasseste Selbstbetrug zu jener Bewußtheit, die keinen weiteren Betrug des

Selbst mehr zuläßt. Irgendwann müssen wir aufhören, unsere Erfahrungen zu bewerten und mit den Erfahrungen anderer zu vergleichen. Unser Leben mit all seinen Höhen und Tiefen ist genau das richtige für uns. Es verhilft uns zu den Lektionen, die wir lernen müssen, um über Angst und Schuld hinauszugehen.

Das Leben mit Hingabe zu leben heißt, in jedem Augenblick der eigenen Erfahrung präsent zu sein. Es heißt, die Erfahrung anzunehmen, ohne sie zu verurteilen oder zu bewerten. Oder sich zu vergeben, wenn man sie verurteilt hat. Die Erfahrung zuzulassen bedeutet nicht, daß man nicht versucht, auszuweichen oder Gefühle abzuspalten, sondern daß man immer öfter bewußt wahrnimmt, wann man das tut, und sich sanft zurückholt.

Dieses „Zurückholen" ist das Wesen der Meditation. Wir müssen nicht aufhören zu denken, um meditieren zu können, aber wir müssen uns der aufsteigenden Gedanken bewußt werden, um zu erkennen, wie sie uns aus der Stille herausreißen. Um zu erkennen, wie sie uns daran hindern, ganz *da* zu sein. Meditieren bedeutet zu sehen, wie das Denken uns dazu bringt, Erfahrungen abzuspalten, wie es uns vom Hier und Jetzt, vom gegenwärtigen Augenblick entfernt.

Das heißt nicht, daß das Denken etwas Schlechtes ist. Wenn wir es als etwas Schlechtes betrachten, werden wir noch mehr Gedanken über das Denken produzieren. Denken ist einfach das, was abläuft, wenn das wahre Selbst in Schlaf versinkt. Betrachte das Denken nicht als etwas Schlechtes. Betrachte es auch nicht als etwas Schlechtes, in Schlaf zu versinken, sonst wird es dir nicht möglich sein aufzuwachen. Für den Erwachten ist das Aufwachen keine großartige Sache. Es ist eine ganz gewöhnliche Erfahrung. Dein Erwachen beginnt, wenn du aufhörst, in Schlaf zu versinken. Es ist nichts Besonderes. Nichts, was du erreichen müßtest. Du bist jetzt, in diesem Augenblick, wach und dann vergißt du es und schläfst wieder ein.

Schmerz, Unbehagen und Konflikte rütteln dich aus deinem Schlaf. Hör auf, gegen deine wichtigsten Lehrer Widerstand zu leisten. Danke ihnen dafür, daß sie dich lehren. Danke ihnen dafür, daß sie dich in den gegenwärtigen Augenblick zurückholen. Sie haben dir eines der größten Geschenke gemacht.

In der Gegenwart kannst du einfach *sein*. Du brauchst nicht für irgend jemand anderen dazusein. Für jemand anderen dazusein ist eine Methode, nicht präsent zu sein. Du brauchst noch nicht einmal für dich selbst dazusein. Auch das ist nur ein Trick. *Sei* einfach. Ohne Bindungen. Ohne Urteile. Ohne Regeln. *Sei* einfach da.

Das ist Glückseligkeit. Das ist die Blüte des Annehmens. Einfach *sein*. Christus ist *Sein*, nicht Werden.

Die Lehren der neuen Zeit

Die spirituellen Lehrer der neuen Zeit beanspruchen keine Autorität über andere. Sie behaupten nicht, Antworten für andere zu haben. Sie sprechen nur über ihre eigene Erfahrung. Sie laden andere ein, an dem teilzuhaben, was sie aus eigener Erfahrung gelernt haben, und daraus ihre eigenen Schlüsse zu ziehen. Sie übernehmen keine Verantwortung für die Sichtweise, die andere wählen.

Sie predigen nicht. Sie versuchen nicht, andere in Ordnung zu bringen. Sie akzeptieren andere einfach, wie sie sind, und ermutigen sie, ihre eigene Wahrheit zu finden. Sie ermutigen andere, ihre eigene Kraft und Autorität zu erkennen. Sie sehen das Licht in anderen und nähren es. Sie verschließen ihre Augen nicht vor der Dunkelheit, aber sie wissen, daß sie letztendlich bedeutungslos ist. Wenn Liebe da ist, löst sich die Dunkelheit in ihrem Licht auf. Sie verleugnen die Dunkelheit nicht, aber sie bekämpfen sie auch nicht. Sie wissen, daß nichts verkehrt ist, daß man nichts Böses bekämpfen muß, daß es keine Schlachten zu schlagen gibt. Sie nähren nur sanft das Licht. Sie wissen, daß das Licht alle Wunden heilen wird.

Die neuen Lehrer versuchen nicht, andere zu heilen, sondern ermutigen sie, sich selbst durch Selbstannahme und Selbstliebe zu heilen. Sie leben bedingungslose Liebe vor, indem sie achtsam und mitfühlend zuhören, ohne zu urteilen oder zu versuchen, die Dinge für andere in Ordnung zu bringen.

Lehrer, die noch das alte Weltbild vertreten, wollen andere heilen und die Welt retten. Die neuen Lehrer dagegen wissen, daß andere in Ordnung sind, wie sie sind, und daß die Welt bereits gerettet ist. Wie kann das sein? Gehen sie mit geschlossenen Augen durch die Welt? Sehen sie denn nicht all das Leid, die Umweltzerstörung, die allgegenwärtige Gewalttätigkeit? Oh doch, sie sehen die Kämpfe und

Schmerzen, aber sie interpretieren sie anders. Sie glauben nicht daran, daß Menschen schuldig sind oder daß die Welt dem Untergang geweiht ist. Sie sehen, daß die Menschen nach Liebe hungern. Sie hören den globalen Schrei nach Annahme und Verständnis. Und sie sind bereit, beides zu geben. Sie bringen nichts in Ordnung. Sie retten niemanden. Sie bieten keine intellektuellen Lösungen für körperliche oder materielle Probleme an.

Geben sie auch Nahrung und Medizin, wo dies gebraucht wird?

Natürlich, aber sie wissen, wem sie diese Dinge geben. Sie erinnern sich an den Schrei und antworten darauf. Sie wissen, daß materielle Hilfe notwendig sein kann, aber daß sie nicht die Lösung des Problems ist. Die Menschen verlangen nicht nach Nahrungsmitteln. Sie verlangen nach Liebe. Liebe ist die einzige Nahrung. Und Liebe geben diese Lehrer.

Sobald du ein Problem siehst, das gelöst werden muß, hast du die vor dir stehende Person ihrer persönlichen Autorität beraubt. Tu das nicht. Akzeptiere die Haltung der Schwäche nicht. Es gibt keine Opfer. Wenn du einen Bettler siehst, dann laß dich nicht in die Irre führen. Frage ihn: „Warum stehst du hier bettelnd an der Straßenecke, oh Erhabener?" Laß ihn wissen, daß du siehst, wer er wirklich ist. Schau in seine Augen, sieh seine Göttlichkeit und frage ihn dann, ob du irgend etwas für ihn tun kannst.

Machtlosigkeit ist eine großartige Verkleidung. Blicke hinter die Verkleidung und sage: „Ich erinnere mich an dich, Bruder."

Du solltest dem Bettler nicht einfach Geld geben und dann weitergehen, ohne ihn zu würdigen.

Wenn du ihm Geld geben willst, dann tu es. Aber geh nicht weiter, ohne ihn zu würdigen. Denn was er braucht, ist nicht dein Geld, sondern deine Liebe, deinen Segen, deine Achtung. Du bist nicht hier, um sein Leben in Ordnung zu bringen, sondern um ihm Achtung entgegenzubringen. Wenn du das für ihn tun kannst, werde ich das gleiche für dich tun. Denn ich bin nicht hier, um dich in Ordnung zu bringen, sondern um dich an dich selbst zu erinnern. Kannst du es hören? Ich sage die selben Worte zu dir, die du zu ihm gesagt hast: „Ich erinnere mich an dich, Bruder. Ich erinnere mich daran, wer du bist."

Dem spirituellen Lehrer der neuen Zeit genügt es, Bruder oder Schwester zu sein. Es genügt ihm, Freund zu sein. Er ist dem inneren Lehrer begegnet und er hat alle äußeren Autoritäten verworfen. Und deshalb kommt er nicht zu dir, um dir Hilfe anzubieten oder dich um Hilfe zu bitten. Er kommt als ebenbürtiger Partner. Er behandelt dich so, wie er behandelt werden möchte. Und die Person neben dir behandelt er genauso. Es gibt keine Hackordnung und keine Bevorzugung. Er fordert dich nicht auf, ihm nachzufolgen. Er benutzt sein Wissen nicht, um sich damit sexuelle Dienste zu erkaufen. Er beurteilt dich nicht, er isoliert dich nicht, er wertet deine Erfahrung nicht ab. Er oder sie bleibt immer ein Bruder oder eine Schwester. Er oder sie bleibt immer auf einer Ebene mit dir.

Wenn er neben dir steht, ist es, als stündest du neben mir. Denn in Wahrheit stehen wir alle drei auf der gleichen Ebene. Und durch diese Gleichheit wird die ganze eigenwillige Welt erlöst.

Gleichheit und Alleinsein

Nur wenige Menschen sind mit ihrer Erfahrung allein. Die meisten haben Angst davor. Doch paradoxerweise fühlen sich die, die allein sind, nicht allein, während sich die, die nicht allein sind, einsam fühlen. Die Einsamen suchen nach Gefährten, aber echte Freundschaft ist ihnen nicht möglich, denn sie haben noch nicht herausgefunden, wer sie selbst sind.

Das Selbst ist eine Wildnis. Wenn sie unerforscht bleibt, wird sie irgendwann einfach niedergewalzt und zugebaut. Wenn du jedoch den Mut findest, diese Wildnis zu erforschen, wird Nähe möglich. Echte Gleichheit setzt Individuation voraus. Solange du das Wesen deines eigenen Herzens nicht kennst, kannst du auch keinen anderen Menschen näher kennenlernen.

Wenn du dein Heim verläßt, bevor du bereit dazu bist, wirst du überall nach einem Heim suchen, ohne es zu finden. Du wirst eine Mutter finden statt einer Ehefrau, einen Vater statt eines Ehemannes. Wenn du dein Heim jedoch gefunden hast, nimmst du es überall mit hin. Finde also zuerst dein Heim und suche dann nach Gefährten. Finde heraus, wer du bist, aber nicht nach der Definition anderer, sondern nach deiner eigenen. Spiele mit dieser Definition, bevor du sie akzeptierst. Laß alle Facetten deines Selbst ans Licht kommen. Erforsche die Dünen, die sich hinter dem Strand erheben. Spüre den Sprühnebel des Salzwassers und geh bei Ebbe am Strand entlang. Betrachte all die verschiedenen Lebensformen, die vielen Möglichkeiten, das Wechselspiel von Gedanken und Emotionen, wenn die Flut zurückgewichen ist. Erkenne dich selbst.

Verliere dich nicht in der Welt, bevor du weißt, wer du bist, sonst hast du wenig Chancen aufzuwachen. Die Welt wird dir nur allzu bereitwillig eine Rolle und eine Verantwortung übertragen. Andere Menschen werden dir bereitwillig eine Rolle in ihrem Theaterstück zuweisen. Um ehrlich zu sein, manche Rollen sind ziemlich verlockend. Sie sind sehr vielversprechend und es ist schwer, sie abzulehnen.

„Verlaß deine einsame Wildnis, komm und lebe mit mir zusammen. Ich werde dich lieben und für dich sorgen." Auf diese Worte hat das heimatlose Kind gewartet. Jetzt weiß es zumindest, in welche Richtung es gehen kann. Die Mutter oder der Vater, nach der oder dem es sich sehnte, ist endlich aufgetaucht. Nun wird alles gut. Wirklich?

Wohl kaum. Denn hier bahnt sich eher ein Selbstbetrug an. So wird die Wildnis mit Asphalt zugeschüttet, so werden die Bäume und das grüne Gras erstickt. Du kannst es Zivilisation nennen, technologischen Fortschritt, aber es ist etwas ganz anderes.

Der heimatlose Mensch geht bei seinem Versuch, sich ein Heim zu schaffen, immer rücksichtslos vor. Er hat kein Mitgefühl für seine Umwelt, das Wohlergehen anderer ist ihm gleichgültig. Er bringt einfach nur seine Wut und seinen Schmerz nach außen.

Wenn du versuchst, mit jemandem zusammenzuleben, bevor du gelernt hast, mit dir selbst zu leben, wird die Beziehung eine Farce sein. So funktioniert es einfach nicht.

Finde zuerst eine Heimat in deinem eigenen Herzen. Nur ein Mensch, der sich selbst kennt und akzeptiert, kann in einer ebenbürtigen Beziehung mit einem anderen leben. Jeder, der nicht an diesem Punkt steht, wird sich in einer Beziehung selbst aufgeben. Es ist nie die Schuld des Beziehungspartners, wenn die Beziehung nicht funktioniert. Alle Trennungen haben eine einzige Ursache: den Mangel an Vertrauen in das eigene Selbst.

Wenn du am Anfang der Beziehung kein Vertrauen in dich selbst hattest, wie kannst du es dann innerhalb der Beziehung haben? Es kann also nicht die Schuld des anderen sein. Ihr seid einfach übereingekommen, daß der Weg der Selbsterkenntnis und Selbstannahme zu hart war, zu einsam. Also habt ihr beschlossen, gemeinsam einzuschlafen. Doch ihr entdeckt schon bald, daß das nicht genügt. Irgendwann wacht ihr auf und fragt euch: „Warum habe ich einen Traum gegen einen anderen eingetauscht? In meinem früheren Traum war ich zwar einsam, aber er war wenigstens nicht so kompliziert."

Ihr habt einfach einen Umweg gemacht, eine Verzögerungstaktik angewendet. Statt allein zu schlafen, habt ihr gemeinsam geschlafen. Aber die Herausforderung liegt nicht im Einschlafen, sondern im Aufwachen. Solange du nicht wirklich entschlossen bist aufzuwachen, können andere dir nur Umwege oder Seitenstraßen zeigen oder gemeinsam mit dir auf der Stelle treten. Die Zeit verstreicht, aber nichts ändert sich. Der Schmerz wird nicht weniger. Die alte Unzufriedenheit ist immer noch da.

Irgendwann wirst du erkennen, daß du dieser Unzufriedenheit nicht ausweichen kannst. Du mußt sie dir anschauen. Es sieht so aus, als seist du mit deinen äußeren Lebensumständen unzufrieden, aber das Gefühl der Unzufriedenheit bleibt selbst dann bestehen, wenn sich diese Umstände geändert haben.

Die Bettlaken wurden gewechselt, aber das Bett hängt immer noch durch. Es ist kein kosmetisches, kein oberflächliches Problem, sondern ein grundlegendes. Und deshalb mußt du es an der Wurzel pakken. Du mußt seine Ursache aufdecken.

Deine Unzufriedenheit weist dich immer wieder nur auf eines hin: daß du dich selbst nicht achtest und schätzt. Würdest du dich selbst achten, dann hättest du Energie und würdest dich auf die Verwirklichung einer Vision konzentrieren. Du wärst nicht gelangweilt. Du wärst nicht einsam. Und du würdest deinen Traum nicht so schnell gegen den Traum eines anderen Menschen eintauschen. Du bist derjenige, der den Umweg wählt. Gib die Schuld nicht der Gefährtin oder dem Gefährten, die oder der dich dabei begleitet. Es ist nicht ihre Schuld. Es ist nicht seine Schuld. Es war deine Wahl. Aber verurteile dich nicht dafür. Wähle einfach etwas anderes. Entscheide dich jetzt, dich zu achten und wertzuschätzen, damit du dich ganz auf dein Leben einlassen kannst.

Fälle die mutige Entscheidung, allein zu sein. Allein sein bedeutet, daß du ganz du selbst bist. Es bedeutet, „all eins" zu sein. Es bedeutet, daß alle verschiedenen Aspekte des Selbst gelernt haben, sich im Einklang miteinander um einen Mittelpunkt herum zu bewegen.

Wenn du dein Leben ganz ergreifst, wirst du anderen begegnen, die das gleiche tun. Und dann muß einer nicht sein Leben für den anderen aufgeben. Beide können sie selbst bleiben und damit experimentieren, wie es sich anfühlt, zusammenzukommen. Das ist der Anfang eines anderen Tanzes. Aber dieser Tanz kann nicht stattfinden, solange beide nicht integer und fest in ihrer eigenen Wahrheit verankert sind.

Sich auf eine gemeinsame Vision zubewegen

Wenn das Selbst kongruent wird und lernt, seine Vision zu verwirklichen, begegnet es zunehmend Menschen, die die gleiche Vision haben. Natürlich wird es trotz dieser gemeinsamen Vision zu Ego-Kämpfen kommen. Das ist unvermeidlich. Jeder hat seine eigene Vorstellung davon, wie die Dinge zu sein haben oder wie das Endergebnis aussehen soll. In jeder Beziehung prallen die Egos irgendwann aufeinander und die Gefahr gegenseitiger Grenzverletzungen droht. Doch wenn das Selbst tief genug in sich ruht, wird keines der beiden Individuen vor den Forderungen und Erwartungen des anderen kapitulieren. Statt dessen wird ein Austausch über Wünsche und Erwartungen stattfinden und die Bereitschaft da sein, eine Lösung zu akzeptieren, die dem Wohl beider dient.

Eine gemeinsame Vision ist einfach ein bestimmter Aspekt des Lebens, auf dessen Schwingungsebene sich beide Personen zur gleichen Zeit befinden.

Eine Partnerschaft kann nur auf einer gemeinsamen Vision aufgebaut werden und setzt die Bereitschaft beider Partner voraus, ihre starren Vorstellungen davon, wie die Dinge zu sein haben, aufzugeben.

Jeder der beiden nimmt das tiefste Bedürfnis des anderen wahr, aber sie lassen die Vorstellungen ihrer Egos über die Art und Weise, wie dieses Bedürfnis erfüllt werden sollte, los und gehen gemeinsam in die Stille. Dort bitten sie darum, daß sich die Dinge zum Besten aller Beteiligten entwickeln mögen. Jeder hört etwas in der Stille. Manchmal hören beide das gleiche, oder einer hört etwas, das den anderen freut. Das ist gemeinsame Führung. In einer Partnerschaft werden alle Entscheidungen durch intuitiven Konsens getroffen.

Oft wissen die beiden nicht, warum sie in eine bestimmte Richtung geführt werden, aber sie entscheiden sich, darauf zu vertrauen. Auf diese Weise kann oft Großes erreicht werden. Situationen, die in Stein gemeißelt schienen, können verändert werden. Hindernisse lösen sich auf. Möglichkeiten, die zuvor verworfen wurden, tauchen zum richtigen Zeitpunkt noch einmal auf. Es geschehen Dinge, die wie Wunder scheinen.

Die Hingabefähigkeit, die der einzelne erworben hat, indem er seiner inneren Führung vertrauen lernte, mündet in eine gemeinsame Hingabe beider Partner, die nun lernen, auf ihren intuitiven Konsens zu vertrauen. Und indem Paare zunehmend auf diesen Prozeß der Entscheidungsfindung vertrauen, bilden sich neue Gruppen und Gemeinschaften, die auf der Basis einer gemeinsamen Vision von einer gemeinsamen Führung geleitet werden. Ihr versteht, welches Potential für inneren und äußeren Frieden hier verborgen liegt.

Aber du mußt immer den ersten Schritt tun. Du mußt deine eigene Vision schätzen und deinen schöpferischen Auftrag erfüllen. Dann kannst du den nächsten Schritt machen und lernen, in der Beziehung mit einer anderen Person ganz du selbst zu sein, alles Trennende loszulassen und auf ein gemeinsames Ziel hinzuarbeiten. Diese Herausforderung wartet auf dich. Es ist eine wunderbare und würdevolle Herausforderung, eine, bei der du als Individuum voll und ganz respektiert wirst.

Gib dich nicht auf

Wenn Menschen eine Beziehung eingehen, werden sie oft „willenlos" wie ein Tier, das von einem größeren Tier unterworfen wurde. Es findet eine Art „falsche Hingabe" statt, ein Beziehungspartner gibt seine Macht an den anderen ab. So wird der Boden für späteren Mißbrauch bereitet.

Ich bitte euch eindringlich, Beziehungen langsam und bewußt einzugehen, damit ihr nicht in Gefahr kommt, euch aufzugeben. Der Wunsch, dem anderen zu gefallen, gemocht und akzeptiert, geliebt und bewundert zu werden, kann leicht in Selbstbetrug und Selbstverleugnung ausarten. Du mußt erkennen, daß Beziehungen suchterzeugend sein können. Sie können dir Gelegenheit geben, vor dir selbst davonzulaufen und deine eigenen Gefühle nicht zu fühlen.

Wenn du mit deinem Leben unzufrieden oder unglücklich bist, kann eine Beziehung dir eine vorübergehende Fluchtmöglichkeit bieten, aber früher oder später werden deine Probleme dich wieder einholen. Und sie werden durch die Erwartungen und Forderungen deines Partners noch verstärkt werden. Wenn dann eure egoistischen Motive ans Licht kommen, seid ihr beide enttäuscht und fühlt euch möglicherwiese sogar verraten. Das emotionale Hoch einer neuen Beziehung verspricht mehr, als es jemals halten kann. Wenn du dich „ver-liebst" kannst du sicher sein, daß du dich irgendwann wieder „ent-lieben" wirst. Schon der Ausdruck „verlieben" sollte dich darauf hinweisen, daß diese Erfahrung mit Selbstbetrug zu tun hat. Diese ganze romantische Tradition weist auf eine gesellschaftlich akzeptierte, fast schon institutionalisierte Form des Selbstbetrugs hin.

So wie ein Kind ein unechtes Selbst aufbaut, um schon in zartem Alter den unrealistischen Erwartungen seiner Umgebung zu entsprechen, so versucht der Erwachsene mit einer „falschen Hingabe" an eine Geliebte oder einen Geliebten dem Schmerz der individuellen und gesellschaftlichen Isolation zu entgehen. Warum ist diese Hingabe „falsch"? Weil sie der Konfrontation mit dem Schatten nicht standhält. Sobald in einer Beziehung die nicht integrierten, unbewußten Ängste hochkommen, ist das Gefühl des „Verliebtseins" sehr schnell verflogen. Wäre echte Hingabe da, eine heilige Vereinigung zweier Menschen, denen ihr eigenes spirituelles Wachstum und das des anderen am Herzen liegt, würde die dunkle Seite im Lichte der gegenseitigen inneren Verpflichtung zur Wahrheit, Authentizität und Bewußtheit willkommen geheißen.

Echte Hingabe setzt voraus, daß der Partner nicht nur gewählt wurde, weil er oder sie uns „ein gutes Gefühl gibt". Abgesehen davon, daß man sich miteinander gut fühlt, wählt man diesen Partner, weil man eine gemeinsame Vision und ein gemeinsames Interesse an spirituellem Wachstum hat. Es gibt ein heilsames Energiefeld, in dem das Selbst genährt und zum Wachstum angeregt wird. Das ist eine bewußte Beziehung. Sie hat nichts mit „Verliebtheit" zu tun, denn hier geht es nicht darum, sich selbst aufzugeben, sondern vielmehr darum, alle Höhen und Tiefen in sich selbst und mit der anderen Person bewußt zu durchleben, das heißt, in allen Erfahrungen präsent zu sein.

Die meisten Beziehungen gehen in die Brüche, wenn die ersten ernsteren Probleme auftauchen. Das Versprechen „zueinander zu stehen, in guten wie in schlechten Zeiten ..." ist für die meisten Menschen nur eine leere Formel, denn viele gehen zum Altar, ohne sich vorher die Zeit genommen zu haben, einander wirklich kennenzulernen. Deshalb sollte eine formelle Hochzeit eigentlich erst gestattet sein, wenn ein Paar mindestens drei Jahre lang zusammengelebt hat. In dieser Zeit könnten die Partner herausfinden, ob sie wirklich bereit und entschlossen sind, füreinander dazusein.

Die meisten Beziehungen würden diese Zeit der gegenseitigen Prüfung nicht überstehen. Viele Beziehung überdauern ja noch nicht einmal die Phase der „Verliebtheit". Das rührt daher, daß manche Menschen süchtig nach Beziehungen sind. Sie benutzen Beziehungen wie eine Droge, die beiden Partnern ein „gutes Gefühl" verschafft und ihnen hilft, ihrem Schmerz, ihrer inneren Zerissenheit und ihrer Einsamkeit auszuweichen.

Doch wie sehr sich die Partner auch anstrengen mögen – kein Paar kann auf Dauer die Konfrontation mit dem Schatten vermeiden. Eine Paarbeziehung kann nie Allheilmittel für die Wunden und Traumata der individuellen Psyche sein. Im besten Fall ist sie ein Brutkasten; im schlimmsten Fall gleicht sie einer Reihe von durch gegenseitige Mißachtung und Herabsetzung ausgelösten Vulkanausbrüchen. Auch wenn es unglaublich klingt: In den wenigsten Beziehungen ist emotionale Geborgenheit zu finden. Das rührt daher, daß die meisten Beziehungen von Suchtverhalten bestimmt und unbeständig sind. Sie enden in gegenseitigem Mißtrauen und Verlassenwerden. Doch wenn wir uns „verlieben", haben wir normalerweise die Erwartung, daß die Beziehung uns nicht nur Sicherheit, sondern sogar immerwährende Glückseligkeit bescheren wird. Gibt es eine perfektere Falle als diese? Gibt es eine bessere Möglichkeit, sich selbst zu bestrafen, als sich auf eine destruktive Beziehung nach der anderen einzulassen?

Wie kann man dieses Szenario des „Sich-Verliebens" und des Selbstbetrugs vermeiden? Die Lösung besteht nicht darin, sich zu isolieren und einfach nicht zu verlieben, sondern darin, sich bewußt „zu verlieben" oder einfach in Liebe „zu sein".

In Liebe sein bedeutet, alle Höhen und Tiefen der Beziehung, alle Erfahrungen mit dem Partner bewußt zu durchleben. Es bedeutet, die Anziehung wahrzunehmen, aber auch die Urteile, die sich im eigenen Innern bilden. Es bedeutet, sich das Bestreben, dem anderen zu gefallen, und den Wunsch, versorgt zu werden, bewußt zu machen. Es bedeutet zu erkennen, wann man sich bedingungslos akzeptiert fühlt und wann das Geschenk der Liebe und Annahme an Bedingungen geknüpft wurde. Es bedeutet, mit offenen Augen in eine Beziehung zu gehen und alles zu sehen, was sich entfaltet. Es bedeutet nicht, selektiv wahrzunehmen, also nur zu sehen, was man sehen will. In Liebe sein bedeutet, dem Partner von Anfang an ehrlich zu sagen, was man fühlt. Nicht nur die gegenseitige Bewunderung und Wertschätzung auszudrücken, sondern auch alle Ängste und Urteile. Es bedeutet, die Wahrheit nicht voreinander zu verbergen.

Indem du die Augen offen hältst, während du dich auf einen Menschen einläßt, den du anziehend findest, vermeidest du die Falle der „falschen Hingabe". Wenn du von vornherein wach bleibst, kannst du den Schmerz und die Enttäuschung vermeiden, die unweigerlich auf dich warten, wenn du nach einem Monat oder nach einem Jahr aufwachst und festellst, daß alles nur ein Traum war.

Eigentlich reduziert sich das Ganze auf eine einzige Frage: „Wie ehrlich willst du sein?" Bist du bereit, bei deinen Gefühlen zu bleiben und dir selbst gegenüber ehrlich zu sein? Bist du bereit, bei deinen Gefühlen zu bleiben und deinem Partner die Wahrheit zu sagen? Willst du dein Leben ganz in Besitz nehmen oder dich aufgeben? Wenn du diese Fragen ehrlich beantwortest, wirst du genau wissen, wo du in deinen Beziehungen stehst.

Solange du etwas zu verbergen hast, wird die Täuschung in deinem Innern weiterwirken. Es spielt keine Rolle, ob es sich dabei um die Täuschung durch das falsche Selbst oder um falsche Hingabe handelt. Ein Teil von dir ist verschollen. Wo ist er? Und wer bist du ohne ihn?

Alle Masken müssen fallen, wenn wir uns selbst oder dem Partner Auge in Auge gegenübertreten wollen. Bis dahin ist alles nur ein Karneval, ein öffentliches Tanzritual, dessen Bedeutung längst in Vergessenheit geraten ist.

Vergiß nicht, mein Bruder, meine Schwester: Ich sehe, wer du bist. Ich sehe das Gesicht hinter der Maske. Hör auf, dich vor mir zu verstecken. Hör auf, dich aufzugeben. Hör auf, dem Vergnügen nachzujagen und vor dem Schmerz zu fliehen. Richte dich innerlich auf. Werde sichtbar. Sei verwundbar. Sag die Wahrheit. Das ist es, worum ich dich bitte.

Die eigene Autorität akzeptieren

Ich bitte dich eindringlich zu begreifen, daß niemand mehr weiß als du. Niemand hat irgend etwas zu geben, was du nicht bereits besitzt. Vergiß deine Schulen, deine Lehrer, deine Gurus. Vergiß deine weltlichen und kirchlichen Bildungseinrichtungen, die sich oft wie Sekten gebärden. Vergiß deine Dogmen, deine esoterischen und metaphysischen Lehren. Keine dieser Lehren wird dich von deinem Leid und deinem Schmerz befreien. Sie vergrößern nur die Last, die du mit dir herumschleppst.

Sei realistisch in bezug auf deine Erfahrung auf diesem Planeten. Hier gibt es nur einen Menschen, der aufwachen muß, und das bist du. Diejenigen, die ein Geschenk für dich haben, werden es dir nicht vorenthalten, und jene, die dir Informationen oder Liebe verweigern, haben kein Geschenk für dich. Hüte dich vor denen, die von dir verlangen, durch Reifen zu springen oder in Reih und Glied anzutreten. Sie füllen nur ihre Taschen auf deine Kosten. Lehne die Vorstellung ab, daß die Erlösung irgendwo außerhalb zu finden sei. Das ist nicht wahr. Entweder hast du den Schlüssel in der Hand – oder du hast ihn nicht. Wenn du ihn hast, mußt du anfangen, ihn zu benutzen. Wenn du es nicht tust, kannst du die ganze „Spiritualität" vergessen. Wenn irgend jemand anders etwas hat, das du nicht hast, seid ihr beide verloren. Dann vergiß das Ganze und geh lieber Segeln.

Übrigens – warum eigentlich nicht Segeln gehen? Warum nicht tun, was immer dir Freude macht? Glaubst du wirklich, du könnest nur aufwachen, indem du etwas „Ernsthaftes" tust? Ich kann dir versichern, daß das Unsinn ist. Alles, was du übermäßig ernst nimmst, wird gründlich zerpflückt werden, bis du erkennst, wie absurd die Vorstellung ist, es gäbe etwas vom Leben Getrenntes, etwas „Heiliges".

Erleuchtung kommt mit einem herzhaften Lachen aus dem Bauch, nicht mit einem wissenden, überheblichen Grinsen. Erkenne keine Organisationen und keine Menschen an, die dir Vorschriften machen oder dir deine Freiheit nehmen wollen. Lebe nicht nach den Regeln anderer Menschen. Lebe nach Gottes Regeln. Bring dir selbst Hochachtung entgegen. Das Selbst ist unantastbar und muß es bleiben. Bring auch anderen Hochachtung entgegen. Achte sie stets in ihrer Individualität und laß ihnen ihre Freiheit.

Löse freundlich aber bestimmt Bindungen an Menschen oder Organisationen, die dir sagen wollen, was du denken oder tun sollst. Laß dir nicht einreden, du könntest irgend etwas Besonderes erreichen, wenn du dich nur besser anpassen würdest, wenn du spiritueller oder intelligenter wärest. Füll nicht die Taschen derjenigen, die dir falsche Versprechungen machen. Es spielt keine Rolle, was sie versprechen ... mehr Sicherheit, mehr Geld, mehr inneren Frieden, mehr Erleuchtung.

Mein Freund, meine Freundin, du bist bereits erleuchtet. Du hast bereits absolute Sicherheit. Du hast bereits inneren Frieden und alles, was du brauchst, um deine schöpferische Aufgabe zu erfüllen. Nur eines hast du nicht: das Gewahrsein, daß all das so ist. Und dieses Gewahrsein kann dir niemand geben. Weder ich noch irgendein Gebrauchtwagenhändler, aber auch kein Swami, der „Samadhi" verhökert. Wenn dir irgend jemand weismachen will, dass er dir das geben kann, dann lache einmal herzhaft. Umarme diesen Menschen und sage ihm, daß dies der beste Witz ist, den du seit langem gehört hast.

Hörst du, was ich sage? Niemand kann dir dieses Gewahrsein geben. Gewahrsein ist kein Geschenk, sondern eine Regung des Selbst, eine energetische Bereitschaft, präsent zu sein, das Leben anzunehmen. Gewahrsein existiert a priori in allen Wesen.

Wünsche einfach, bewußt zu sein, und Bewußtheit *ist*. Sie kommt und geht mit dem Atem. Willst du bewußt sein, dann atme! Atme ein, um diesen Augenblick anzunehmen. Atme aus, um ihn loszulassen. Atme, atme, atme. Jeder Atemzug ist ein Akt der Bewußtheit.

Wenn ich an deine Haustür käme und dir Atemzüge für fünf Millionen Mark das Stück verkaufen wollte, würdest du das sicher ziemlich absurd finden, oder? Du würdest mir erwidern: „Das ist ja schön und gut, Bruder, aber ich bin bereits ausreichend mit Atemzügen versorgt." Natürlich bist du das.

Aber du vergißt es immer wieder.

Du läßt dir eine weitere Versicherungspolice aufschwätzen, verliebst dich in den Traumprinzen oder die Traumprinzessin, oder rennst dem Doktor „Ich-kann-dir-helfen" oder dem Swami „Ich-bin-im-Besitz - der - Weisheit - komm - und - hol - sie - dir-für-fünf-Mark" hinterher. Sie haben alle so lange Namen, es ist ein Wunder, daß du sie aussprechen kannst. Nimm einen Atemzug, mein Freund, meine Freundin. Ja, einen tiefen Atemzug. Niemand hat, was du brauchst. Niemand!

Du bist wirklich ganz allein hier. Aber das ist kein so großes Problem, wie du vielleicht denkst. Denn du hast alles, was du brauchst. Dir fehlt nichts. Wenn du nur genug Zeit mit dir selbst verbringst und deine Macht nicht an andere abgibst, wirst du all deine abgespaltenen Persönlichkeitsanteile wieder zurückholen, einfach weil du sie nie verloren hast. Sie sind nur verschüttet worden, während du so panisch nach dem Ausgang gesucht hast.

„Lungere einfach eine Weile herum, und du wirst begreifen, worum es geht." Ein großartiger Rat von einem heiligen Mann, nicht wahr? „Ich glaube, diesen Typen sollte man in ein Managerseminar schicken, damit er lernt, sein Leben in den Griff zu kriegen". Ich habe eine Neuigkeit für euch, Freunde. Ich brauche mein Leben nicht in den Griff zu kriegen, ICH BIN das Leben. Und ihr seid es auch. Seid einfach da, und ihr werdet es verstehen. Denn ihr habt es nie verloren. Ihr tut nur so, hättet ihr es verloren.

In einem Augenblick wart ihr ganz präsent und im nächsten war nur noch der Körper da und euer Geist war in Urlaub auf den Bahamas. Nach dreißig Jahren – oder wie lange es gedauert hat – könntet ihr eigentlich zurückkommen, euren Körper wieder in Besitz nehmen und im nächsten Augenblick präsent sein.

Könnt ihr euch vorstellen, daß zwischen zwei Atemzügen dreißig Jahre vergangen sind? Das klingt vielleicht unglaublich, aber ich kann euch versichern, daß das eine weit verbreitete Erfahrung ist. Das muß euch nicht peinlich sein. Nächstes Mal, wenn euch jemand fragt, wie alt ihr seid, sagt einfach die Wahrheit. „Eigentlich bin ich vierundfünfzig, aber ich habe erst viermal geatmet." Das war nur einen Witz. Oder? Wieviele Atemzüge hast du in deinem bisherigen Leben vollkommen bewußt, vollkommen präsent getan?

Mach dir keine Sorgen über die Vergangenheit. Fang einfach jetzt damit an. Atme und nimm dein Leben in Besitz. Atme und laß all deine mentalen und emotionalen Krücken los. Atme und mach dich frei von allen Worten, die irgendeine Autoritätsperson je zu dir gesagt hat. Atme und werde weicher. Atme und werde stärker. Atem und *sei da*. Du bist authentisch. Du bist heil und ganz. Du bist ein Kind des großen Geistes, der uns alle durchdringt und belebt.

Buddhas Fenster

Buddha hat am gleichen Punkt angefangen, an dem du beginnst. Und das gilt auch für mich. Das Wesen des Leidens ändert sich nicht. Du hast weder ein besonderes Handikap noch verfügst du über geringere Fähigkeiten. Diese ganzen Entschuldigungen sind überflüssig. Es gibt keinen Unterschied zwischen dir und Buddha, zwischen Buddha und mir. Du bist reines Sein. Buddha ist reines Sein. Dein Kampf dreht sich um die Identifikation mit der Form. Buddha erging es genauso. Und mir auch.

Wir alle werden geprüft. Wir alle bauen auf Treibsand und werden in den Sumpf der Existenz gezogen. Aber wir sind nicht die Begrenztheit. Wir erschaffen alle Bedingungen selbst. Sobald wir aufhören, unser Akzeptieren des Lebens an Bedingungen zu knüpfen, löst sich die relative Existenz auf.

Dann sind wir wie die Lotosblüte, die auf der dunklen Oberfläche des Teiches schwimmt. Wir sind das Gewahrsein, jenes tiefe Wissen, das aus der Dunkelheit der begrenzten Existenz erwächst. Wir sind die weiße Blume, die von diesem schlammigen Wasser genährt wird.

Suchst du nach Schönheit ohne Trauer, wirst du sie nicht finden. Willst du das Leben feiern, ohne die Schärfe des Schmerzes zu akzeptieren, wird dein Suchen vergeblich sein. Alles Transzendente kommt aus dem Niederen, das Licht aus der Dunkelheit, die Blume aus dem Schlamm.

Gib dein lineares Denken auf, die starren Erwartungen deiner „linken Gehirnhälfte", deine festgefügten Vorstellungen von Spiritualität. Das Leben ist nicht eindimensional. Wenn du nach dem Absoluten Ausschau hältst, so mußt du es im Relativen finden. Wenn das Absolute wirklich absolut ist, dann muß es in der Tat überall zu finden sein. Wähle nicht nur eine Seite. Lerne, beide Seiten anzunehmen und arbeite dich zur Mitte vor. Die beiden Extreme spiegeln einander. Bei jedem Konflikt haben die Kontrahenten die gleiche Lektion zu lernen.

Es gibt nur einen Weg zur Freiheit. Buddha nannte ihn den mittleren Weg, den Weg zwischen allen Extremen. Wenn du parteiisch bist, kannst du ihn nicht entdecken. Du gelangst nicht dorthin, wenn du das Gute dem Bösen und das Licht der Dunkelheit vorziehst. Dein Weg führt durch den Ort, wo Gut und Böse sich kreuzen, wo das Licht blockiert wird und lange Schatten wirft.

Keine Landkarte kann dir den Weg zu diesem Ort weisen. Und wenn du andere Menschen fragst, sagt der eine „geh nach rechts" und ein anderer „geh nach links". Fragst du den Pessimisten, wo du die Wahrheit finden kannst, wird er dir antworten:„Gestern war sie noch hier, du hast sie verpasst." Der Optimist sagt: „Morgen wird sie hier sein." Wessen Antwort ist richtig? Gibt es überhaupt eine „richtige" Antwort? Oder ist bereits die Vorstellung, es könne eine richtige Antwort geben, eine Illusion?

Wenn du die Auseinandersetzung beobachten kannst, ohne Partei zu ergreifen, wenn du dich in der Mitte des Schlachtfeldes aufhalten kannst, ohne irgend jemanden anzugreifen, dann bist du da angekommen, wo der Lotos blüht. Nur wenige werden dich beachten, aber das spielt keine Rolle. Du bist nach Hause gekommen. Du bist durch den Schleier geschlüpft. Du bist kein Objekt mehr, welches das Licht blockiert, sondern ein Fenster, durch das es hindurchscheinen kann. Kannst du dir vorstellen, ein Fenster zu sein, welches das Licht hereinläßt? Ein Fenster, das die Kälte abhält und sich öffnet, um frische Luft hereinzulassen? Kannst du dir vorstellen, gleichzeitig so flexibel und nützlich zu sein?

Nicht länger in einer Rolle gefangen, bist du froh, hilfreich zu sein. Nicht länger auf der Suche, bist du glücklich, den Weg zeigen zu können. Wenn dich jemand fragt „welcher Weg führt zum Göttlichen", wirst du antworten „jeder Weg führt dorthin". Du weißt, daß das Ziel keine Rolle spielt. Auf dieser Reise kommt es einzig und allein darauf an, in jedem Augenblick ganz „da" zu sein. Zwischen jetzt und später, zwischen diesem und jenem weilt der Buddha.

„Was für unergründlicher Mann", sagst du. Ja, das stimmt, seine Existenz erstreckt sich über Jahrhunderte. Doch es gibt keinen Ort, an dem er nicht gewesen ist, kein Herz, das er nicht berührt hat. Wenn du es zuläßt, wird er auch dein Herz berühren. Wenn du es zuläßt, wird er das Fenster deines Geistes öffnen, das alle fühlenden Wesen von einander trennt.

Gemeinde und Gemeinschaft

Eine Kirche ohne Mauern

Die Gemeinde, in die ich euch einlade, ist eine Kirche ohne Mauern, ein Ort, an dem Menschen aller Glaubensrichtungen zusammenkommen, um sich gegenseitig zu achten, zu unterstützen und zu lieben. Meine Kirche hat nichts mit dem zu tun, was ihr Christentum nennt, und auch mit keinem Dogma, das Menschen voneinander trennt. In ihr gibt es keine religiösen Hierarchien oder komplizierten organisatorischen Strukturen.

In meiner Kirche sind alle willkommen. Arme und Reiche, Kranke und Gesunde. Diejenigen, die sich auf meinen Namen berufen, genauso wie die, die sich auf den Namen eines meiner Brüder oder einer meiner Schwestern berufen. Ich stehe weder in Opposition zu irgendeiner Frau noch zu irgendeinem Mann, sondern stehe für jede Frau und jeden Mann, denn sie alle sind Gottes Kinder. Ich stehe für das Heilige in allen Wesen, die in ihrer Unschuld die Schöpfung durch ihre Gegenwart segnen. Ich schätze und liebe das Leben in all seinen Formen und in seiner ursprünglichen Formlosigkeit.

Es ist sehr wichtig, daß ihr geistig aufgeschlossen seid. Wenn ihr meine Kirche betretet, müßt ihr nicht eure Mäntel oder Hüte ablegen, sondern eure Vorurteile. Sie haben in meiner Kirche keinen Platz. Kommt an meinen Altar – aber nicht, um an euren Urteilen festzuhalten, sondern um sie euch einzugestehen und sie vor euren Brüdern und Schwestern an Gott zu übergeben. Ihr braucht keine bestimmte Kopfbedeckung oder Robe zu tragen, um Einlaß in mein Heiligtum zu finden, aber ihr müßt euch in euer Gewahrsein der Gleichheit aller Wesen kleiden.

Meine Kirche ist ein Ort des Friedens und der Versöhnung. Ein Ort, an dem Ängste eingestanden und Übergriffe vergeben werden. Meine Kirche heißt alle Menschen willkommen, die ihre Fehler einräumen. Sie verstößt niemanden, der Geborgenheit in ihren liebenden Armen sucht.

Viele Gemeinschaften erheben den Anspruch, meine Kirche zu sein, aber ihre Mitglieder halten weiterhin an ihren Ängsten fest und institutionalisieren ihre Vorurteile. Der Fremde und der Außenseiter sind in ihren Räumen nicht willkommen. Sie haben Gefängnisse errichtet und sie Kirche genannt. Ich würde mich lieber von Mördern und Dieben verehren lassen, als von denen, die vorgeben, meinen Willen zu tun, indem sie andere verurteilen und ausschließen.

Ich toleriere keine Heuchelei und habe sie zu keiner Zeit toleriert. Diejenigen, die sich spirituelle Führer nennen, sollten ein aufrichtiges Beispiel für andere geben. Sie müssen nicht perfekt sein, aber sie sollten den Mut aufbringen, ihre Fehler einzugestehen. Sie sollten ehrlich zugeben, daß auch sie nur Menschen sind und menschliche Schwächen haben. Sie sollten von ihren Podesten herabsteigen und anderen Mut machen, ihre eigene innere Autorität anzuerkennen.

Man sollte keine übertriebenen Erwartungen an seine spirituellen Ratgeber (oder an sich selbst) haben. Von einem anderen Menschen Fehlerfreiheit zu erwarten ist unrealistisch und ziemlich unfreundlich. Bittet eure Lehrer und Führer lieber, ehrlich, offen und menschlich zu sein, Fehler zuzugeben, Mitgefühl für die Fehler anderer zu haben und ein Klima der Akzeptanz, Sicherheit und Liebe zu schaffen.

Das ist es, was meine Kirche euch zu bieten hat. Einen sicheren Raum. Einen liebevollen Raum. Einen Ort, an dem sich jeder von euch mit seiner oder ihrer spirituellen Essenz verbinden kann.

Engstirnigkeit überwinden

Seit Tausenden von Jahren sind die Menschen der Meinung, daß sie in die Kirche oder in den Tempel gehen, um mit anderen Menschen zusammenzusein, die dasselbe glauben wie sie. Wenn das wahr ist, dann sind Kirchen und Tempel Einrichtungen, die Engstirnigkeit und Vorurteile legitimieren. Jeder kann andere Menschen finden, die seinen Glaubenssätzen zustimmen. Jeder kann eine Religion für „Insider" gründen, und alle ausschließen, die diese Glaubenssätze in Frage stellen. Das hat nichts mit Spiritualität zu tun, sondern eher mit den Unsicherheiten des Individuums und seiner Tendenz, sich der Tyrannei des Gruppenbewußtseins zu beugen.

Sekten profitieren von dieser Unsicherheit und nutzen sie aus. Sie schaffen ein scheinbar liebevolles Umfeld und hämmern dann so lange auf das Ego der einzelnen Mitglieder ein, bis diese völlig verwirrt, hilflos und voller Selbstzweifel sind. Unter dem Vorwand spiritueller Hingabe werden die Initianden aufgefordert, sich den Sektenstrukturen zu unterwerfen. Auf diese Weise wird Gehirnwäsche als Erleuchtung verkauft.

Hierarische, geschlossene Glaubenssysteme versprechen Shangri-La und bieten ein Gefängnis. Sie versprechen die Befreiung von allem Leid und praktizieren körperlichen und seelischen Mißbrauch. Menschen, die in solche Strukturen hineingezogen werden, haben Lektionen über den Mißbrauch von Macht zu lernen. Man kann sie nicht daran hindern, solche Klassenräume zu betreten, aber man kann ihnen die Hand reichen, wenn sie bereit sind, sie wieder zu verlassen.

In fundamentalistischen Relionsgemeinschaften sind die Mißbrauchserfahrungen im allgemeinen etwas weniger dramatisch, aber auch sie setzen die Angst vor dem Gruppendruck als Mittel zur Kontrolle ihrer Mitglieder ein. Und sogar traditionelle Kirchen und Tempel tun sich schwer, Vielfalt und Andersartigkeit zuzulassen. Daher verlieren sie Mitglieder, die ihre Spiritualität auf eine authentische Weise erforschen.

Kirchen und Tempel können die tieferen spirituellen Bedürfnisse ihrer Mitglieder nur dann erfüllen, wenn sie die spirituelle Erfahrung des Einzelnen anerkennen und gleichzeitig die Bereiche gemeinsamen Erlebens betonen. Heutzutage vermitteln Dogmen und religiöse Hierarchien den Menschen kein Sicherheitsgefühl mehr. Direkte Begegnungen und einfache Rituale wie gemeinsames Singen und Tanzen, die den Menschen helfen, ihre Herzen füreinander zu öffnen, fördern die emotionale Verbundenheit innerhalb der Gemeinde. Gegenseitiger Respekt und das Tolerieren von Unterschieden sind wesentliche Vorraussetzungen dafür, daß ein sicheres, liebevolles Energiefeld entstehen kann.

Menschen müssen nicht unbedingt an dieselben Dinge glauben, um sich spirituell miteinander verbunden fühlen zu können. Verbundenheit stellt sich nicht wegen, sondern trotz des mentalen Überbaus ein. Verbundenheit erwächst aus der Bereitschaft, Liebe zu geben und auf Urteile zu verzichten. Sie kann sich überall einstellen, in jeder Gruppe, wenn die Mitglieder zu bedingungsloser Liebe fähig sind.

Kirchen und Tempel müssen jetzt anfangen, sich neu zu definieren. Sie können nicht länger Orte bleiben, an denen die Menschen in ängstlicher Übereinstimmung an linearen Glaubenssätzen festhalten. Vielmehr müssen sie zu Stätten der Selbsterforschung werden, wo Unterschiede willkommen sind. Liebe nicht Zustimmung muß das Band bilden, das die Gemeinschaft zusammenhält.

Liebe und das Schwert der Wahrheit

Die Liebe fordert euch stets heraus, in bezug auf eure Glaubensinhalte flexibel zu sein und andere in eure Herzen hineinzulassen. Sie führt euch immer an die Grenzen dessen, was ihr gewöhnt seid (Vergangenheit) und als akzeptabel betrachtet (Gruppenkonsens). Mit dieser Form von Liebe in Kontakt zu kommen, fällt euch nicht leicht. Eure Vorstellung von Liebe ist von eurem Bedürfnis nach Übereinstimmung verzerrt. Es ist eine seichte Version der Liebe, eine abgeschwächte Version der stärksten erweckenden Kraft im Universum.

Ich übergebe euch das Schwert, das zu bringen ich euch einst versprach. Benutzt es, um das schwammige Fettgewebe um eure Herzen herum zu entfernen, das euch das Atmen so schwer macht. Benutzt es, um die unsichtbaren Fäden der Koabhängigkeit und Aufopferung von eurer Liebe abzuschneiden. Eure Version der Liebe ist schwach, ausschließend und heuchlerisch. In Wirklichkeit ist es gar keine Liebe.

Wahre Liebe besitzt ein großes reinigendes und erweckendes Potential. Sie ermöglicht eine Erfahrung, die alte Konditionierungen zerbrechen läßt. Sie erscheint sanft und weich, aber sie ist härter als Stahl und mächtiger als ein Erdbeben. Liebe ist nicht nur die Schöpferin, sondern auch die Zerstörerin. Sie zerstört die Vergangenheit. Sie brennt alles weg, was nicht mehr gebraucht wird, damit das Neue geboren werden kann. Liebe ist nicht nur das nährende, lebenspendende Wasser, sondern auch ein reinigendes Feuer.

Johannes taufte mit Wasser und kündigte euch an, daß ich mit Feuer taufen würde. Wenn ihr meine Worte zum ersten Mal hört, sind sie wie die karmesinrote Flamme der Morgendämmerung, die sich sanft über den Horizont schiebt. Doch wenn sie ganz in euer Herz eingedrungen sind, brennen sie wie die Wüstensonne oder die rotorangene Flamme auf dem Verbrennungplatz.

Ich biete euch keine „Light-Version" von Liebe oder Spiritualität an. Meine Liebe zu euch war in den letzten zweitausend Jahren nicht sanft und auch heute ist sie es mit Sicherheit nicht. Ihr betrachtet meine Liebe als sanft, weil ihr euch vor eurer eigenen Wut fürchtet. In euren Augen ist Wut etwas Schlechtes. Ihr erkennt das in ihr verborgene Erweckungspotential nicht. Ihr erkennt nicht, daß die Wut über Ungerechtigkeit eine der höchsten Formen der Liebe ist.

Wenn ihr aufhört, eure Wut und eure Angst auf die Welt zu projizieren, könnt ihr für die Wahrheit einstehen, ohne andere zu verletzen. Ihr seid nicht gegen andere Menschen, sondern gegen die Unwahrheit. Selbst wenn ihr euch der Falschheit entgegenstellt, habt ihr noch Mitgefühl mit denen, die sich an ihre Trugschlüsse klammern. Ihr kritisiert sie nicht. Aber ihr stellt euch ihren falschen Vorstellungen mit einer Festigkeit und Klarheit entgegen, die bis zu den Wurzeln vordringt und jene Ängste und Unsicherheiten ans Licht bringt, auf denen letztendlich alle Illusionen beruhen.

Wenn die Liebe weit ist, erkennt und akzeptiert sie alles als Teil ihrer selbst. Sie ist wie Wasser: weiblich, annehmend, einbeziehend. Wenn die Liebe tief ist, zerstört sie alle Hindernisse auf ihrem Weg. Sie ist wie Feuer: männlich, unterscheidend, an nichts als der Wahrheit interessiert.

Viele von euch kennen den sanften, weiblichen Jesus. Aber wie viele kennen den starken, männlichen? Den, der das Schwert der Unterscheidung, das Schwert der Wahrheit bringt?

Beide sind notwendig.

Wenn ihr mich kennen wollt, müßt ihr den männlichen und den weiblichen Teil in euch zusammenbringen. Ohne den männlichen Teil ist Spiritualität sanft und weiblich, aber es gibt keine Möglichkeit zu erwachen.

Eine lebendige Kirche

Die Kirche, deren Wirken in meinem Sinne ist, muß sowohl den weiblichen als auch den männlichen Teil akzeptieren. Sie muß alle Menschen bedingungslos willkommen heißen, aber auch kompromißlos für die Wahrheit eintreten. In einer lebendigen Kirche hat jeder Einzelne die Möglichkeit, seinen spirituellen Weg selbst zu bestimmen. Dabei wird ihm oder ihr völlige Freiheit gewährt und er oder sie ist wiederum bereit, anderen diese Freiheit zu gewähren. Er verzichtet darauf, andere zu bekehren oder zu „therapieren". Sie bittet um rückhaltlose Unterstützung auf ihrem Weg und ist bereit, diese Unterstützung auch selbst zu geben.

Jeder, der gegen diese Vereinbarung verstößt, wird aufgefordert, seine Motive offenzulegen, sein Verhalten zu erklären und sich mit den Rückmeldungen der anderen zu konfrontieren. Es geht nicht darum, diesen Menschen zu beschämen oder bloßzustellen, sondern darum, zu hören, zu helfen und letztendlich herauszufinden, ob der Betreffende bereit ist, die spirituellen Prinzipien der Gemeinschaft anzuerkennen.

Alle Angriffe auf die gemeinsame Vertrauensbasis werden liebevoll und mitfühlend angeschaut. Es besteht immer der Wunsch, zu verstehen und einzubeziehen. Dennoch dürfen die Grundprinzipien nicht verwässert oder aufs Spiel gesetzt werden. Spirituelle Wahrheiten dürfen niemals verzerrt oder angepaßt werden, damit sie den menschlichen Schwächen der Mitglieder entgegenkommen oder ihre Fehler kaschieren.

Fehler müssen eingestanden und verziehen werden. Das Falsche zu verstehen bedeutet, es zu berichtigen. Zu diesem Verstehen kommt es spontan, wenn ein Mensch bereit ist, sich sein Verhalten anzuschauen und zu erkennen, wie es sich auf ihn selbst und andere auswirkt. Korrektur und Vergebung gehen Hand in Hand. Ohne Vergebung ist keine Korrektur möglich. Und ohne Korrektur ist Vergebung unvollständig.

In so einer lebendigen Kirche muß im Hinblick auf die energetischen Prozesse Klarheit und Vertrauen herrschen. Da diese Strukturen liebevoll, vergebend und unterstützend sind, fühlen sich viele verschiedene Menschen zu ihr hingezogen. Die Flexibilität, Toleranz und Offenheit der Kirche und ihrer Mitglieder wird ständig auf dem Prüfstand stehen. Dabei muß sie nach innen fest und nach außen sanft sein. Alle Menschen müssen respektvoll und fair behandelt werden.

In der lebendigen Kirche liegt die Macht stets in den Händen der Gemeinschaft. Die Rolle des Pfarrers oder Leiters besteht darin, durch sein Verhalten ein Beispiel zu geben und die Mitglieder zu ermutigen, ihren eigenen spirituellen Weg zu gehen, ihrer eigenen inneren Autorität zu folgen. Je besser ihm das gelingt, desto paritätischer wird die Organisation. Dann spielt es keine Rolle, ob der Pfarrer die Gemeinschaft verläßt, denn der Zusammenhalt innerhalb der Kirche ist gewährleistet, das Energiefeld bleibt erhalten.

Indem er andere geschickt zu ihrer eigenen Kraft und Autorität führt, macht sich der Leiter der Gruppe entbehrlich. Seine Aufgabe besteht lediglich darin, bei der Umwandlung alter, hierarchischer Kirchensrukturen in neue, partnerschaftliche zu helfen, das alte Paradigma durch ein neues zu ersetzen. Als geschickter Koordinator ermutigt er die Mitglieder, Verantwortung zu übernehmen, ihre Gaben mit den anderen zu teilen und an der Gestaltung der Organisation mitzuwirken. Sobald die Gemeinschaft in der Lage ist, die Arbeit in eigener Regie fortzuführen, hat der Leiter seine Aufgabe an diesen Platz erfüllt und kann sich in einem anderen Umfeld neuen Herausforderungen stellen.

Eine völlig selbstverantwortliche Gemeinde braucht keinen Pfarrer, kann sich aber dafür entscheiden, einen zu haben, wenn der Wunsch danach besteht. Ein leitendes Komitee, das sich aus langjährigen und neuen Mitgliedern zusammensetzt, kann die Kirche im Sinne des intuitiven Konsens führen. Die Mitglieder des Komitees sollten turnusmäßig abgelöst werden, damit sich Einzelne nicht zu sehr mit ihrer Führungsrolle identifizieren.

Ein solches leitendes Komitee muß stets darauf achten, daß die vom Gründer festgelegten Prinzipien des Teilens und der Gleichberechtigung erinnert und eingehalten werden. Es muß der Gemeinschaft helfen, die ursprüngliche Vision eines „sicheren, liebevollen, urteilsfreien Energiefeldes, in dem die Menschen ihre Gaben miteinander teilen können", aufrechtzuerhalten und weiterin zu verwirklichen. Wenn der „sichere Raum"aufgrund bestimmter Aktivitäten nicht mehr gewährleistet ist oder wenn Mitglieder aufhören, sich aktiv an der Gestaltung der Kirche zu beteiligen, wird die schöpferische Synergie, das kreative Zusammenwirken der verschiedenen Kräfte bald wieder von den altbekannten Strukturen der Polarisierung, Trennung und Machtkämpfe abgelöst. Dann wird das neue Paradigma wieder durch das alte ersetzt.

Ich sage dies nicht, um euch zu Kirchengründern zu machen, denn offen gesagt existiert die einzige Kirche, die ihr wirklich braucht, in eurem eigenen Herzen. Wenn ihr jedoch den Wunsch habt, einer Kirche anzugehören, ist es hilfreich, die Dynamik zu verstehen, die es euch ermöglicht, ein sicheres, liebevolles Energiefeld zu schaffen. Alle gesellschaftlichen Institutionen können mit Hilfe der Richtlinien, die ich euch hier erläutert habe, transformiert werden. Kirchen, Schulen, Wirtschaftsunternehmen, Kinderheime, Gefängnisse und Regierungsstellen können durch die Anwendung dieser einfachen Prinzipien auf eine spirituelle Ebene gehoben werden.

Zu meiner Lehre gibt es drei Dinge zu sagen: Sie ist einfach. Sie läßt sich auf alle Situationen, Umstände und Umfelder übertragen. Wer sie praktiziert, wird inneren Frieden finden und harmonische Beziehungen führen können. Man sollte meinen, daß diese Attribute eine Empfehlung für meine Lehre sein müßten. Doch schaut euch einmal um. Seht ihr die Menschen vor meiner Tür Schlange stehen?

Im Gegenteil, überall schießen Sekten wie Pilze aus dem Boden. Fundamentalistische Gruppen haben regen Zulauf und viele Menschen scharen sich zum Darshan um einen Swami oder Guru.

Versteht mich nicht falsch. Ich habe nichts gegen Swamis, Gurus, Fundamentalisten oder Sektenmitglieder. Ich weise euch nur darauf hin, daß meine Lehre (die ohne Zweifel funktioniert) nicht sonderlich populär ist. Irgendwie spüren die Menschen intuitiv, daß ihr Leben nie mehr so sein wird wie zuvor, wenn sie diesen Weg wählen. Und sie sind nicht sicher, ob sie wirklich wollen, daß in ihrem Leben eine Revolution ausbricht.

Ich verstehe das. Viele Menschen spielen gern mit dem Gedanken an Hingabe, während sie gleichzeitig an ihrer Sucht nach Kontrolle festhalten. Sie sind bereit, Menschen zu lieben, die wie sie selbst sind oder den gleichen Weg gehen, während sie gleichzeitig ihre Vorurteile über Menschen pflegen, die anders sind oder andere Wege gehen. Auf diese Weise wirken sie spirituell, müssen aber nicht das Risiko eingehen, verwundbar zu sein. Sie reden von Liebe, tragen aber weiterhin den harten Panzer, der für Liebe völlig undurchlässig ist. Sie haben einen Liebesersatz, aber nicht das Echte, denn echte Liebe würde ihre harte Schale aufbrechen.

Kongruenz

Kongruenz entspringt der Treue zu sich selbst, der Fähigkeit, die eigenen Erfahrungen zu akzeptieren und „dabei zu bleiben", egal ob die selbst gemachten Erfahrungen von den Erfahrungen anderer abweichen oder nicht. Kongruenz bedeutet, daß die Worte mit den Taten übereinstimmen. Einem solchen Menschen kann man vertrauen. Was nicht heißt, daß er keine Fehler macht. Natürlich macht er Fehler, aber er hat keine Angst davor, sie sich selbst und anderen einzugestehen. Ein authentischer Mensch verurteilt sich nicht, wenn er feststellt, daß er sich geirrt hat oder im Unrecht ist. Er sucht nach Möglichkeiten, seinen Fehler wiedergutzumachen. Und falls das nicht möglich ist, vergibt er sich selbst und ist bemüht, diesen Fehler in Zukunft nicht mehr zu machen.

Ein solcher Mensch lernt immer aus seinen Erfahrungen. Er wird immer ehrlicher sich selbst gegenüber, und sein Vertrauen in sich selbst wächst ständig. Und je ehrlicher er wird, je mehr Selbstvertrauen er gewinnt, desto ehrlicher und vertrauensvoller wird er anderen gegenüber. Innere Klarheit und äußere Vertrauenswürdigkeit gehen Hand in Hand. Je besser er sich kennt, desto klarer ist seine Kommunikation mit anderen. Er verspricht nichts, was er nicht halten kann, und geht keine Verpflichtungen ein, die er nicht erfüllen will. Er sagt „nein", wenn er nein meint und „ja", wenn er ja meint. Und wenn er sich nicht sicher ist, sagt er: „Ich weiß nicht." Seine Bereitschaft, über sich selbst die Wahrheit zu sagen, verringert die Gefahr von Mißverständnissen und Mißbrauch.

Meine Lehre fördert innere Kongruenz als wichtigste Eigenschaft auf dem Weg zum spirituellen Erwachen. Liebevolles Verhalten gegenüber anderen entspringt immer der inneren Kongruenz, die Selbstliebe, Selbstachtung und Ehrlichkeit sich selbst gegenüber voraussetzt.

In diesem Sinne soll das liebevolle, sichere, urteilsfreie Energiefeld der spirituellen Gemeinschaft dem Einzelnen helfen, sich mit seiner eigenen Realität zu konfrontieren. All seine Beziehungen zu anderen – selbst die gestörtesten – werden sich verändern, wenn er gelernt hat, die Wahrheit zu sagen und sich selbst wertzuschätzen.

Meine Kirche ist eine therapeutische Gemeinschaft ohne Therapeuten. Jeder ist für seine eigene Heilung zuständig, die anderen sind nur Zeugen dieses Prozesses. Sie kommen nicht, um ihn oder sie zu analysieren, zu ändern oder zu heilen. Sie kommen einfach, um diesen Menschen anzunehmen und an seinem Prozeß teilzuhaben. Indem sie darauf vertrauen, daß dieser Prozeß ihn genau dort hinführt, wo er sich hinentwickeln soll, wächst auch das Vertrauen in ihren eigenen Heilungsprozeß.

Bei meiner Arbeit geht es stets darum, den Weg freizumachen und darauf zu vertrauen, daß die geistige Dimension Heilung bewirkt. Indem wir versuchen, Heiler, Priester, Lehrer oder „Techniker" zu sein, rufen wir nur noch mehr Verwirrung, Angst und Schuld hervor. Deshalb biete ich keine Techniken zur Heilung oder Erlösung an. Ich biete dir lediglich einen sicheren Raum und die Gelegenheit, aufzustehen und dir selbst und anderen die Wahrheit über dein Leben zu sagen. Ich biete dir die Möglichkeit und die Herausforderung, diesen sicheren Raum mitzugestalten und ein liebevoller Zeuge, eine liebevolle Zeugin für andere zu sein. Das ist alles. Und das ist genug für ein Leben.

Um wachsen, durch deine Ängste hindurchgehen und dein Leben mehr als bisher in Besitz nehmen zu können, mußt du nicht alle Antworten wissen. Denn indem du deine Geschichte erzählst und den Geschichten anderer lauschst, beginnt der alchimistische Transformationsprozeß in deinem Herzen. Und er allein bestimmt, wohin die Reise geht – nicht du oder ich. Ich kann dir nicht sagen, wohin diese Reise dich führen wird. Und eigentlich brauchst du das auch gar nicht zu wissen. Aber ich kann dir sagen, daß du Vertrauen in den Prozeß haben und wissen sollst, daß er dich heimbringt zu dir selbst, heim zur tiefsten Beziehung, heim zu deiner ewigen Verbundenheit mit dem Göttlichen.

Dieser Prozeß hat etwas sehr Schönes. Er ist geheimnisvoll. Man kann seinen Verlauf nicht vorhersagen, kann ihn nicht einmal wirklich verstehen. Vertraue dich ihm an, und die ganze Last, die du mit dir herumschleppst, wird von dir genommen werden. Vertraue dich ihm an, und alles, was echt und wahrhaftig an dir ist, wird zum Vorschein kommen und dich beflügeln.

Gefährten auf dem Weg

In einer Gemeinde geht es nicht um spirituelle Unterweisung, sondern darum, daß die Menschen einander Gefährten auf dem Weg sind. Eine echte spirituelle Gemeinschaft ist nur in dem Maße möglich, in dem sie die Öffnung von Herz und Geist ihrer Mitglieder fördert.

Das Lehren von Dogmen ist nicht dazu geeignet, geistige Offenheit zu fördern. Indem man Menschen fertige Antworten anbietet, manipuliert und kontrolliert man sie. Besser ist es, wenn sie lernen, ihre Fragen zu artikulieren und sich auf die Suche nach ihren eigenen Antworten zu machen. Besser ist es, sie auf ihrem Weg zur Selbsterkenntnis an ihre eigene innere Autorität zu erinnern und ihnen zu sagen, daß die Gemeinschaft ein Ort ist, an dem sie Dinge aussprechen können, ohne daß man sie verurteilt oder ihnen eine Predigt hält. Achtet die Fähigkeit eines jeden Menschen, seinen eigenen Weg zu finden, und er wird ihn finden.

Offenheit wird sicher nicht dadurch gefördert, daß ihr andere aus eurer Gemeinschaft ausschließt oder bestimmten Mitgliedern eine bevorzugte Behandlung zugesteht. Die Menschen öffnen ihre Herzen, wenn sie sich willkommen und als Gleiche unter Gleichen behandelt fühlen. Nichts verschließt die Herzen schneller als die Konkurrenz um Liebe und Aufmerksamkeit. Die meisten Menschen haben tiefe emotionale Wunden und reagieren schon auf die kleinsten Anzeichen von Ungleichbehandlung defensiv, selbst wenn gar niemand beabsichtigt hat, sie zu verletzen. Deshalb muß die Gemeinschaft auf klare Grenzen und einen gesunden Gruppenprozeß achten. Jedes Mitglied muß Gelegenheit bekommen, angehört zu werden. Alle Mitglieder müssen ermutigt werden, ihre Gefühle offen zu artikulieren.

Wenn ein sicheres Energiefeld entstanden ist, in dem Gefühle ausgedrückt werden können, ohne daß sich jemand dadurch verletzt fühlt, können sich Mißverständnissse, Urteile und Projektionen auflösen. Die Menschen können in ihre Herzen und in ihre Körper zurückkehren. Sie können wieder atmen, sie können wieder vertrauen.

Es wäre absurd anzunehmen, so ein physischer, emotionaler und geistiger Heilungsprozeß könne auch ohne ein liebevolles, unterstützendes Umfeld stattfinden. Würde man eine Gruppe sich selbst überlassen, ohne den Mitgliedern gezeigt zu haben, wie sie ihre Heilungsprozesse kanalisieren können, dann wäre das etwa so, als würde man ein Kleinkind allein zu Hause lassen. Die ersten paar Minuten lang würde vielleicht alles gutgehen, aber dann würde es die Putzmittel unter dem Spülbecken und die Schublade mit den scharfen Messern entdecken. Man mag sich die Folgen gar nicht ausmalen. Und doch kennt ihr sie. Ihr erlebt es immer wieder. Sobald sich die Egos formiert haben, um anzugreifen oder sich zu verteidigen, dauert es nicht mehr lange, bis das Schlachtfeld von Leichen übersät ist. Natürlich laufen auch viele scheinbar intakte Verwundete herum, Menschen, die getroffen wurden und es noch gar nicht gemerkt haben. Man nimmt an, daß mit ihnen alles in Ordnung ist, bis irgend etwas passiert, das ihre unterdrückte Wut an die Oberfläche bringt.

Nein, man kann eine Gruppe von Verletzten nicht sich selbst überlassen und davon ausgehen, daß sie schon allein zurechtkommen wird. Man muß diesen Verletzten etwas über Grenzen sagen und ihnen zeigen, wie man ein sicheres, liebevolles, urteilsfreies Energiefeld schafft. Man muß ihnen zeigen, wie sie ihre Gefühle ausdrücken können, ohne andere zu beschuldigen oder für ihren emotionalen Zustand verantwortlich zu machen.

Viele Menschen, die sich spirituellen Gemeinschaften anschließen, sind verzweifelt auf der Suche nach Liebe und Angenommensein. Sie sagen „ja" zu den Regeln der Gemeinschaft, ohne sie zu verstehen. Doch wenn irgendwann „ihre Knöpfe gedrückt werden", explodieren sie vielleich vor Wut und greifen jeden an, der ihnen über den Weg läuft. Was tut man in einem solchen Fall?

Nun, es hat sicher keinen Sinn, ihnen die Regeln vorzulesen und sie aufzufordern, sich daran zu halten. Sie werden sich weder korrigieren lassen, noch bereit sein, sich einen Vortrag anzuhören. Die einzige Möglichkeit besteht darin, die Regeln selbst zu *praktizieren.* Übernimm Verantwortung für deine eigenen Gedanken und Gefühle. Achte darauf, nicht zu projizieren. Hör zu, ohne den anderen zu unterbrechen. Laß nicht zu, daß der andere dir das Wort abschneidet oder dich niederschreit, sondern verlange, genauso angehört zu werden wie du selbst zugehört hast. Greife nicht an. Verteidige dich nicht. Bitte nur um genausoviel Zeit. Indem du den anderen nicht ins Unrecht setzt, sondern nur auf Gleichberechtigung bestehst, zerstreut sich die Wut und die Gemeinschaft bekommt eine lebendige Demonstration der angewandten Prinzipien.

Ein aus Mitliedern der Gemeinschaft bestehender innerer Kreis sollte in der Lage sein, die Regeln in jeder Situation zu praktizieren. Ihre Fähigkeit, dabei als Vorbild zu dienen, hilft der gesamten Gemeinschaft, die Prinzipien dieses Prozesses zu verinnerlichen. So kann man schließlich auch die schwierigsten Situationen auf eine Weise lösen, bei der alle Beteiligten respektiert werden.

Herz und Geist neigen dazu, sich zu verschließen. Wenn dir das nicht klar ist, bist du naiv. Wenn du dich einer Gemeinschaft anschließt und erwartest, daß alle die ganze Zeit offen sind, wirst du unsanft aus deinem Traum erwachen. Du wirst erleben, daß all diese „liebevollen, spirituellen" Menschen plötzlich ihr anderes Gesicht zeigen und ihre Verletztheit auf unmißverständliche Weise ausagieren. Und du wirst dich fragen: „Warum bin ich überhaupt hierher gekommen? Hier ist es ja genauso schlimm wie in meiner Familie. Vielleicht sogar noch schlimmer." Nun, ich werde dir sagen, warum. Du bist hierher gekommen, um dich mit der Realität der menschlichen Natur zu konfrontieren. Mit deinem Ego und den Egos der anderen. Du mußt begreifen lernen, daß jeder Mensch eine dunkle Seite hat. Jeder trägt nicht integriertes Material aus traumatischen Erfahrungen mit sich herum.

Es ist Zeit, daß du deine Illusionen über spirituelle Gemeinschaften aufgibst. In keiner herrscht „Friede, Freude, Eierkuchen". Eine solche Gemeinschaft ist eher so etwas wie ein Schmelzofen, der von der Kohle gespeist wird, die die Mitglieder jeweils aus dem Hinterhof der anderen herbeischaffen. Das ist weder besonders lustig noch angenehm. Und wenn du die für diesen Prozeß notwendigen Fertigkeiten nicht ziemlich bald erwirbst, ist diese Erfahrung noch nicht einmal sonderlich nützlich oder transformativ. Aus diesem Grund gehen viele Menschen einer herzorientierten, interaktiven Spiritualität aus dem Weg. Sie machen sich lieber allein auf die Reise, meditieren sechs Stunden pro Tag und wählen den langen, gewundenen Pfad des Alleinseins. Aber für viele von ihnen ist das nur der Rückzug vom Feuer. Um das Feuer herumzugehen dauert sehr viel länger, als mitten hindurch zu springen.

Du sollest allerdings nicht versuchen, ohne entsprechende Vorbereitung durchs Feuer zu gehen. Schließe dich keiner Gemeinschaft an, bevor dir klar ist, wie sehr das Ego deine eigenen Erfahrungen und die anderer beherrscht. Lerne, mit dem Ego zu leben, wenn es sich zeigt. Lerne, mit ihm zu sein, es zu akzeptieren und loszulassen. Entwickle deine Fähigkeit zu authentischer Kommunikation. Praktiziere die Prinzipien. Dann kannst du über glühende Kohlen gehen.

Offenes Herz, offener Geist

Wenn sich der Geist veschließt, verschließt sich auch das Herz und umgekehrt. Es spielt wirklich keine Rolle, was sich zuerst verschließt. Erwarte nicht, daß dein Geist offen bleibt. Er bleibt nicht offen. Ein offener Geist ist ein urteilsfreier Geist.

Wie lange dauert es gewöhnlich, bis dir ein Urteil in den Sinn kommt? Sei ehrlich. Vielleicht alle zwei Stunden, alle zwei Minuten oder alle zwei Sekunden? Zwischen diesen Urteilen ist der Geist offen. Wenn Urteile in dir hochkommen, verschließt sich der Geist und bleibt so lange verschlossen, wie du das Urteil mit dir herumträgst.

Versuche nicht, dich am Urteilen zu hindern. Das ist ein fruchtloses Unterfangen. Sei dir stattdessen der in dir aufsteigenden Urteile bewußt, schau sie dir an und laß sie los. Wenn du das tust, wirst du feststellen, daß die Abstände zwischen deinen Urteilen größer werden, daß es immer öfter Zeiten gibt, in denen dein Geist offen, ruhig und entspannt ist.

Wenn du dich zusammen mit anderen in einem sicheren, liebevollen Energiefeld befindest, kannst du die Präsenz der Gruppe nutzen, um dir deine Urteile einzugestehen. Indem du anderen deine Urteile gestehst, läßt du sie noch gründlicher los als es dir allein möglich gewesen wäre. Außerdem hilfst du dadurch mit, in der Gemeinschaft ein Klima zu schaffen, in dem das Ego als natürliches, alle Menschen betreffendes Phänomen akzeptiert wird. Es kommt und geht. Manchmal mit Wut, manchmal mit Trauer. Du hilfst, eine Atmosphäre zu schaffen, in der sich niemand für einen Ausbruch seines Egos verurteilt. Das Ego wird also nicht übertrieben ernst genommen und kann so leichter losgelassen werden. Man betrachtet die Dinge humorvoller. Das Ego steht nicht mehr unter dem Einfluß des Egos, sondern wird von etwas anderem beeinflußt, von etwas Sanftem, Gewährendem, etwas Gnädigem, Annehmendem, Vergebendem. Es spielt keine Rolle, wie du es nennst. Manche nennen es Geist. Manche nennen es das höhere Selbst. Manche nennen es Liebesenergie. Die Bezeichnungen sind unwesentlich. Wie du es auch nennst, es ist jener Aspekt deiner Selbst, der nicht verletzt oder voller Angst ist. Es ist dein Gewahrsein des Ganzen, in dem alle Aspekte enthalten sind.

Indem du deine Urteile eingestehst, stellst du deine Verbindung zum Ganzen wieder her. Dein Geist und dein Herz öffnen sich wieder. Indem du deinen Bruder und deine Schwester Zeugen sein läßt, erkennst du eure Gleicheit an. Du gibst zu: „Auch ich bin ein Mensch, der urteilt. Ich bin nicht anders als du."

Die Praxis des freiwilligen Bekennens, bringt eine Gemeinschaft hervor, in der Gleiche unter Gleichen sind. Keiner ist „spiritueller" als der andere. Jeder hat seine Urteile. Jeder möchte sie loslassen und wieder Frieden finden. Niemand wirft Steine oder kritisiert den anderen dafür, daß er urteilt. Niemand liest ihm die Regeln vor. Dadurch, daß er seinen Fehler bekennt, erkennst du: „Er ist genau wie ich. Ich bin nicht anders als mein Bruder."

Wenn Fehler zugegeben werden können, hat Spiritualität nichts Heuchlerisches. Man will nicht perfekt sein und schämt sich seiner Unvollkommenheit nicht. Das Ego wird einfach so akzeptiert, wie es kommt und geht. Weil Geduld und Mitgefühl im Vordergrund stehen, wird der sichere Raum noch sicherer.

Indem ihr ein Klima schafft, in dem das Ego akzeptiert und wo ihm vergeben wird, macht ihr das

Leben für alle Beteiligten viel einfacher. Jetzt hält der Geist das Ego in seiner liebevollen Umarmung und schwächt seine trennenden Impulse ab. Die Angriffe werden seltener und weniger heftig, so daß die psychischen Wunden heilen können.

Das ist meine Kirche: eine heilsame Gemeinschaft. Eine Gemeinschaft, in der bedingungslose Liebe und Vergebung herrscht. Ein sicherer Ort, an dem das Ego sich zeigen kann, ohne verurteilt oder verdammt zu werden. Ein heiliger Ort, an dem jeder angstvolle Rückzug, jede Regung der Angst liebevoll akzeptiert und losgelassen wird. Ein Refugium, in dem Herz und Geist sich nur schließen, um sich noch weiter für die Gegenwart der Liebe zu öffnen.

Spiritueller Hochmut

Es ist spiritueller Hochmut zu glauben, du seist auf der spirituellen Reise weiter fortgeschritten als irgend jemand anders. Selbst wenn es wahr wäre, wäre es nicht gut für dich, es zu wissen oder diesen Anspruch zu erheben. Es tut dir gut, Mitgefühl für dich selbst und andere zu haben. Es tut dir gut zu wissen, daß jeder Mensch die Lektion bekommen hat, die genau für ihn richtig ist, und daß niemand sagen kann, wohin er sich entwickeln wird, wenn er sie lernt.

Bilde dir nicht ein, daß du den spirituellen Fortschritt irgendeines anderen Menschen beurteilen kannst. Du bist nicht einmal in der Lage, deinen eigenen spirituellen Fortschritt genau einzuschätzen.

Du weißt es einfach nicht. Jemand, der in seiner spirituellen Entwicklung weit zurückgeblieben scheint, kann von heute auf morgen einen großen Entwicklungssprung machen. Und jemand, der sehr weit vorangekommen zu sein scheint, kann auf Hindernisse stoßen, die ihn lange Zeit blockieren. Die ganze Vorstellung von „weiter und weniger weit", ist völlig bedeutungslos, denn du kennst weder die Startbedingungen noch das Ziel.

Andere starten nicht unbedingt am selben Punkt wie du. Und dein Ziel muß nicht unbedingt ihr Ziel sein. Manche haben eine kurze Reise mit herzerweichenden Herausforderungen vor sich, andere müssen auf einer sehr langen Reise viele unspektakuläre Lektionen lernen.

Indem du auf den Weg eines anderen Menschen schaust und dir einbildest, ihn zu verstehen, hältst du dich nur selbst zum Narren. Du hast nicht die geringste Vorstellung vom Leben eines anderen Menschen. Und im Grunde ist es auch nicht deine Angelegenheit. Du hast genug mit dir selbst zu tun. Deine eigenen Lektionen verstehen und annehmen zu lernen ist bereits eine Lebensaufgabe.

Wenn du ein spiritueller Lehrer bist, solltest du dich fragen, ob du diese Rolle gewählt hast, um den Lektionen auszuweichen, deretwegen du hierher gekommen bist. Als Autorität, die anderen sagt, was sie tun sollen, brauchst du dich nämlich nie selbst anzuschauen. Sicher ist jedoch, daß du dich nicht für immer verstecken kannst. Irgenwann kommt deine eigene schmutzige Wäsche zum Vorschein. Das ist unvermeidlich. Ihr kommt alle hierher und meint, ihr könntet einfach untertauchen. Manche können das wirklich gut. Sie verschwinden für fünfzig oder sechzig Jahre. Wenn sie zurückkommen, sind sie sicher, daß niemand sie erkennen wird. Doch sobald sie den Lebensmittelladen betreten, wissen sie, daß das Spiel aus ist.

Niemand kann sich für immer verstecken. Denn an diesem Ort wird jeder gefunden. Irgendwann dringt der Ruf zu jedem durch. Das ist der Zweck dieser Reise durch die Materie. Ihr könnt euch ruhig daran gewöhnen. Selbst die, die sich am Ende der Schlange herumdrücken, kommen irgendwann an die Reihe. Der Mann, der die Namen aufruft, wird nicht sterben, bevor du drankommst. Und selbst wenn er stürbe, würde jemand anders seine Stelle einnehmen. Du kannst dich nicht verstecken. Du kannst nicht für immer unsichtbar bleiben.

Vielleicht kommt dir das seltsam vor. Schließlich tragen die meisten Menschen, die auf diesem Planeten leben, entweder schlau ausgewählte Verkleidungen oder sie tun so, als seien sie nicht zu Hause, wenn es an der Tür klingelt. So verlockend ist die Verleugnung. Aber das spielt keine Rolle, weil sie die Spielregeln nicht machen. Der hinter der Maske trifft alle Entscheidungen.

Wir glauben, es gäbe eine Autorität außerhalb von uns und all das würde uns zustoßen. Aber das stimmt nicht. Die Autorität ist in uns und wir lassen all das geschehen, damit wir aufwachen können.

Der ganze Planet befindet sich auf einer Reise ins Erwachen.

Wenn du dich verstecken oder weiterschlafen willst, hast du dir den falschen Planeten ausgesucht.

Falls Unbewußtheit dein Ziel ist, befindest du dich an einem gefährlichen Ort. All die Menschen, die im Moment schlafwandeln, werden eines Tages merken, daß sie ihre Betten und Häuser verlassen haben und auf der Straße herumlaufen. Sie merken es, weil sie mit anderen zusammenstoßen.

Um nichts anderes geht es auf dieser irdischen Reise: Grenzverletzungen, Zusammenstöße, Mißbrauch, wie immer du es nennen willst. Es geschieht nicht absichtlich, obwohl es so aussieht. Niemand ist sich bewußt, daß er mit jemand anderem zusammenprallen wird. Es passiert einfach. Und wenn er intelligent ist, macht er die Augen auf und sagt: „Oh, Verzeihung, ich habe dich nicht gesehen." Und seine Schwester sagt: „Kein Problem. Ich habe dich auch nicht gesehen."

Was soll sie auch sonst sagen. Was wäre bewiesen, wenn sie sagen würde: „Doch, du hast mich gesehen, du Trottel." Sicher nicht, daß sie angegriffen wurde, sondern nur, daß sie sich angegriffen fühlt.

Das ist die Situation da draußen: Es laufen eine Menge Leute herum, die sich angegriffen fühlen. Aber das allgemein akzeptierte Bild täuscht, es spiegelt nicht die Realität wider. Und das rührt daher, daß die meisten Menschen dazu neigen, Verhalten zu interpretieren. Jeder unterstellt jedem eine Absicht. Jeder denkt, er wüßte über die Motive des anderen Bescheid. Aber das stimmt natürlich nicht. Niemand weiß wirklich, warum jemand anders mit ihm zusammengestoßen ist.

Ihr wißt sicher, was eine arrangierte Ehe ist. Nun, das ist ein arrangierter Zusammenstoß. Die beiden

Menschen hinter ihren Masken hatten beschlossen, sich gegenseitig zu erinnern, damit sie zusammen aufwachen könnten. Als sie die Begegnung planten hatten sie keine Ahnung, daß sie sich in der realen Situation angegriffen fühlen würden. Denn beim Arrangieren der Begegnung waren sie in Kontakt mit der Absicht des anderen: zu respektieren, beizustehen und nicht, zu verletzen oder Schaden zuzufügen.

Und weil sie auf die guten Absichten des anderen vertraut haben, machten sie sich keine Sorgen darüber, was im Detail geschehen würde. Sie wußten, daß es so oder so in Ordnung sein würde. Wärt ihr euch der Absicht eurer Mitmenschen, aufzuwachen und euch beim Aufwachen zu helfen, bewußt, würdet ihr Zusammenstöße nicht persönlich nehmen. Ihr würdet einfach sagen: „Tut mir leid, Bruder, ich habe dich nicht gesehen. Danke für den Denkzettel. Ich werde in Zukunft achtsamer sein."

Nicht die Zusammenstöße schmerzen, sondern ihre Interpretation. Die Verurteilung desjenigen, der den Zusammenstoß verursacht hat. Die Selbstverurteilung dafür, daß man angestoßen wurde. Sobald wir es Angriff oder Mißbrauch nennen, vergessen wir, welche Rolle wir selbst in der Angelegenheit spielen. Wir projizieren die Verantwortung auf jemand anderen. Wir sind der Meinung, wir hätten nur ruhig dagesessen und uns um unsere eigenen Angelegenheiten gekümmert und dann sei dieser unmögliche Mensch dahergekommen und hätte uns angegriffen.

Aber das ist nicht die Wahrheit, sondern die große Selbsttäuschung, die große Lüge, die wir anderen aufzutischen versuchen. Wir versuchen, als Opfer miteinander zu reden und wundern uns, wieso alle ständig verletzt sind.

Ohne Ehrlichkeit und Verantwortlichkeit ist keine echte Begegnung möglich. Aber auch nicht ohne Vergebung für sich selbst und andere. Wenn wir einander wirklich begegnen wollen, wenn wir miteinander aufwachen wollen, müssen wir aufhören, die Ereignisse zu interpretieren und sie einfach sein lassen. Natürlich wird uns ein Zusammenstoß manchmal überraschen oder erschüttern. Und das können wir der anderen Person mitteilen. Aber wir sollten nicht meinen, wir wüßten, warum es geschah. Es ist besser nachzufragen.

Wir sollten ehrlich und unvoreingenommen miteinander kommunizieren: „Unser Zusammenstoß war schmerzhaft für mich, Bruder. Wie hast du ihn erlebt?" Indem wir die Wahrheit sagen und Verantwortung für unsere Gefühle übernehmen, greifen wir nicht an, unterstellen dem anderen aber auch nicht von vorneherein eine böse Absicht. Wir teilen einfach unsere Erfahrung miteinander. Es ist eine Einladung zum Dialog, nichts Trennendes.

Wenn man eine böse Absicht unterstellt, ist der Angriff unvermeidlich. Aber man kann keinen Unschuldigen angreifen. Um angreifen zu können, mußt du überzeugt sein, daß die andere Person es verdient hat. An diesem Punkt hast du deine Gefühle bereits abgespalten, dein Bewußtsein in zwei Hälften geteilt und dich auf das unvermeidliche Gemetzel eingestellt. Und das alles, weil du deinem spirituellen Hochmut erliegst, weil du glaubst, das Motiv des anderen zu kennen.

Gib es auf, mein Freund. Du weißt nicht, was im Herzen deines Bruders vor sich geht. Und du wirst es niemals wissen. Das Beste, was du tun kannst, ist, ihn geradeheraus zu fragen. Näher kannst du der Wahrheit über seine Gedanken und Gefühle nicht kommen. Wenn du deine Schwester niemals fragst, wie sie die Dinge erlebt, kannst du sie niemals kennenlernen. Alles, was du dann kennst, sind deine eigenen Projektionen, Urteile und Interpretationen. Und die sagen wesentlich mehr über dich selbst aus als über sie. Wie kannst du je an deine eigene Unschuld glauben, wenn du nicht von der Annahme ausgehen kannst, daß sie unschuldig ist? Wenn du glaubst, sie zu kennen, wieviel besser müßtest du dann dich selbst kennen?

Du siehst, daß es keine Fluchtmöglichkeit gibt. Jedes Urteil, das du über jemand anderen fällst, wird zu dir zurückkehren und dich verfolgen. Es ist also besser, das Urteilen an sich aufzugeben. Es ist besser zu erkennen, daß du nichts über die Absichten oder Motive der anderen weißt, ja, daß du oft nicht einmal deine eigenen Absichten durchschaust.

Spiritueller Hochmut trägt lediglich dazu bei, daß du weiterhin unwissend und unbewußt bleibst. Ein arroganter Mensch entwickelt sich nicht weiter. Er wird für sich selbst und andere nicht transparent. Er versteckt sich. Er greift subtil an und scheint zu schlafen, wenn er damit konfrontiert wird. Er spielt Katz und Maus mit sich selbst und der Existenz.

Ich schlage dir ein besseres Spiel vor. Es heißt „Ich stoße dich an, wenn du mich anstößt". Keine Schuld, keine Scham. Ihr braucht noch nicht einmal den Spielstand zu notieren. Stoßt einfach munter zusammen, bis ihr aufwacht und einander ohne zu urteilen in die Augen schauen könnt.

Für Wunder offen sein

Das Wunder, das du selbst bist

Das größte Wunder, das dir je begegnen wird, ist nicht außerhalb von dir, sondern in deinem Innern. Und dieses Wunder ist deine bloße Existenz. Die Tatsache, daß du überhaupt existierst, ist ein Beweis für Gottes Liebe.

Wenn du Gottes Liebe zu dir wahrnehmen kannst, ist alles, was in deinem Leben geschieht, wie ein Wunder. Du siehst nichts anderes als großartige Gelegenheiten zu lieben, zu lernen, etwas zu erschaffen und in deinem Leben ganz präsent zu sein.

Wenn du jedoch nicht in Kontakt mit Gottes Liebe bist, scheint alles, was in deinem Leben geschieht, nicht gut genug zu sein. Du hast ständig etwas auszusetzen – an dir, an anderen und an deinen Erfahrungen.

Deine Beziehung zu dir selbst und zu deinem Schöpfer bestimmt die Qualität deines Lebens. Wenn du das Gefühl hast, der Liebe Gottes würdig zu sein, dann sprichst du mit Gott, vertraust ihm und bist dankbar für dein Leben. Glaubst du hingegen, nur eine durch Zufall entstandene, zwecklose Kreatur zu sein, dann hast du niemanden, mit dem du sprechen kannst. Dann führst du ein einsames, zielloses Leben. Du weißt nicht, warum du hier bist.

Der Sinn des Lebens ergibt sich aus der Verbindung zum Göttlichen. Er entspringt der Überzeugung: „Ich zähle. Es gibt irgend etwas, das ich hier tun soll. Gott hat einen Plan für mich."

Das Bewußtsein für das Wunder der Existenz hängt von der Fähigkeit ab, die Präsenz Gottes im eigenen Leben zu fühlen oder intuitiv wahrzunehmen. Und die Fähigkeit, Gottes Präsenz wahrzunehmen, hängt von unserer Bereitschaft ab, uns selbst, anderen und dem Leben zu vertrauen, so, wie es sich entfaltet.

Dem Leben vertrauen lernen

Um vertrauen zu lernen, mußt du lernen, allem, was in deinem Leben geschieht, neutral zu begegnen. Du brauchst die Dinge nicht unbedingt in einem positiven Licht zu sehen. Hör einfach auf, sie in einem negativen Licht zu sehen. Hör auf, die Ereignisse und Umstände deines Lebens mit deinen Erwartungen zu befrachten. Laß einfach zu, daß das Leben sich vor dir entfaltet und schau, was geschieht.

Gott verlangt nicht, daß du dich „umpolst". Er verlangt nicht, daß du deinen Intellekt „abschaffst" und nur noch auf Gottvertrauen setzt. Er bittet dich um etwas viel Einfacheres. Darum, daß du aufhörst zu urteilen, daß du nicht überall einen Mangel siehst, daß du aufhörst, dem Leben deine Erwartungen, deinen Willen, deine Interpretationen, deine Vorstellungen von der Realität aufzwingen zu wollen, und einfach nur schaust, was geschieht. Er sagt: „Du denkst, du wüßtest, worauf es ankommt, aber du bist nicht glücklich. Dein Wissen, deine Urteile, deine Interpretationen bringen dir weder inneren Frieden noch Erfüllung. Schiebe sie also für einen Augenblick beiseite. Gib dem Leben eine Chance. Erlebe es einmal ohne die Grenzen, die du ihm normalerweise setzt."

Wenn du das tust, wirst du staunen. Alles geht reibungsloser. Probleme lösen sich. Beziehungen entspannen sich. Dein Leben beginnt „zu funktionieren". Und all das geschieht, weil du die Vorstellung aufgegeben hast, daß du „weißt", was der Sinn und Zweck deines Lebens ist.

Wenn du willst, daß Gott dein Leben lenkt, mußt du die Vorstellung aufgeben, daß du etwas „weißt". Du gelangst zunehmend zu der Überzeugung, daß deine Aufgabe einfach darin besteht, dazusein und die Dinge geschehen zu lassen. Du bist nicht derjenige, der dafür sorgt, daß dein Leben funktioniert. Hör also auf, das zu versuchen. Hör auf, die Dinge analysieren zu wollen. Sei einfach da und tu, was im jeweiligen Augenblick von dir verlangt wird.

Du kannst Gottes Plan nicht kennen, solange du an deinem eigenen festhältst. Gott kann die Dinge nicht lenken, solange du denkst, du seist der Boss. Die beiden wichtigsten Hindernisse, die dich von Gott trennen, sind dein Wissen und dein Hochmut. Indem du beides losläßt, schaffst du Raum für Gottes Plan in deinem Leben. Deinen Plan aufzugeben heißt, dich für seinen zu öffnen.

Was ist Gottes Plan? Heilung, Versöhnung, begeisterter Selbstausdruck und liebevolle Gemeinschaft. Es ist Gottes Plan, überall Wunder geschehen zu lassen. Überall, wo dein Ego ein Problem oder eine Grenze sieht, will Gott ein Wunder vollbringen.

Dein Ego will die Dinge lassen, wie sie sind, wie schlimm oder unangenehm sie auch sein mögen. Gott sagt: „Laß die Vergangenheit los und schaffe Raum für etwas, das deinem Wesen mehr entspricht." Du fürchtest dich davor, das zu tun, denn es gibt keine Garantie, daß das Neue besser sein wird als das Alte. Du möchtest lieber am Alten festhalten und gleichezitig das Neue ausprobieren. Aber das ist unmöglich. Das Neue kann nicht in dein Leben treten, bevor du das Alte losgelassen hast. Wenn du an die Vergangenheit gebunden bist, kannst du dich nicht in Richtung Zukunft bewegen. Und deine Erfahrung der Gegenwart gleicht einem abgestandenen Gewässer.

Es ist niemals einfach, die Vergangenheit loszulassen. Aber es ist die einzige Möglichkeit, um Gottes Gegenwart in dein Leben zu bringen. Wenn du losläßt, was war, und akzeptierst, was ist, wird das Universum dich unterstützen. Je vollständiger dein Loslassen ist, desto mehr Hilfe wird dir zuteil.

Es liegt in der Natur des Egos, sich an die Vergangenheit zu klammern und sie in die Zukunft zu projizieren. Es liegt in seiner Natur, das Neue mit geistigen Fesseln zu empfangen, um es zu zähmen und an die vergangenen Erfahrungen anzupassen. Das ist nichts Neues. Es ist einfach die Dynamik der Angst, die sich gegen alles Neue wehrt.

Es ist wichtig, daß du verstehst, wie diese Angst in deinem Leben wirkt. Es ist wichtig, daß du erkennst, auf welche Weise du dich an deine vergangene Erfahrung bindest und allem Neuen, das in dein Leben treten möchte, Widerstand entgegensetzt.

Indem du an deiner früheren Erfahrung festhältst oder sie benutzt, um deine gegenwärtige Erfahrung zu interpretieren, übernimmst du „die Kontrolle" über dein Leben und stößt Gott von dir fort. Läßt du hingegen die Vergangenheit und deine Vorstellungen davon, wie die Dinge zu sein haben, los und öffnest dich der Zukunft, lädst du Gott wieder in dein Leben ein.

Dein Ego wird das nicht kampflos hinnehmen. Seine Aufgabe besteht darin, für deine Sicherheit zu sorgen. Und wenn es um deine Sicherheit fürchtet, wird es sogar Gott wegstoßen. Du mußt mit deinem Ego verhandeln. Du mußt ein Experiment machen. Du mußt zu ihm sagen: „Ich weiß, daß du Angst hast, aber dieses eine Mal möchte ich gern loslassen und schauen, was passiert."

Wenn das Ego sieht, daß es nicht bedroht ist, nur weil du Gott in dein Leben einlädst, wenn es begreift, daß du Risiken eingehen und trotzdem sicher sein kannst, wird es nicht mehr ganz so verbissen kämpfen.

Jedesmal, wenn du losläßt und vertraust und eine positive Erfahrung machst, wird das Ego es registrieren. Leider wird es immer noch versuchen, dich zu überreden, an alten Verhaltensmustern festzuhalten. Es wird sich weiterhin an die Vergangenheit, an das Vertraute klammern wollen, weil der Gedanke an eine Veränderung immer Unbehagen in ihm auslöst. Es ist seine Aufgabe, für Kontiuität zu sorgen, und jede Veränderung scheint die Kontiuität zu bedrohen.

Doch was ist Kontinuität, wenn nicht eine Projektion des Alten auf das Neue? Etwas Kontinuierliches hat nichts von einem Wunder. Wunderbare Ereignisse sind keine Fortsetzung des Bisherigen. Sie markieren einen Energieumschwung. Eine Bewegung, die aus der eingefahrenen Wahrnehmung, der bisherigen Begrenzung herausführt. Sie sind nicht vorhersagbar, sondern unerwartet und in vielen Fällen unergründlich.

Wir bezeichnen sie als Wunder, weil Gott seine Hand dabei im Spiel hat. Doch sie können nur geschehen, wenn wir es zulassen. Ohne daß wir die Vergangenheit loslassen, können sich in unserem Leben keine Wunder ereignen. Wir bereiten den Boden. Wir schaffen den Raum, in dem sich das Wunderbare manifestiert.

Wunder und ihr Gegenteil

Es herrscht ziemlich viel Verwirrung darüber, was ein Wunder ist. Manche Menschen werden von einer lebensbedrohlichen Krankheit geheilt, andere werden überraschend aus gefährlichen Situationen gerettet und wieder andere ziehen plötzlich das große Los. All das ist in der Tat wunderbar. Doch was ist mit jenen Menschen, die an einer unheilbaren Krankheit sterben, oder mit denen, die nach einem Unfall für immer gelähmt bleiben oder Opfer eines schrecklichen Verbrechens werden? Müssen wir davon ausgehen, daß diese offensichtlich negativen Ereignisse das Gegenteil dessen sind, was wir als Wunder betrachten? Daß es sich um Situationen handelt, in denen keine Übereinstimmung mit Gottes Gesetzen herrscht? Und können wir dann sagen, daß diejenigen, denen solche negativen Dinge zustoßen, „unspirituelle“ Menschen sind, Menschen, die Gott nicht nahe sind?

Nichts könnte weiter von der Wahrheit entfernt sein. Alle Ereignisse stehen in Einklang mit einer höheren Ordnung, deren Sinn sich allmählich jenen enhüllt, die sich emotional und geistig für ihre Erfahrungen öffnen. Kein Ereignis, wie furchtbar es auch sein mag, ist völlig sinnlos. Der Krüppel ist nicht weniger heilig als der Mensch, dessen gebrochene Glieder wie durch ein Wunder wieder zusammenheilen. Verfalle nicht dem irrigen Glauben, du könntest Wunder auf Bestellung haben. Sei nicht so töricht zu denken, daß du „unheilig“ bist, wenn du nicht das Wunder geliefert bekommst, das du dir wünschst.

Lineares Denken ist immer gefährlich, aber wenn man es auf spirituelle Dinge anwendet, ist es fast tödlich. Du bist nicht schlecht, wenn in deinem Leben nicht das Wunder geschieht, das du dir wünschst. Und du bist nicht gut, wenn es geschieht. Dieses Denken entspringt einer sehr oberflächlichen Betrachtung des Lebens. Wenn du jedoch das Wunder des Lebens verstehen willst, mußt du unter die Oberfläche schauen.

Alle Ereignisse sind wunderbar in dem Sinne, daß sie einem höheren Zweck dienen. Sie gehören zu Gottes Plan. Oft können wir den Sinn und Zweck nicht erkennen und fühlen uns von Gott verraten. Wir meinen, wir würden bestraft. Aber diese Vorstellung ist nur Ausdruck unseres begrenzten Verständnisses, unserer Weigerung, zu akzeptieren, zu vertrauen und nach dem tieferen Sinn zu forschen, der nicht sofort ersichtlich ist.

Das eigentliche Wunder liegt nicht im äußeren Ereignis, im scheinbar glücklichen oder unglücklichen Ausgang einer Sache, sondern in dem spirituellen Sinn hinter dem Ereignis. Vielleicht besteht dieser Sinn darin, dein Vertrauen zu stärken oder herauszufordern. Vielleicht soll dein Körper gestärkt werden, damit du besser dienen kannst, vielleicht soll er geschwächt werden, damit du seine Grenzen überwinden kannst.

Wir können nicht sagen, welche Bedeutung ein bestimmtes Ereignis hat. Wir können nur fragen: „Wozu ist das geschehen? Welchen Sinn hat es?"

Wunder helfen uns, die Grenzen unseres Geistes zu durchbrechen. Sie stellen unser Weltbild in Frage. Sie zwingen uns, unsere Interpretation des Lebens fallenzulassen, damit wir die Möglichkeiten erkennen können, die sich dahinter auftun.

Es ist seltsam, aber manchmal erweist sich eine offensichtliche Tragödie als unerwarteter Segen. Vielleicht hast du schon einmal gehört, wie jemand sagte: „Ich danke Gott für meine Krebserkrankung. Ohne sie hätte ich mein Leben nie geändert." Oder „Ich danke Gott für die Lektion, die er mir durch den Tod meines Kindes erteilte. Das hat mir geholfen, aufzuwachen und einen Sinn in diesem Leben zu finden."

Manchmal ist ein Verlust das größte Geschenk, weil er uns zum Weitergehen zwingt. Er zwingt uns, aus unserem Panzer herauszukommen und unsere Lebensaufgabe zu entdecken.

Wenn wir uns wirklich für das Wunder des Lebens öffnen wollen, müssen wir aufhören, Gott zu erklären, was ein Wunder ist. Wir müssen aufhören, Gott Anweisungen zu geben, damit Er auf die richtige Weise für uns sorgen möge.

Wir müssen begreifen, daß Gott weiß, worum es geht. Wir wissen nicht, wieso Er es weiß, aber das spielt keine Rolle. Je genauer wir hinschauen, desto mehr Botschaften über Sein Wirken erreichen uns, Botschaften, die uns sagen, daß Er Liebe und Mitgefühl ist.

Wunder und Naturgesetze

Das eigentliche Wunder besteht darin, daß wir uns mit Gott vereinen, indem wir verstehen, was Er für uns will. Daher ist physische Heilung nicht unbedingt notwendig. Sie kann sich einstellen oder auch nicht. Vielleicht werden wir von unserer Krankheit geheilt, vielleicht nicht. Das wahre Wunder ereignet sich durch unsere Hingabe an das Leben, so wie es ist. Wenn wir inneren Frieden finden, indem wir unser Leben akzeptieren, manifestiert sich das Wunder der Liebe Gottes in unseren Herzen.

Manche Menschen meinen, man könne nur dann von einem Wunder sprechen, wenn ein Naturgesetz dafür außer Kraft gesetzt wurde. Das Meer teilt sich, damit die Menschen hindurchgehen können, die Gitterstäbe des Gefängnisses lösen sich in Luft auf, der Leichnam wird von den Toten auferweckt.

Ich muß euch leider enttäuschen, aber solche Dinge geschehen nicht. Alles, was sich auf der physischen Ebene ereignet, geschieht in Übereinstimmung mit den Naturgesetzen. Das entspricht einfach der Natur der irdischen Erfahrung. Das bedeutet aber nicht, daß es keine spirituellen Gesetze gibt. Natürlich gibt es sie, aber sie wirken in Einklang mit und durch die Naturgesetze. Sie stehen nicht im Widerspruch dazu.

Spirituelle Gesetze haben nichts damit zu tun, *wie* bestimmte Dinge funktonieren, sondern damit, wie du deine Erfahrung interpretierst. Die entscheidende Frage ist, für welche Sichtweise der Dinge du dich entscheidest oder welche Bedeutung du einem bestimmten Ereignis beimißt. Von dieser Entscheidung hängt ab, wie du dieses Ereignis auf der psychischen Ebene erlebst. Ich wurde beispielsweise gekreuzigt. Hätte ich auf der physischen Ebene übernatürliche Kräfte gehabt, dann hätte ich die Kreuzigung verhindern können. Mein spirituelles Wissen hat mich jedoch nicht zum Supermann gemacht. Es hat mich lediglich in die Lage versetzt, die Wahrheit dessen zu erkennen, was mit mir geschah. Deshalb erlebte ich die Kreuzigung nicht als Angriff. Ich verfluchte meine Brüder nicht, weil ich sah, daß ihr Handeln von Angst motiviert war. Ich empfand Mitgefühl für sie.

Ja, ich wurde gekreuzigt. Aber ich habe mein Herz nicht verschlossen. Ich gab niemandem die Schuld dafür. Ich habe mich in diesem Augenblick Gottes Willen ergeben, so wie ich es in jedem anderen Augenblick meines Lebens getan habe.

Wenn du glaubst, daß dein Gottvertrauen die Kreuzigung verhindert, dann kannst du dich genauso gut irren, wie du recht haben kannst. Vielleicht hilft dein Gottvertrauen deinen Henkern, ihre Herzen zu öffnen und sich anders zu besinnen, vielleicht aber auch nicht. Vielleicht hilft dein Gottvertrauen nur dir, dein Schicksal anzunehmen, ohne andere zu verdammen.

Du weißt also nicht, was Gott von dir verlangen wird, bis Er es verlangt. Und dann hast du die Wahl, Widerstand zu leisten oder dich hinzugeben. Das ist in jedem Augenblick deines Lebens so. In jeder Situation. Du weißt nicht, was sie bedeutet. Du mußt ihr einfach nur mit der Bereitschaft begegnen, loszulassen, zuzulassen und dich hinzugeben.

Die Naturgesetze, die scheinbar aufgehoben wurden, damit sich bestimmte wunderbare Dinge ereignen konnten, sind einfach noch nicht vollständig verstanden worden. Könntet ihr diese Gesetze voll und ganz verstehen, so wäre euch klar, daß das betreffende Ereignis völlig im Einklang mit ihnen war.

Natürlich bergen die Gesetze, die den physischen Ereignissen zugrundeliegen, noch viele Geheimnisse, die ihr bisher nicht entschlüsselt habt und daher nicht versteht. Doch je reifer ihr im Hinblick auf das Verstehen der physischen Realität werdet, desto klarer werdet ihr erkennen, auf welche Weise die physischen und die spirituellen Gesetze zusammenwirken, um die Erfahrung zu manifestieren, die im jeweiligen Augenblick notwendig ist.

Visualisierung ist ein machtvolles Werkzeug. Jede Übung, die die Wahrnehmung verändert, kann Heilungsprozesse unterstützen, aber diese Heilung findet im Einklang mit den Naturgesetzen statt. Ich rate euch dringend davon ab, mit magischem Denken zu experimentieren oder zu versuchen, die physische Realität durch Gedankenkonzentration zu verändern. Solche Dinge sind zwar nicht unmöglich, aber sie sind unwahrscheinlich und repräsentieren einen Aspekt eurer Erfahrungswelt, mit dem ihr nicht herumspielen solltet. Ich würde wirklich niemandem empfehlen, sich auf die Eisenbahnschienen zu stellen und den herannahenden Zug durch Gedankenkraft zum Verschwinden bringen zu wollen.

Ein Bewußtsein für das Wunderbare zeigt sich nicht in dem Versuch, die physische Realität durch Gedankenkontrolle zu manipulieren. Das ist eine Aktivität des Egos. Der Versuch, auf Verlangen Wunder zu produzieren, mag einem Clown anstehen, nicht aber einem spirituell reifen Menschen.

Du demonstrierst dein Bewußtsein für das Wunderbare, indem du dich deiner Erfahrung hingibst und dich in jedem Augenblick mit Gottes Willen verbindest. Es ist nicht deine Aufgabe, die physische Realität zu verändern, sondern vielmehr, ganz präsent in ihr zu sein. Und während du dich darum bemühst, werden deine Ängste und Süchte ebenso ans Licht kommen wie deine Abhängigkeit von der Vergangenheit. Deine Aufgabe besteht darin, dir diese Ängste und Abhängigkeiten liebevoll und mitfühlend anzuschauen und einen sicheren Raum zu schaffen, in dem du deine Gefühle fühlen und durch deine Ängste und Schmerzen hindurchgehen kannst. Deine Aufgabe besteht darin, alle Interpretationen, Vorstellungen und Urteile fallenzulassen und offen und kampflos in deine Erfahrung hineinzugehen. Es ist deine Aufgabe, dem verletzten inneren Kind mit Liebe und Ermutigung zu begegnen, es einzuladen, aus seinem Versteck zu kommen, ihm zu sagen, daß es in Ordnung ist, Angst zu haben, daß es nicht verletzt werden wird, weil du bei ihm bist. So geschieht Heilung. So entfaltet sich das Selbst auf wunderbare Weise.

Alles kann emporgehoben werden

Jede Erfahrung, die du machst, kann durch die Kraft deiner bedingungslosen Liebe emporgehoben werden. Jede Erfahrung, wie schmerzhaft sie auch sein mag!

Gott arbeitet nicht allein. Er ist auf deine Mitarbeit angewiesen. Und du solltest auch nicht allein arbeiten. Wenn du versuchst, allein aus deinem Ego heraus zu leben, wirst du straucheln und fallen. Nur wenn dein Denken und Handeln über deine unmittelbaren Ego-Bedürfnisse hinausgeht, beginnt das Gesetz der Gnade in deinem Leben zu wirken.

Es liegt in deiner Verantwortung, dich zu achten und gut für dich selbst zu sorgen. Nichts, was dich würdigt, kann einen anderen verletzen. Wenn du jedoch selbstsüchtig handelst und dein Wohl über das anderer Menschen stellst, wirst du Konflikte und Ablehnung in dein Leben ziehen. In dieser Hinsicht ist die Welt hart und unerbittlich. Ein Mensch, der andere ausnutzt oder übervorteilt, wird vielleicht gefürchtet, aber nicht geliebt. Wenn sich das Blatt wendet und er anfängt, sich selbst zu zerstören, was unweigerlich geschehen wird, werden andere da sein, die nur zu bereitwillig an seinem Untergang mitwirken.

Die Außenwelt wird euch stets und unausweichlich mit den Früchten eures Denkens und Handelns konfrontieren. Deshalb sagen wir: „Wie du säest, so wirst du ernten."

Wenn du in deinem Handeln rücksichtslos gegenüber anderen bist, respektierst du auch dich selbst nicht. Jedesmal, wenn du angreifst, hast du etwas zu verteidigen. Du schaust immer über die Schulter, um zu sehen, wer oder was gerade hinter dir lauert. Das ist keine besonders befriedigende oder würdevolle Art zu leben. Deine angstbesetzten Gedanken oder Taten rufen die angstbesetzten Gedanken oder Taten anderer hervor.

Diese auf Angst beruhenden Interaktionen werden in eurer „Auge-um-Auge"-Justiz institutionalisiert, die den Kreislauf des Mißbrauchs aufrechterhält. Indem Ihr den Täter zum Opfer macht, wollt ihr ihn davon abhalten, in Zukunft weiterhin andere anzugreifen, aber ihr versteht nicht, daß sein Haß seiner Wahrnehmung entspringt, bereits ein Opfer zu sein. Durch die Bestrafung verstärkt ihr diese Wahrnehmung in ihm.

Wenn ihr wollt, daß ein Krimineller sich ändert, müßt ihr aufhören, ihn zu bestrafen und anfangen, ihn zu lieben. Nichts anderes funktioniert.

Die Liebe ist keine Belohnung für seine Untat, sondern das Heilmittel für seine Seele. Sie führt ihn zu sich selbst zurück. Sie holt ihn aus dem reaktionären Kreislauf heraus, in dem er sich selbst und andere entmenschlicht. Selbst der bösartigste Kriminelle wird sanfter angesichts echter Liebe und Fürsorge. Ihr könnt dem Haß kein Ende setzen, indem ihr euch dafür rächt. Jeder Akt der Gewalt zieht neue Gewalt nach sich. Das solltet ihr inzwischen verstanden haben.

Alles wäre ganz einfach, wenn ihr Gewalt durch Gewalt eindämmen könntet. Das wäre eine Religion, ein Weltbild, das ihr leicht verstehen könntet. Doch wenn es so funktionieren würde, gäbe es auf diesem Planeten keine Hoffnung auf spirituelles Erwachen. Es kann also nicht funktionieren. Die „Auge-um Auge"-Justiz ist nicht im Heilungsplan des Planeten Erde vorgesehen. Nur das, was selbst frei von Gewalt ist, kann zu Gewaltfreiheit führen.

Nur eine spirituelle Lösung kann funktionieren. Menschliche Lösungen für menschliche Probleme müssen unweigerlich versagen. Man kann ein Problem nicht auf der Ebene lösen, auf der man es wahrnimmt. Man muß sich auf eine höhrere Ebene begeben, muß das Gesamtbild, die Ursache des Problems sehen und sich damit auseinandersetzen.

Deshalb braucht ihr Gott in eurem Leben. Deshalb braucht ihr eine spirituelle Praxis. Deshalb braucht ihr etwas, das euch aus dem Kreislauf von Angriff und Verteidigung herausruft, der euer ganzes Leben bestimmt. Ohne Gott gibt es keinen Frieden. Ihr könnt keinen Frieden in der Welt finden. Ihr könnt ihn nur in eurem Herzen finden, wenn es offen ist.

Ein offenes Herz zieht den Geliebten an. Es lädt den Fremden ein, sogar den Kriminellen. Ein offenes Herz ist ein Refugium, in dem alle willkommen sind. Es ist der Tempel, in dem die spirituellen Gesetze praktiziert und zelebriert werden. Es ist die Kirche, die ihr immer wieder aufsuchen müßt, um Erlösung zu finden.

Frage dich: „Denke und handle ich nur für mich allein oder habe ich auch das Wohl des anderen im Sinn?“

Wenn du sein Wohl im Sinn hast, wirst du ihn emporheben und mit ihm emporgehoben werden. Hast du es nicht im Sinn, wirst du dich voller Angst zurückziehen, dein Herz verschließen und versuchen, dich noch mehr zu schützen.

Es ist eine einfache Wahl. Die Kreuzigung findet statt, wenn sich dein Herz vor deinem Bruder verschließt. Erlösung findet statt, wenn du dein Herz für ihn öffnest, wenn du aufhörst, ihn für deine Probleme verantwortlich zu machen, wenn du aufhörst, ihn für seine Fehler zu bestrafen, wenn du lernst, ihn zu lieben wie dich selbst. Nur das kann dich aus dem Gefängnis der Angst befreien. Nur das.

Liebe ist das einzige Wunder. Alle anderen „Wunder“ sind nur der Zuckerguß auf dem Kuchen. Schau hinter ihre Fassade und du wirst sehen, daß immer ein Umschwung von Angst zu Liebe, vom Selbstschutz zur Öffnung, von der Verurteilung zum bedingungslosen Annehmen anderer stattgefunden hat.

Die Liebe sagt: „Ich akzeptiere dich, wie du bist. Dein Wohlergehen ist mir genauso wichtig wie mein eigenes.“ Weißt du überhaupt, wie machtvoll diese Aussage ist? Du machst jedem Menschen, dem du mit dieser Haltung begegnest, das Angebot, frei von Leid zu sein. Und indem du es ihm machst, machst du es auch dir selbst.

Wenn du nicht nach Gleichheit strebst, wirst du nie lernen, bedingungslos zu lieben oder bedingungslose Liebe anzunehmen.

Was du suchst, wirst du finden. Was du gibst, wirst du empfangen. Das Gesetz hat sich nicht geändert.

Ein Wolf im Schafspelz

Manche Menschen empfinden es als große Herausforderung, sich um das Wohlergehen anderer zu kümmern. Anderen wiederum fällt das nur allzu leicht. Für diese Menschen ist es einfacher, die Bedürfnisse anderer zu erfüllen, als in Kontakt mit ihren eigenen Bedürfnissen zu kommen. In diesen Fällen kann der Dienst an anderen eine Form von Selbstbetrug sein.

Wenn ein Mensch sein Herz öffnet, schließt er andere in sein Gefühl für Wohlergehen ein. Er tauscht ihr Wohlergehen nicht gegen seines ein und versucht nicht, andere auf seine Kosten zufriedenzustellen. Er gibt sich nicht auf und identifiziert sich nicht mit anderen. Er dehnt seine Fürsorge auf seine Angehörigen, seine Freunde und schließlich sogar auf seine Feinde aus. Er erweitert seinen Radius kontinuierlich, während er lernt, sein Herz zu öffnen und sich seiner Erfahrung hinzugeben.

Auf diese Weise dehnt sich seine Liebe immer mehr aus. Sie beginnt mit dem Annehmen seiner selbst und seiner Erfahrung. Sie beginnt damit, daß er sich selbst treu ist. Und dann bezieht sie andere Menschen ein, die ihm am Herzen liegen. Er respektiert ihre Erfahrung ebenfalls und nimmt sie ernst. Er ermutigt andere, sich selbst zu respektieren. Er hat ihr höchstes Wohl im Sinn.

Im Gegensatz dazu gibt ein Mensch, der andere auf seine eigenen Kosten zufriedenzustellen versucht, keine Liebe, sondern opfert sich auf. Und dieses Aufopfern hat seinen Preis. Hinter der zur Schau getragenen Selbstlosigkeit steckt die Sucht nach Anerkennung, die verzweifelte Gier nach Beifall, das Bedürfnis, sich Anerkennung und Liebe um jeden Preis zu sichern.

Weil die unterschwelligen Forderungen aber irgendwann an die Oberfläche kommen, fühlt sich derjenige, dem das Opfer gebracht wird, meist manipuliert und kontrolliert. Er oder sie hat das Gefühl, dem anderen etwas schuldig zu sein. Man hält die Beziehung aufrecht, aber nicht aus Freude über das Zusammensein mit diesem Menschen, sondern weil man sich schuldig fühlt. „Wie kann ich sie verlassen. Schau, was sie für mich getan hat. Sie würde es nicht überleben, wenn ich sie verließe. Sie würde sich umbringen."

Ironischerweise werden die Menschen, für die bisher so „selbstlos" gesorgt wurde, nun selbst zu „Versorgern". Die Rollen kehren sich um. Derjenige, der sich bisher aufgeopfert hat, will nun seinen Anteil aus dem Kuhhandel herausholen. Und wenn es ihm nicht gelingt, reagiert er verbittert, was wiederum die Schuldgefühle des Empfängers verstärkt.

Hüte dich vor denen, die ihr Leben für dich opfern würden. Zu gegebener Zeit werden sie darauf bestehen, für jede Geste der Selbstlosigkeit angemessen entschädigt zu werden. Jeder, der bereit ist, sich für dich aufzugeben, wird das gleiche von dir erwarten. Du hast bestimmt schon den Spruch gehört: „Es gibt nichts umsonst." Das ist absolut wahr, obwohl es manchmal scheint, als gäbe es etwas umsonst. Doch auch wenn du jetzt nichts zahlen mußt, wird dir die Rechnung mit Sicherheit später präsentiert. Im allgemeinen kannst du davon ausgehen, daß dir das, wofür du jetzt nicht zahlen mußt, nur auf Kredit gegeben wird. Irgendwann wird der Mensch vom Inkassobüro auftauchen – und er wird Zinsen verlangen!

Es ist besser, den Kuhhandel gleich von Anfang an auszuschlagen und zu sagen: „Nein, Schwester oder Bruder, mir wäre es lieber, du würdest dich selbst achten und gut für dich sorgen. Bitte mißachte deine eigenen Bedürfnisse nicht, nur um es mir recht zu machen. Dabei kann nichts Gutes herauskommen." Ich weiß, daß das niemand gern hört. Schon vor zweitausend Jahren haben die Menschen es nicht gern gehört!

Die Einladungen des Teufels erreichen dich in vielen verschiedenen Formen. Aber am liebsten lockt er dich mit Dingen, die es anscheinend umsonst gibt. Sei auf der Hut, wenn man dir Essen, Geld, Sex oder Aufmerksamkeit ganz ohne Gegenleistung anbietet. Die längsten Fallstricke sind die, die man nicht sieht.

Wenn du für dich selbst Verantwortung übernimmst, wenn du selbst zahlen kannst, dann ist eine freie Mahlzeit uninteressant für dich. Warum solltest du die städtische Suppenküche aufsuchen, wenn du in ein feines Restaurant gehen, dir ein Filet Mignon und eine gute Flasche Wein bestellen und sie auf einer Terrasse mit Meeresblick genießen kannst?

Das würdest du nur tun, wenn du ein Geizhals wärst. Nur aus Gier würdest du dich selbst oder dir nahestehende Menschen dazu bringen, heute ihr

Wohlergehen zu „opfern“, um irgendwann einmal einen erwarteten Profit einstreichen zu können. Ich sage dir was: Diese Zukunft kommt nie! Sie wird von deinem jetzigen Verhalten zunichte gemacht. Gier kann nie in eine gute oder glückliche Zukunft münden und noch nie hat ein Geizhals seinen Reichtum wirklich genießen können. Der Tod kommt immer zu früh für diejenigen, die den Augenblick nicht voll und ganz leben können.

Wenn du ein verantwortungsbewußter Mensch bist, bezahlst du deine Zeche. Du unterstützt andere, indem du sie für ihre Dienste entlohnst. Du weißt, daß Nehmen ohne Geben nicht im Einklang mit dem göttlichen Willen ist. Du bist nicht auf unfaire Geschäfte aus, wie verlockend sie auch erscheinen mögen.

Fairness

Ein fairer Mensch zu sein heißt, ein Bewußtsein für das Wunder der Existenz zu haben. Die Energien bleiben im Fluß, wenn du gibst, was du hast, und nimmst, was du brauchst. Aber auch wenn du versuchst, mehr zu geben, als du hast, oder weniger zu nehmen, als du brauchst, entsteht ein Ungleichgewicht.

Niemand außer dir kann einschätzen, was du hast und was du brauchst. Deshalb kann kein Wirtschaftssystem, wie klar es auch sein mag, eine faire Verteilung der kollektiven Ressourcen der Menschheit sicherstellen. Nur faire Menschen können eine faire Ökonomie schaffen.

Fairness ist etwas Freiwilliges, sie kann nie durch Kontrolle erreicht werden. Die Menschen müssen die Freiheit haben, Fehler zu machen und dann aus ihnen zu lernen. Andernfalls ist das System geschlossen und Wachstum unmöglich.

Ihr lernt Fairness durch die Erfahrung der Ungleichheit. Menschen, die mehr nehmen, als sie brauchen, oder weniger geben, als sie haben, haben gewöhnlich das Gefühl, daß sie in der Vergangenheit unfair behandelt wurden. Um ein persönliches und finanzielles Gleichgewicht herzustellen, müssen sie sich mit ihrer Wut und Verbitterung auseinandersetzen.

Im Gegensatz dazu fühlen sich Menschen, die weniger nehmen, als sie brauchen, oder versuchen, mehr zu geben, als sie haben, meistens schuldig, weil sie das Gefühl haben, andere in der Vergangenheit unfair behandelt zu haben. Sie müssen sich mit ihren Schuldgefühlen auseinandersetzen, um ein Gleichgewicht herzustellen. Wenn das Opfer seine Wut und Verbitterung auflöst, kann es aufhören, mehr zu nehmen, als es braucht. Dann muß es nicht zum Täter werden, um den Spielstand auszugleichen.

Wenn der Täter seine Schuld auflöst, muß er nicht länger die Ressourcen hergeben, die er eigentlich für sich benötigt. Dann muß er nicht zum Opfer werden, um ein Gleichgewicht herzustellen.

Wenn du dein Muster durchschaut hast und erkennst, wie dein Leben aus dem Gleichgewicht geraten ist, kannst du anfangen, es in Ordnung zu bringen. Wenn du ein Gebender bist, kannst du lernen, ein Nehmender zu werden. Wenn du ein Nehmender bist, kannst du lernen, ein Gebender zu werden. Stellt sich dann in deinem Leben ein Gleichgewicht zwischen Geben und Nehmen ein, wird in all deinen Beziehungen Fairness herrschen. Und indem du Fairness demonstrierst, wirst du Zeuge des Wunders der Gleichheit. Du wirst weder bei dir noch bei anderen Betrug tolerieren. Du wirst überall für Gerechtigkeit eintreten. Du wirst darauf bestehen, daß jedem Menschen die Liebe und Achtung entgegengebracht wird, die ihm zusteht.

Versöhnung

Der große „Gleichmacher“

Oberflächlich betrachtet sieht es so aus, als seien die Menschen nicht gleich. Einer ist ein berühmter Sportler und verdient Millionen im Jahr. Ein anderer sitzt im Rollstuhl und lebt von einer kleinen Rente. Einer hat mehrere Universitätsdiplome, ein anderer noch nicht einmal einen Hauptschulabschluß. Auf den ersten Blick wirkt das nicht sehr fair. Wenn man die Dinge mit weltlichen Augen betrachtet, kann von Gleichheit in der Tat kaum die Rede sein.

Doch von der geistigen Ebene aus gesehen sind alle Menschen absolut gleich. Der Reiche hat nicht mehr Privilegien als der Arme. Ein einfacher Mensch ist genausoviel wert wie einer mit brillantem Verstand. Wenn man hinter die äußere Erscheinung blickt, wenn man ins Herz der Menschen schaut, sieht man den gleichen Kampf, den gleichen Schmerz. Der wohlhabende Arzt, dessen Sohn an AIDS gestorben ist, spürt den gleichen Schmerz wie die Sozialhilfeempfängerin, die ihre Tochter verloren hat.

Der Schmerz ist der große „Gleichmacher“. Er zwingt uns alle in die Knie. Er läßt uns demütiger und sensibler für die Bedürfnisse anderer werden. Schmerz ist der größte Lehrmeister auf diesem Planeten. Er untergräbt alle Hierarchien. Er macht sozialen Status und materiellen Besitz wertlos. Er bringt alles ans Licht, was geheilt werden muß.

Wenn du deinen eigenen Schmerz in seiner ganzen Tiefe gespürt hast, dann weißt du das. Und du emfindest großes Mitgefühl, wenn du jemanden leiden siehst. Du hast weder das Gefühl, ihn wegstoßen zu müssen, noch das Bedürfnis, ihn zu „therapieren". Du nimmst ihn einfach in dein Herz hinein. Du bietest ihm eine Umarmung an und schenkst ihm ein paar ermutigende Worte. Du weißt, was er durchmacht.

Die Welt läßt euch aufsteigen und wieder abstürzen. Nichts Weltliches ist von Dauer. Ruhm und Schande, Armut und Reichtum, Glück und Verzweiflung gehen Hand in Hand. Du kannst nicht nur die eine Seite der Medaille haben. Wenn du das glaubst, verleugnest du die Realität.

Die meisten von euch verleugnen die Realität auf die eine oder andere Weise. Das rührt wahrscheinlich daher, daß kaum einer von euch wirklich mit seinem Schmerz in Berührung gekommen ist. Ihr habt zuviel Angst davor. Ihr gebt lieber vor, spirituell zu sein als zuzugeben, daß es euch schlecht geht. Ihr wollt nicht, daß andere eure schmutzige Wäsche sehen: eure Vorurteile, eure Sehnsüchte, eure selbstmörderischen Gedanken. Es fällt euch leichter, den anderen eure Pappmaske zu zeigen, als das verzerrte Gesicht dahinter. Ihr seid stolz auf den spirituellen Erwachsenen, aber ihr schämt euch immer noch des verletzten Kindes.

Das Schlimmste an der Verleugnung ist, daß sie eine Kultur der Heuchelei und Scham hervorbringt.

Weil so viele Leute vorgeben, reife, spirituelle Erwachsene zu sein, empfinden sich diejenigen, die mit ihrem Schmerz in Kontakt sind, als Außenseiter, als soziale Versager. Sie haben das Gefühl, es nicht wert zu sein, mit solch erhabenen Wesen auf gleicher Ebene zu verkehren. Sie schämen sich ihres Schmerzes. Und so isolieren sie sich oder werden von denen abgelehnt, die sich von dieser emotionalen Ehrlichkeit bedroht fühlen.

Ein Mensch, der mit seinem Schmerz in Verbindung ist, durchschaut jegliche Falschheit in zwischenmenschlichen Kontakten auf den ersten Blick. Seine Bereitschaft, emotional präsent zu sein, ruft in anderen Menschen Gefühle wach, mit denen sie sich vielleicht nicht auseinandersetzen möchten.

Doch für diejenigen, die den Mut haben, zu ihrem Schmerz zu stehen, tut sich ein heiliger Weg auf. Das verschlossene Herz öffnet sich, es dehnt sich aus, der Körper beginnt zu atmen, blockierte Energien werden freigesetzt. Das ist der erste Schritt im Heilungsprozeß. Wenn wir den Schmerz anerkennen und bereit sind, ihn anzunehmen, beginnt die heilige Reise.

Echte Nähe zu anderen ist erst dann möglich, wenn man tief in die eigene Erfahrung hineingeht und ehrlich darüber spricht. Beziehungen, die auf beidseitiger Verleugnung basieren, sind emotionale Gefängnisse. Da zwei Masken nicht miteinander kommunizieren können, steht den Partnern in solchen Beziehungen kein Werkzeug zur Verfügung, mit dem sie die Gefängnistür öffnen könnten.

Doch eine Lebenskrise – der Tod eines nahestehenden Menschen, eine ernsthafte Erkrankung oder

der Verlust des Arbeitsplatzes – läßt den Panzer der Verleugnung ganz schnell zerbrechen. Die Gefängnistür wird aufgesprengt und die Gefangenen treten, noch halb betäubt von dem Knall, hinaus an die frische Luft. Und hier fühlen sie sich schlechter als innerhalb der Gefängnismauern, weil sie nun mit ihrem Schmerz in Kontakt sind. Aufrüttelnde Ereignisse lassen chronischen Schmerz akut werden. Er wird intensiver. Wir fühlen uns kränker als vorher. Wir funktionieren nicht mehr so gut. Wir müssen uns Zeit nehmen, um uns mit unserer Situation auseinanderzusetzen. Da wir bisher nicht bereit waren, das bewußt zu tun, mußten wir es unbewußt tun. Es sieht aus, als hätte Gott uns den falschen Ball zugeworfen, aber in Wirklichkeit hat das Leben einfach nur auf unseren stummen Hilfeschrei geantwortet.

Indem wir anfangen, unseren Schmerz zu fühlen, tun wir den ersten großen Schritt in Richtung Selbstbefreiung. Es ist das Ende der unbewußten Selbstsabotage und inneren Verhärtung. Unser Bewußtsein erwacht. Wenn wir unseren Schmerz fühlen, fangen wir an, durch ihn hindurchzugehen. Er ist ein Durchgangsstadium, eine Möglichkeit, unserem Leben eine andere Richtung zu geben. Unser Schmerz soll uns nicht fesseln. Wir sollen uns nicht in ihn verlieben, uns nicht an ihn klammern oder um ihn herum eine neue Identität aufbauen. Er ist kein stehender Zug, sondern ein fahrender. Wenn wir erst einmal aufgesprungen sind, bringt er uns dorthin, wo wir hinmüssen.

Schmerz ist der große Gleichmacher. Er macht es uns möglich, ehrlich und authentisch zu sein. Er gibt uns den Mut, andere um bedingungslose Liebe und Unterstützung zu bitten, und läßt in uns die Bereitschaft wachsen, anderen das gleiche zu geben. Er ermöglicht die heilsame Gemeinschaft mit anderen Menschen. Wir begegnen anderen, deren Panzer der Verleugnung ebenfalls zerbrechen. Und wir beginnen gemeinsam zu heilen. Die Entscheidung, heil zu werden, ist oft eine einsame. Und dennoch muß niemand diesen Weg allein gehen. Unsere Heilung schreitet viel schneller voran und geht viel tiefer, wenn wir Zeugen der Heilung anderer werden.

Eine heilsame Gemeinschaft unterscheidet sich deutlich von einem Krankenhaus, in das Menschen eingeliefert werden, um „repariert" zu werden oder isoliert und einsam zu sterben. In einer heilsamen Gemeinschaft verbinden sich die Menschen mit ihren Gefühlen und entdecken ihre Fähigkeit zu mehr Nähe. Auch dort kann ein Mensch sterben, aber er stirbt nicht einsam. Er stirbt im Kreis von geliebten Menschen. Er stirbt, nachdem er sein Leben mehr in Besitz genommen hat. Er stirbt im Geiste der Vergebung, in Hingabe und Frieden.

Es ist Zeit, daß ihr aufhört, immer neue Krankenhäuser zu bauen und stattdessen heilsame Gemeinschaften ins Leben ruft. Tut es nicht für andere. Tut es für euch selbst, für eure Familien, eure Freunde. Jeder von euch braucht ein sicheres, liebevolles Energiefeld, in dem er heil werden kann.

Wenn Menschen ihrem Schmerz ins Auge schauen, begegnen sie einander als Ebenbürtige. Und wenn sie ihn annehmen, lernen sie, die Wahrheit über sich selbst und ihre Erfahrung zu sagen. Dann kann Gottes Arbeit auf dieser Erde beginnen.

Die Sucht nach dem Schmerz

Genauso ungesund wie die Verleugnung des Schmerzes ist die Sucht nach Schmerz. Manche Menschen, die gerade anfangen, die Existenz ihres Schmerzes anzuerkennen, stellen fest, daß sie dadurch eine Menge Aufmerksamkeit bekommen. Sie erschaffen sich eine ganz neue Identität als verletztes Kind, als Opfer. Sie werden süchtig danach, ihre tragische Geschichte zu erzählen. Wenn jemand immer wieder die gleiche Geschichte erzählt, weißt du, daß dieser Mensch nicht authentisch ist. Ein authentischer Mensch ist kein professioneller Geschichtenerzähler. Er ist kein „Beichtkünstler". Er muß nicht im Zentrum der Aufmerksamkeit stehen, um sich mit sich selbst gut zu fühlen.

Ein authentischer Mensch erzählt seine Geschichte, weil dieses Mitteilen ein heilsamer Akt ist. Während er sie erzählt, gewinnt er tiefere Einsicht in das, was geschehen ist, und kann es umfassender annehmen. Sein Mitgefühl für sich selbst und andere wächst. Er heilt innerlich, während er seine Geschichte erzählt, und damit hilft er anderen, heil zu werden.

Nachdem er seine Erfahrung integriert hat, hat er nicht mehr das Bedürfnis, seine Geschichte zu erzählen. Indem er weiterhin darauf besteht, sie zu erzählen, behindert sie seine spirituelle Entwicklung. Die Gschichte wird zu einer Krücke, auf die er sich stützt, obwohl seine Gliedmaßen geheilt sind. Er läßt sein ganzes Gewicht darauf ruhen. Er beginnt, an seiner Geschichte zu hängen und ist irgendwann mit seinem Schmerz verheiratet. Er wird zu einem Betrüger und Hochstapler. Seine Geschichte ist nur noch eine Theateraufführung. Sie gibt anderen nichts mehr.

Durch das Annehmen des Schmerzes löst sich die innere Spannung; es führt zu mehr Leichtigkeit, Selbstakzeptanz und Selbstvertrauen. Es schafft die Voraussetzung für die nächste Etappe der Reise. Akzeptierter Schmerz ist eine sich öffnende Tür, eine Einladung, sich auszudehnen, stärker zu vertrauen und mehr Risiken einzugehen. Indem wir in unsere Angst und unseren Schmerz hineingehen, bewegen wir uns auf die Freude zu. Wir lassen alte Grenzen hinter uns. Wir streifen unsere alte Haut ab.

Durch ehrliches Mitteilen geben wir uns selbst und anderen Kraft. Wir gehen weiter. Sie gehen weiter. Ein Leben voller Schmerz ist nun nicht mehr nötig. Schmerz ist nur notwendig, solange Abspaltung oder Verleugnung existieren. Leid entsteht nur, wenn wir Widerstand gegen unser Leben leisten. Schmerz und Leid sind universale aber vorübergehende Phänomene. Irgendwann kommt jeder mit ihnen in Berührung. Aber sie sind keine Langzeitgefährten. Sie sind Botschafter, keine Zimmergenossen.

Es ist absolut töricht zu behaupten, in unserem Leben gäbe es keinen Botschafter, wenn er bereits an die Tür klopft. Es ist besser, die Tür zu öffnen und zu hören, was er uns zu sagen hat. Doch wenn die Botschaft vernommen wurde, kann der Botschafter wieder gehen. Er hat seine Aufgabe erfüllt.

Mißbrauch in der Therapie

Wenn die Arbeit an der Heilung zu einer Modeerscheinung wird, bildet sich eine Kaste ungeheilter Heiler. Wenn es „chic" wird, ein Opfer von Kindheitstraumata oder sexuellem Mißbrauch zu sein, können Therapeuten es sich leisten, ihren Klienten Worte in den Mund zu legen, ohne Widerspruch befürchten zu müssen. Erinnerungen an Ereignisse, die nie stattgefunden haben, werden auf dem Altar dargebracht. Vorfälle, bei denen andere Sensibilität oder Rücksicht vermissen ließen, werden aufgebauscht und mit Schuld gefärbt. Jeder stellt sich vor, daß das Schlimmste geschehen sein muß. Das ist Hysterie, es hat nichts mit Heilung zu tun. Es ist eine neue Form des Mißbrauchs.

Anstatt zu erforschen, was wirklich geschehen ist, und das verletzte innere Kind zu Wort kommen zu lassen, wird die Wunde mit einem professionellen Etikett zugeklebt. Anstatt das Opfer zu ermutigen, seine Sprache wiederzufinden und sich innerlich mit seiner Erfahrung zu verbinden, bringt man es erneut zum Schweigen. Es soll die Meinung anderer zu dem, was geschehen ist, übernehmen. Um Anerkennung zu bekommen, erzählt das verletzte Kind die Geschichte, die die Autoritätsperson – sein Therapeut – hören will. Man sagt ihm, es würde wieder gesund, wenn es sich der Autorität beuge.

Doch der Therapeut projiziert seine eigenen unverheilten Wunden auf den Klienten. Seine Subjektivität wird von den Gerichten als Objektivität betrachtet. Familien werden getrennt. Noch mehr

Kinder werden bestraft. Die Kette des Mißbrauchs reißt nicht ab.

Das Festhalten am Schmerz ist kräftezehrend. Und das Übertreiben oder Fabrizieren von Schmerz ist einfach verrückt.

Ähnlich wie die Entstehung einer Klasse kirchlicher Autoritätsfiguren die ursprüngliche Spiritualität der Kirche verdrängt hat, untergräbt die Entstehung einer neuen Klasse von Therapeuten und Heilern die ursprüngliche Fähigkeit des Individuums, Zugang zu jenem inneren Heilungsprozeß zu finden, der sein Geburtsrecht ist.

Genausowenig wie man einen Menschen dazu bringen kann, sich moralisch zu verhalten, kann man ihn dazu bringen, heil zu werden. Heilung ist eine freiwillige Angelegenheit. Sie geschieht, wenn ein Mensch dazu bereit ist. Viele Menschen, die sich in Therapie begeben, haben nicht die geringste Absicht, heil zu werden. Und viele Menschen, die therapeutische Beratung anbieten, drücken sich vor ihrem eigenen Heilungsprozeß. Für diese Leute – Therapeuten wie Klienten – ist Therapie eine Form der Abwehr.

Es kann genauso wichtig sein, eine Wunde von selbst heilen zu lassen, wie sie zu versorgen. Wir vergessen oft, daß Gott oder die spirituelle Essenz des Betreffenden die Heilung bewirkt. Nicht der Therapeut oder der Heiler. Diejenigen, die in den natürlichen Heilungsprozeß eingreifen oder ihn behindern, werden irgendwann für den von ihnen angerichteten Schaden zur Rechenschaft gezogen. Denn ein Angriff ist ein Angriff, ganz gleich unter welchem Deckmantel. Und der Zwang zu heilen ist genauso zerstörerisch wie der Zwang zu verletzen. Es sind nur die beiden Seiten derselben Medaille.

Die wahre Heilerin respektiert die Selbstheilungskräfte ihrer Patienten. Sie hilft ihnen lediglich, die Verbindungen herzustellen, die hergestellt werden wollen. Sie befürwortet Integration, sanftes Vorgehen, Geduld. So werden ihre Klienten allmählich stärker. Sie heilen und gehen weiter.

Der ungeheilte Heiler macht seinen Patienten nur allzu schnell zum Opfer, er ist schnell bereit, anderen die Schuld zu geben. Der falsche Heiler nimmt dem Patienten die Freiheit und beraubt ihn seiner Würde und seines Selbstvertrauens. Er wird von Drogen, Maschinen und ärztlichen Autoritätspersonen abhängig gemacht. Was in manchen Krankenhäusern geschieht, unterscheidet sich kaum von dem, was in den schlimmsten Sekten vor sich geht. Ich spreche von Entwürdigung und Unterdrükkung. Dies Heilung zu nennen ist lächerlich, wenn nicht obszön.

Wenn ihr den Heilungsprozeß nicht ad absurdum führen wollt, müßt ihr die beiden Extreme vermeiden: die Verleugnung des Schmerzes und das Fabrizieren von Schmerz. Man muß sich dem Schmerz stellen, aber man muß ihn sich nicht einbilden. Wenn er da ist, wird er sich authentisch ausdrücken. Er wird mit seiner eigenen Stimme sprechen. Deine Aufgabe besteht darin, die Stimme zum Sprechen zu ermutigen, nicht, ihr die Worte vorzuschreiben.

Es dient niemandes Heilung, wenn ihr nach Sündenböcken sucht. Es ist viel wichtiger, die Scham zu überwinden, als Menschen zu finden, denen man die Schuld geben kann. Selbst wenn es offensichtlich ist, daß Übergriffe stattgefunden haben, besteht die Lösung nicht darin, den Täter zu bestrafen. Denn der Täter ist bereits ein Opfer und seine Bestrafung verstärkt nur seine eigene Scham und sein Gefühl der Machtlosigkeit.

Die Frage, die zu stellen ihr lernen müßt, lautet nicht: „Wie können wir Menschen heilen?", sondern: „Wie können wir einen sicheren Raum schaffen, in dem Heilung stattfinden kann?" Wenn ihr das lernt, geschieht Heilung von selbst. Und so schafft ihr auch ein Energiefeld, in dem sich die Bedingungen auflösen, die zu Mißbrauch führen.

Authentizität und Akzeptanz

Welche Erfahrungen du bisher auch gemacht haben magst, deine Aufgabe besteht darin, sie zu akzeptieren, sie ohne zu urteilen bedingungslos anzunehmen. Wenn du dazu in der Lage bist, kannst du deine Erfahrungen und die damit verbundenen Lektionen integrieren. Authentizität ist die Frucht eines total gelebten Lebens.

Sowohl das Verleugnen als auch das Aufbauschen oder „Fabrizieren" von Erfahrungen ist nicht authentisch und daher nicht spirituell. Beides führt zu einer Spaltung des Bewußtseins und zur Unterdrükkung eines Teils deiner Lebenserfahrung (das Unbewußte) im Gegensatz zu einem anderen Teil (das Bewußte). Dadurch entsteht ein psychisches Ungleichgewicht, das irgendwann geheilt werden muß. Und die Heilung setzt in jedem Fall das Eingestehen der Lüge voraus. Sich selbst und anderen die Wahrheit einzugestehen ist die erste Voraussetzung für ein spirituelles Leben. Ohne Ehrlichkeit ist Authentizität nicht möglich.

Die Wahrheit über das, was geschehen ist, muß zum Ausdruck gebracht werden, damit die Erfahrung angenommen und integriert werden kann. Geheimnisse müssen aufgedeckt werden.

Wenn eine Abspaltung stattgefunden hat, hat man vielleicht keinen Zugang mehr zur Erinnerung an das, was geschehen ist. Doch mit der Bereitschaft, sich die Dinge anzuschauen, kehrt das Gedächtnis unweigerlich zurück. Allerdings kann man diesen Prozeß nicht vorantreiben und sollte es auch nicht tun.

Leugne nicht, was geschehen ist. Beschönige es nicht. Bestätige es und bleib dabei. Auf diese Weise bewegst du dich von der Unwahrheit zur Wahrheit, von den Geheimnissen zur Enthüllung, vom unterschwelligen Unbehagen zur bewußten Wahrnehmung des Schmerzes. Der Schmerz ist eine Pforte, durch die du gehst, wenn du soweit bist. Bis dahin bist du der Hüter der Schwelle, der Wächter, der den Eingang bewacht und darüber befindet, wer eingelassen wird und wer nicht.

Es ist in Ordnung, wenn du noch nicht soweit bist. Es ist in Ordnung, Menschen oder Situationen, mit denen du dich unsicher fühlst, außen vor zu lassen. Du bestimmst das Tempo deines Heilungsprozesses. Laß es dir von niemandem diktieren. Du mußt der- oder diejenige sein, der oder die diesen Prozeß steuert. Wenn du mit einem Therapeuten oder Heiler arbeitest, sollte er oder sie sich ständig vergewissern, ob du dich noch sicher genug fühlst.

Die Würdigung des eigenen Heilungs- und Wachstumsprozesses ist eine wesentliche Voraussetzung für ein authentisch gelebtes Leben. Es wird immer Menschen geben, die Vorschläge oder Pläne für dich haben. Danke ihnen für ihre Anteilnahme, aber mach ihnen klar, daß du derjenige bist, der die Entscheidungen in deinem Leben trifft.

Denke daran, daß eine geringe Selbstachtung dich zur leichten Beute für jene macht, deren besondere Form der Selbstverleugnung sich darin ausdrückt, daß sie anderen predigen. Mach dir ein für allemal klar, daß jeder, der glaubt, er wisse mehr über dein Leben als du, nur ein Dieb ist, der in die Rolle des Heilers geschlüpft ist. Er muß andere berauben, weil er sich selbst unsicher und unzulänglich fühlt. Hüte dich vor denen, die dich „zu deinem eigenen Besten" kritisieren.

Und gib acht, wenn sie dir Schuldgefühle machen wollen. Du schuldest niemandem etwas – außer der Wahrheit.

Es ist nicht schlecht, „nein" zu sagen, wenn andere dich zum Selbstbetrug verleiten wollen. Deine Erfahrung will dich genau das lehren. Sage „nein" zu jedem Kuhhandel um Liebe und Anerkennung. Solche Geschäfte können dich nicht glücklich machen. Gib deine Freiheit nicht für ein paar an Bedingungen geknüpfte Streicheleinheiten auf.

Du brauchst deine Freiheit, wenn du lernen willst, ganz du selbst zu sein. Ein wahrhaftiger spiritueller Führer bestärkt dich in deiner Freiheit und darin, deinem eigenen Herzen zu folgen. Ein wahrer Lehrer verweist dich auf dein Inneres, wo du deine Führung empfängst. Er rät dir nicht, außerhalb von dir selbst zu suchen, denn Führung kann nie durch die Vorstellungen und Meinungen anderer empfangen werden.

Erlaubnis zum Mißbrauch

Die meisten Menschen, die du als Autoritätspersonen akzeptierst, werden dein Vertrauen mißbrauchen. Indem du ihre Autorität akzeptierst, gibst du ihnen die Erlaubnis zu diesem Mißbrauch. Vielleicht sagst du: „Aber ich wußte nicht, daß sie mich ausnutzen würden." Und ich sage dir, mein Bruder, meine Schwester: „Werde klug. Übernimm Verantwortung für dein Leben. Hör auf, anderen die Schuld für deine Entscheidungen zu geben."

Du hast die Erlaubnis gegeben. Vielleicht wußtest du nicht, welch schlimme Konsequenzen das haben würde. Der Mißbrauch war, wie es häufig der Fall ist, hinter zuckersüßen Versprechungen verborgen. Vielleicht wurde dir Freundschaft oder finanzielle Sicherheit angeboten. Oder Sex. Es spielt keine Rolle, was der Köder war. Du hast ihn geschluckt und hingst plötzlich am Haken. Sei das nächste Mal klüger. Sieh das Angebot als das, was es ist: einen Versuch, dich zu manipulieren, um Liebe und Anerkennung zu gewinnen. Aber Manipulation kann niemals Liebe hervorbringen, denn der Wunsch, andere zu manipulieren, entsteht aus Angst und Unsicherheit. Sie verspricht vielleicht Liebe, aber sie kann sie nicht geben.

Glaube nicht denen, die dir sagen, sie wären bereit, ihr Wohl für deines zu opfern. Selbst wenn es wahr wäre, würden sie damit gegen sich selbst sündigen. Es könnte nichts Gutes dabei herauskommen. Akzeptiere nicht, daß irgend jemand Autorität über dich beansprucht, und beanspruche auch selbst keine Autorität über andere. Beanspruche deine Freiheit und gewähre anderen Freiheit.

Diejenigen, die versuchen, andere zu manipulieren oder um Liebe zu feilschen, werden ihr ganzes Leben in einem emotionalen Labyrinth verbringen und können kaum hoffen, jemals daraus zu entkommen. Mit Bedingungen verknüpfte Liebe ist immer ein Gefängnis. Die einzige Möglichkeit, es zu verlassen, besteht darin, sich selbst und anderen gegenüber ehrlich zu sein. Dann bist du frei zu gehen.

Borge nichts und verleihe nichts. Borge keine Anerkennung von anderen und biete keine an, wenn jemand sie von dir bekommen will. Steig aus dem ganzen Geschäft mit der Anerkennung aus. Steig aus dem ganzen Verleihgeschäft aus. Gib nur, was du von ganzem Herzen geben kannst, und laß den Rest da, wo er ist.

Zu viele von euch kommen vom Weg ab. Ich habe versucht, euch begreiflich zu machen, daß ihr immer wieder zu euch selbst zurückkehren müßt, wie weit ihr in der Erforschung des „Außen" auch geht. Die Erde ist rund. Wenn ihr den Planeten umrundet habt, kehrt ihr wieder zum Ausgangspunkt zurück. Weshalb müßt ihr ihn überhaupt verlassen? Warum müßt ihr euch auf eurer Suche nach dem anderen verirren, wenn es den anderen gar nicht gibt? Es gibt nur das Selbst. Früher oder später werdet ihr es entdecken. Je mehr ihr nach außen geht, desto mehr kehrt ihr nach Hause zurück.

Alle anderen führen euch auf einen Umweg. Je mehr ihr davon überzeugt seid, daß ihr andere braucht, um glücklich zu sein, desto elender werdet ihr euch fühlen. Glück kann nicht von anderen kommen, denn obwohl es so aussieht, gibt es dort draußen keine anderen. Es ist nur das Selbst in der Verkleidung der anderen. Und in diesen Verkleidungen erscheint das Selbst in der Tat bösartig. Es mordet, vergewaltigt, mißbraucht Kinder. Es tut all das, weil es sich abgetrennt fühlt und verzweifelt versucht, die Trennung gewaltsam zu überwinden. Aber das ist unmöglich. Trennung kann niemals gewaltsam überwunden werden. Der Ungeliebte kann keine Liebe finden. Nur derjenige, dessen Herz weich wird, kann die Liebe entdecken, die vor ihm steht.

Und das Herz wird nicht weich, indem man sich auf andere bezieht, sondern nur durch das sanfte Annehmen des Selbst.

Liebe dich selbst, dann kannst du andere ohne Schwierigkeiten in diese Liebe einbeziehen. Wenn sich zwei Menschen begegnen, die sich beide selbst lieben, ist in Wirklichkeit kein „anderer" da. Die beiden sind in einem Herzen, in einer Liebesschwingung vereint.

Es gibt nur eine Person, die Liebe geben und empfangen muß, und das bist du. Gib dir selbst Liebe und beziehe andere in diese Liebe ein. Und wenn sie nicht einbezogen werden wollen, laß sie gehen. Das ist kein Verlust. Du brauchst keinen weiteren Umweg, keine weitere sinnlose Reise zu machen.

Sei beständig in deiner Liebe zu dir selbst. Mache das zu deiner höchsten Priorität. Deine Anmut wird andere anziehen, die ebenfalls mit sich selbst glücklich sind. Sie kommen nicht mit Forderungen zu dir. Sie kommen nicht, um dein Leben zu kontrollieren.

Wenn dir irgend jemand ein Angebot macht, das du einfach nicht ablehnen kannst, mußt du lernen es abzulehnen. Verleugne dich niemals selbst, welchen Preis du dafür auch zahlen mußt.

Der Versucher wird dir immer großartige Geschenke anbieten. Laß dich nicht täuschen. Er scheint übernatürliche Kräfte zu besitzen, aber sie sind nicht real. Es ist nur dein Bruder, der vom Weg abgekommen ist und versucht, dich in sein Drama des Selbstbetrugs hineinzuziehen. Sag weder ja zu seinem Selbstbetrug, noch dazu, daß er dich betrügt.

Setze Gott an die erste Stelle. Gott sagt dir: „All deine Bedürfnisse sind bereits vollkommen erfüllt. Du bist ganz. Dir fehlt nichts. Entspanne dich und atme. Auch dies wird vorübergehen."

Aber der Versucher schreit: „Nein, du bist nicht in Ordnung. Es geht dir nicht gut. Du bist einsam. Du brauchst einen Gefährten. Du brauchst eine bessere Arbeitsstelle. Du brauchst eine bessere Beziehung. Du brauchst mehr Geld, mehr Ruhm, mehr Sex. Ich werde dir all das geben."

Diese Stimme hast du mit Sicherheit schon einmal gehört. Wenn du dich schlecht fühlst, erscheint immer irgendein Ritter in glänzender Rüstung oder eine schöne Jungfrau in Not. Wohin hat er oder sie dich in der Vergangenheit gebracht? Wie viele Ritter oder Jungfrauen sind auf ihrem Pferd davongeprescht und haben eine Spur von Blut und Tränen hinterlassen?

Aber diese/r hier scheint besser zu sein als die/der letzte. Er oder sie ist aufrichtiger, sensibler, geerdeter. Was auch immer. Es ist dein Drama, nicht meines. Wenn du genau genug hinschaust, wirst du erkennen, daß sich kein Graben vom anderen unterscheidet. Jede Einladung zum Selbstbetrug geht mit den gleichen zuckersüßen Versprechungen einher oder beeindruckt dich mit dem gleichen herzzerreißenden Drama.

Diejenigen, die ihr Heil in anderen suchen, bringen „das Außen" ins Spiel. Sie verlieren ihre Verbindung zum Selbst. Wie Don Quichotte machen sie sich auf die große irdische Reise. Sie finden immer Jungfern, die sie retten, und Windmühlen, gegen die sie ankämpfen können. Das gehört zum Spiel. Aber am Ende kehren sie müde und verwundet und desillusioniert nach Hause zurück. Diese Reise läßt jeden, der sich auf sie begibt, geschlagen zurück. Es ist nicht möglich, in der Welt Erlösung zu finden. Nichts, was du tun kannst, kann dir Frieden schenken.

Frieden findest du nur jenseits des Tuns. Du findest ihn nur, wenn du zu Hause bleibst, bei dir selbst. Wenn du jenen Aspekten des Selbst Liebe gibst, die sich noch immer ungeliebt fühlen. Verankere dich im ewigen Segen von Gottes Überfluß und Gnade.

Alle, die dich hier antreffen, bringen echte Geschenke mit. Hier gibt es keinen neurotischen Kuhhandel um Liebe und Anerkennung, sondern authentische Ganzheit und die Freude, allein und gemeinsam präsent zu sein. Hier kann kein Mißbrauch geschehen, denn es gibt keinen „anderen", der das Selbst ablenkt und davon abhält, seiner Bestimmung zu folgen. Hier gehen Freiheit und Liebe Hand in Hand, weil das eine das andere trägt. Hier gibt es nur das Selbst.

Aus dem Traum erwachen

Jeder scheinbare Mißbrauch ist nur ein Spiel zwischen Phantomen oder Schatten. Die Menschen gehen mit klaffenden Wunden daraus hervor. Sie scheinen tief verletzt worden zu sein, aber in Wirklichkeit ist das unmöglich, denn das Selbst ist unverwundbar. Man kann keine Löcher hineinschlagen. Man kann nur so tun, als wäre man verletzt oder würde andere verletzen.

Niemand kann von der Quelle der Liebe getrennt werden, aber die Menschen glauben das, und ihr Handeln beruht auf diesem Glauben. Sobald diese Vorstellung in Frage gestellt wird, offenbart sich die Liebe, denn hinter dem Drama von Angriff und Verteidigung ist sie immer da.

Wenn wir nur sehen, was sich an der Oberfläche des Lebens abspielt, ist es, als blickten wir durch trübes Glas. Wir sehen nur ganz verschwommene Traumbilder. Doch wenn wir den Schleier beiseite schieben, sehen wir diejenigen, die hinter der Maske agieren. Wir erkennen, wie alles, was uns widerfährt, in den Tiefen unseres eigenen Wesens wachgerufen wird.

Und alles, was wir selbst hervorrufen, trägt zu unserem Erwachen bei. Es zwingt uns, hinter den Vorhang zu schauen. Es zwingt uns, unsere Opfer-

oder Täterrolle aufzugeben. Es bringt unsere Geheimnisse ans Licht und macht uns bewußt, daß sie „keine große Sache" sind. Es macht uns bewußt, daß uns nichts von der Liebe trennen kann, weil wir Fleisch gewordene Liebe sind. Wir sind die strahlenden Wesen, die einen Traum von Mißbrauch träumen. Wir sind Engel, die als Verletzte herumlaufen.

Allerdings hilft uns das Verleugnen unserer Verletzungen auch nicht, nach Hause zu kommen. So zu tun, als wären wir Engel, während wir uns wie mißbrauchte Kinder fühlen, trägt nicht zu unserem Erwachen bei. Das Festhalten an der Wunde trägt jedoch ebenfalls nicht dazu bei.

Wenn wir uns liebevoll um die Wunde kümmern, wird sie heilen. Diese Heilung kann spontan geschehen oder ein Leben lang dauern, je nachdem, wie sehr wir uns der Liebe hingeben. Auf jeden Fall hören wir auf, Opfer zu sein, und der Heilungsprozeß kommt in Gang. Das Drama des Leidens hat ein Ende.

Erwachen ist kein gewaltsamer Prozeß, sondern ein sanftes Loslassen von Schuld und Scham. Ein sanftes Loslassen der Projektionen.

Es ist nicht so, daß die Liebe alles Schlechte verschwinden läßt, aber die Wahrnehmung, daß etwas schlecht ist, löst sich in Gegenwart der Liebe auf. Alle Verletztheit löst sich in der Umarmung der Liebe auf. Und am Schluß ist es so, als hätte die Verletzung niemals stattgefunden. Man könnte bestenfalls sagen, sie sei ein Traum gewesen, ein Traum des Mißbrauchs, aus dem wir glücklich erwacht sind.

Ich, der ich gekreuzigt wurde, kann dir sagen, daß auch du lebendig und heil von deinem Kreuz herabsteigen wirst. Du wurdest durch deine Erfahrung nie verletzt. Niemand konnte dir jemals etwas nehmen, das dir wirklich gehört. Nur deine Illusionen wurden dir genommen. Und dafür wirst du dankbar sein, wie ich sogar meinen Henkern dankbar dafür war, daß sie mir halfen, die letzten Reste von Unbewußtheit aus meiner Seele zu vertreiben.

Dein wahres Wesen kann nicht von der Liebe getrennt werden. Und deshalb wirst du unweigerlich aus diesem Traum der Trennung aufwachen. Du wirst unweigerlich deinen rechtmäßigen Platz an meiner Seite einnehmen. Nichts, was du tun könntest, kann diesen Ausgang der Dinge ändern. Das hat Gott sichergestellt.

Du kannst dich nicht ständig verletzen. Du kannst dich nicht ständig von Gottes Liebe abschneiden. Du kannst höchstens im Kreis herumgehen. Du kannst höchstens dazu verführt werden zu glauben, daß Glück und Unglück außerhalb von dir existieren.

Aber diese Vorstellung wird dazu führen, daß du mißbraucht wirst. Mißbrauch ist ein korrigierendes Element. Und wie jede Korrektur bringt es dich wieder auf Kurs. Wenn du erkennst, daß das, was du einst als Angriff wahrgenommen hast, nur eine Kurskorrektur war, weil du vom Weg abgekommen warst, wird es dir nicht schwerfallen, dir selbst oder dem Täter zu vergeben. Ihr beide wolltet die Korrektur. Jeder war für den anderen eine Stimme in der Wildnis, die Antwort auf den Schrei nach Liebe.

Einsamkeit

Deine Angst vor dem Alleinsein und deine emotionale Abhängigkeit von anderen bescheren dir viele Enttäuschungen. Das wiederholte Scheitern von Beziehungen vertieft alte Wunden und verzögert ihre Heilung noch mehr. Dein Selbstvertrauen schwindet, während die Unsicherheit bezüglich deines eigenen Wertes und deiner Beziehungsfähigkeit zunimmt.

All das kann sich ändern, wenn du bereit bist, dein Alleinsein als Seinszustand zu akzeptieren. Gestalte dein Leben so, daß es dir dient, daß Raum für Aktivitäten bleibt, die dir Freude machen, und für Beziehungen, in denen du geachtet wirst und in denen deine Grenzen respektiert werden. Suche nach Möglichkeiten, gut für deinen Körper zu sorgen und deine Kreativität auszudrücken. Lebe an einem Ort, der dich inspiriert. Nimm dir Zeit für dich selbst, um in die Stille zu gehen und in deine Mitte zu kommen. Geh im Wald oder am Strand spazieren. Arbeite mit Dingen, die dir Freude machen. Laß Freude zu. Ernähre dich gut. Gönne dir ausreichend Schlaf. Sorge für eine gute Lebensqualität. Sorge für dich selbst.

Für sich selbst zu sorgen ist eine Vollzeitbeschäftigung. Versuche nicht, einen Teilzeitjob daraus zu machen. Es muß zu deinem Hauptanliegen werden. Andernfalls akzeptierst du einen anderen Lebenszweck, einen, der deinem inneren Frieden und deinem Glück im Weg steht.

Wenn du auch sicher im Fluß deines Lebens schwimmst und deine Tage voller Freude, Kreativität und Fürsorge für dich selbst und andere sind, wirst du auf ganz natürliche Weise in Beziehungen hineingeführt, die deiner neu erwachten Energie, Begeisterung und inneren Gelassenheit entsprechen. Diese Beziehungen werden sich völlig von deinen bisherigen unterscheiden, weil sie auf einer Grundlage der Selbstliebe und Selbstfürsorge aufbauen.

Wenn beide Beziehungspartner wissen, wie sie für sich selbst sorgen können, und das auch genießen, gibt es keine gegenseitigen Einladungen zur Selbstverleugnung. Keiner der beiden erwartet, daß der andere für ihn sorgt.

Die Beziehung verspricht nichts anderes als das, was man hat. Sie ist bereichernd, aber man braucht sie nicht. Man braucht die Beziehung nicht, um sich geliebt und umsorgt zu fühlen, denn dieses Geschenk hat man sich bereits selbst gemacht.

Alleinsein ist für deine emotionale Gesundheit unerläßlich, ganz gleich, ob du allein lebst oder zusammen mit anderen Menschen. Das Alleinsein gibt dir die Zeit und den Raum, um deine Erfahrungen zu integrieren. Und Integration ist die Basis für jegliches Wachstum.

Eine Menge Erfahrungen zu machen bedeutet nichts, wenn du dir nicht die Zeit nimmst, aus ihnen zu lernen und diese Lernprozesse in dein Leben zu integrieren. Von einer Aktivität zur nächsten oder von einer Beziehung zur anderen zu springen, wirkt sich verheerend auf den emotionalen Kern eines Menschen aus. Eine solche Störung im Emotionalkörper verhindert Frieden und Freude und führt zu einem seelenlosen Leben. Wenn du dem

Alleinsein ausweichst, fehlt es dir an spiritueller Nahrung.

Willst du auch nur einen einzigen Grund für das Ausmaß des Leides in der Welt hören, so weise ich dich auf die Tatsache hin, daß die Menschen sich keine Zeit nehmen, um mit sich selbst, mit der Natur und mit dem Göttlichen zu kommunizieren. Ein spirituelles Leben – ein Leben, das frei von unnötiger Spannung und selbsterzeugtem Leid ist – setzt eine solche Kommunikation voraus.

Wenn du den Sabbat heiligst, widmest du einen Tag in der Woche der Beziehung zu dir selbst und zu Gott. Das genügt, um in deiner Mitte zu bleiben. Dasselbe kannst du erreichen, wenn du täglich eine Stunde meditierst oder einen langen, stillen Spaziergang machst. Es spielt keine Rolle, welches Ritual du wählst, solange es dir genügend Zeit zur stillen Reflektion läßt.

Die Zeit, die du dir nimmst, um deine Erfahrung zu integrieren, ist genauso wichtig wie die Zeit, die du dir für die Erfahrung selbst nimmst. Wenn du das nicht vergißt, wirst du deine Lektionen schneller und tiefgreifender lernen.

Wenn du nach einer Mahlzeit ein halbstündiges Nickerchen machst, wirst du erfrischt aufwachen. Du hast deinem Körper die Möglichkeit gegeben, sich ganz auf die Verdauung zu konzentrieren. Versuche, es mit allen anderen Erfahrungen genauso zu machen. Nimm dir Zeit, um Dinge aufzunehmen und zu verdauen. Laß deine Erfahrung in dir reifen. Verweile mit ihr. Laß sie sich in dir entfalten, bevor du versuchst, darauf zu reagieren oder sie zur Grundlage deines Handelns zu machen.

Jeder Atemzug besteht aus drei Phasen: dem Einatmen, einer Pause und dem Ausatmen. Das Einatmen steht für das Annehmen der Erfahrung, die Pause für das Aufnehmen und Absorbieren, das Ausatmen für das Loslassen. Auch wenn die Pause nur eine oder zwei Sekunden dauert, ist sie doch wichtig für einen harmonischen Atemrhythmus.

Und genauso wichtig ist das Alleinsein für ein bewußtes, integriertes Leben. Es ist die Basis einer guten Lebensqualität. Es ist die Basis der Spiritualität.

Wenn du diesen Teil wegläßt, wird dein Leben wie eine leere Hülle sein. Vielleicht passiert eine Menge, aber nichts bleibt hängen. Es findet kein inneres Wachstum statt.

Rhythmus

In den zyklischen Rhythmen des Lebens zeigt sich seine einfache Schönheit und Majestät: das Aufgehen und Untergehen der Sonne, die Mondphasen, der Wechsel der Jahreszeiten, das rhythmische Schlagen des Herzens, der Rhythmus des Atmens. Wiederholung sorgt für Kontinuität, Vertrautheit, Sicherheit. Und dennoch gibt es in jedem Zyklus Abweichungen, die Herausforderungen und Gelegenheiten zum Wachstum bieten.

Heutzutage sind viele Menschen abgeschnitten von den Rhythmen der Natur und den Rhythmen ihres eigenen Körpers. Sie fühlen sich nicht in einem sicheren, nährenden Seinszusammenhang geborgen und können die Herausforderungen, mit denen das

Leben sie konfrontiert, oft nicht angemessen integrieren. Das ist eine der Tragödien des modernen Lebens. Es gibt kaum etwas, worauf man sich verlassen kann.

Die Verbindung zur Erde, zum physischen Körper, zum Atemrhythmus ist unterbrochen. Die Großfamilie oder der Stamm existiert nicht mehr und die Kleinfamilie schwächelt vor sich hin. Das Leben ist heute oft nur noch eine Hülle dessen, was es einmal war. Es verändert sich so schnell, daß den Menschen kaum Zeit bleibt, diese Veränderungen zu reflektieren und zu integrieren. Beziehungen beginnen und enden, bevor die Partner in der Lage sind, einen echten Kontakt zueinander herzustellen. Emotionale Forderungen verwüsten die Landschaft des Herzens und reißen Löcher in das zarte Gewebe. Vertrauen wird zerstört, Geduld ist ein Fremdwort geworden.

Heutzutage laufen fast nur noch Verwundete herum. Doch nur wenige nehmen wahr, daß sie verwundet sind. Das Leben geht weiter, es gibt genügend Ablenkungen. Je mehr die Unterhaltungsindustrie floriert, desto seltener werden Achtsamkeit und echte Kommunikation. Zu viele Reize von außen überfluten die Menschen. Das Leben verkommt zum Geschäft. Der Mensch hat nur noch Ruhe, wenn er schläft, und selbst dann wird er oft von beunruhigenden Träumen heimgesucht.

Das nennt ihr Leben, aber es ist nur ein Zerrbild des Lebens. Es ist ein Leben ohne Atem, ohne Energie, ohne Nähe. Es ist ein Angriff auf die Sinne, eine Überflutung des Verstandes, eine Vergewaltigung des Geistes. Es ist ein Leben ohne Herz, ohne Rhythmus.

Ein Leben ohne Rhythmus ist ein Leben ohne Fundament. Man greift nach dem Himmel und ignoriert die Erde. Man strebt in alle Richtungen, taumelt von einem selbstzerstörerischen Abenteuer ins nächste. Ein solches Leben ist für alle Beteiligten gefährlich.

Je unsicherer das Leben zu sein scheint, desto verzweifelter sucht das verwundete innere Kind nach Sicherheit, die es bei einer Autoritätsperson zu finden hofft. Aber das ist nur eine Falle. Je stärker das Bedürfnis nach Anerkennung von außen ist, desto verheerender wird der Vertrauensbruch sein. Die Menschen heiraten Autoritätspersonen. Sie wählen sie. Sie gehen in Kirchen und schließen sich Sekten an. Doch all diese Autoritäten werden früher oder später entlarvt. Und während sie von ihren Podesten stürzen, kommen die, die sich einst vor ihnen verneigt haben, um ihnen den Rest zu geben. Es ist eine alte Geschichte.

Ihr lebt in einer Zeit, in der alle äußeren Autoritäten untergraben und schließlich abgeschafft werden. Je mehr die Menschen außerhalb von sich selbst suchen, desto stärker werden sie durch ihre Erfahrungen gezwungen, nach innen zu schauen. Das ist das Erwachen. Das ist die Zeit, in der ihr lebt.

Alle, die den Himmel erreichen wollen, ohne sich fest in der Erde zu verwurzeln, werden durch ihre Erfahrungen eines Besseren belehrt. Sie werden bald mit der Schaufel in der Hand zurückkommen und mit dem Pflanzen beginnen. Ohne Wurzeln kann man keine Flügel haben. Selbst die Vögel suchen immer wieder Zuflucht auf den tief in der Erde verwurzelten Bäumen.

Alle, die den Himmel stürmen wollen, werden auf die Erde zurückfallen, betrogen, desillusioniert, verlassen, ihre Wunden leckend. Alle, die keine Wurzeln haben, werden lernen, Wurzeln zu entwickeln. Alle, die außerhalb von sich selbst nach Autoritäten gesucht haben, werden anfangen, ihre eigene innere Autorität zu entdecken.

Und wenn sie dann fest mit beiden Beinen auf der Erde stehen, werden ihre Augen den Lauf der Sonne und des Mondes wirklich sehen. Ihre Sinne werden das Steigen der Säfte im Frühling und das Fallen der Blätter im Herbst wahrnehmen. Das Leben wird wieder einen Rhythmus haben. Sicherheit wird wieder dort zu finden sein, wo sie ihren Ursprung hat: im Herzen eines jeden Menschen. Auf der Erde wird eine organische Ordnung wiederhergestellt.

Wenn du keine Wurzeln entwickelst, wirst du Probleme bekommen. Nur indem du selbst geerdet bist, kannst du dazu beitragen, den Himmel auf die Erde zu bringen. Das kannst du nicht mit dem Willen oder durch spirituellen Hochmut erreichen. Die Pläne und Vorstellungen deiner linken Gehirnhälfte sind hier nutzlos.

Spiritualität ist ein „Leben mit", nicht ein „Leben für". Sie ist die Poesie des Seins, der Rhythmus des Lebens, wie er sich in jedem einzelnen Menschen, in jeder Beziehung, in jeder Gemeinschaft entfaltet.

Das Selbst umarmen

Sich dem Selbst verpflichten

Die meisten von euch wissen, was sie wollen, aber sie sind nicht fähig, darauf zu warten. Ihr macht im Hinblick auf eure Bedürfnisse und Werte ständig Kompromisse, um euch der äußeren Situation anzupassen. Ihr nehmt die Arbeitsstelle an oder geht die Beziehung ein, nicht etwa, weil sie euch das geben, was ihr euch wünscht, sondern weil ihr Angst habt, daß „nichts Besseres nachkommt". Ihr habt Angst, ein Risiko einzugehen, weil ihr eure vermeintliche Sicherheit, nicht aufgeben wollt.

Doch ich kann euch sagen: Diese Sicherheit ist euer Grab. Sie hindert euch daran, euch ehrlich zu fragen, was ihr wirklich wollt.

Wenn du bereit bist, negative, selbstquälerische Verhaltensweisen loszulassen, wenn du aufhören willst, es anderen recht zu machen, dann mußt du bereit sein, zu dir zu stehen, ganz gleich, wie andere darauf reagieren. Du mußt ganz tief nach innen gehen und dich selbst bejahen, denn du allein weißt, wie du zu leben hast.

Schiebe die Vorstellungen und Meinungen anderer beiseite und bleib fest in deiner Integrität verankert. Steh zu deinen Gedanken und Gefühlen. Nimm dein Leben in Besitz. Verbinde dich mit deiner inneren Freude. Finde die Quelle der Energie und Weisheit in dir selbst und lebe aus diesem Zentrum heraus.

Wenn du dir dazu nicht die Zeit nimmst, kannst du dich nicht mit deiner eigenen Energie verbinden. Du kannst dein Leben nicht in Besitz nehmen, wenn du dich immer für deine Wünsche entschuldigst oder danach strebst, von anderen anerkannt zu werden.

Nimm dir Zeit zu atmen und dich mit der Quelle zu verbinden. Nimm dir Zeit zu sein. Nimm dir Zeit, deine innere Freude zu entdecken, und sei ihr verpflichtet. Hör auf, außen zu suchen. Nimm dir einen Tag, eine Woche oder einen Monat lang Zeit, um nach innen zu gehen. Sei dir selbst verpflichtet. Wie sonst kannst du dein wahres Selbst finden?

Es ist wichtig, daß du deine Gedanken und Gefühle anerkennst. Höre nur einen Moment lang auf, außerhalb von dir selbst nach Erfüllung zu suchen. Tu, was dich glücklich macht. Stelle es nicht in Frage und entschuldige dich nicht dafür. Sorge großzügig und liebevoll für dich selbst. Iß, was du essen möchtest. Schlafe so lange, wie du willst. Gib dir auf allen Ebenen deines Seins Energie.

Mache keine Kompromisse. Sei dir selbst verpflichtet. Reserviere jeden Tag eine Stunde nur für dich. Oder einen Tag pro Woche. Mache dir diese Zeit selbst zum Geschenk. Auf diese Weise wirst du dich kennenlernen. So entwickelst du eine verläßliche Beziehung zu dir selbst.

Wenn du dir nicht selbst verpflichtet bist, wird aus deinem Leben nichts Sinnvolles hervorgehen. Und wie kannst du jemand anderem verpflichtet sein, wenn du nie dir selbst verpflichtet warst?

Millionen von Menschen glauben, sie hätten eine verläßliche Beziehung zu einem anderen, doch nur sehr wenige haben eine verläßliche Beziehung zu sich selbst. Die meisten benutzen ihre „Verpflichtung" gegenüber anderen als Vorwand, um ihrer Verpflichtung sich selbst gegenüber auszuweichen.

Erscheint es dir egoistisch, sich dem eigenen Selbst verpflichtet zu fühlen? Wenn ja, mußt du zunächst verstehen, daß es nicht möglich ist, andere zu verletzen oder ihnen etwas zu nehmen, wenn du dich selbst und deine Bedürfnisse achtest. Wenn sich andere von deiner Verpflichtung dir selbst gegenüber irritiert fühlen, so ist das ein Hinweis darauf, daß diese Menschen sich selbst verleugnen. Wie könnten sie dich jemals ermutigen, zu dir selbst zu stehen? Ihre Meinungen und Vorstellungen würden dich immer von dir selbst wegführen.

Sei nicht so töricht, deine Zeit und Energie an solche Menschen zu verschwenden. Menschen, die sich selbst verleugnen, versuchen andere zu manipulieren, weil sie glauben, die anderen könnten ihnen etwas geben, was sie selbst sich nicht geben können. Ein anderer Mensch kann dir aber nur geben, was du dir auch selbst geben kannst, denn er ist nur ein Spiegel. Alles, was du von anderen bekommen kannst, hast du bereits in dir, sonst könnte sich diese Spiegelung nicht in deinem Leben zeigen.

Die Wahrnehmung, daß andere dir etwas geben oder nehmen können, ist eine Illusion. Niemand kann dir geben, was du nicht bereits hast, und niemand kann dir nehmen, was du in dir trägst. Nur Illusionen können gegeben oder genommen werden. Nur Urteile, Interpretationen, Meinungen und Anerkennung können gegeben und wieder genommen werden. Wenn du diese falschen Geschenke annimmst, um dein Selbstwertgefühl aufzubessern, mußt du darauf gefaßt sein, daß sie dir wieder entrissen werden. Ein falsches Geschenk von anderen anzunehmen heißt, sich selbst zu betrügen. Es bedeutet, Wert auf etwas Wertloses zu legen. Wenn du auf Treibsand baust, brauchst du dich nicht zu wundern, wenn dein Haus vom ersten Sturm hinweggefegt wird.

Du hast nur zwei Möglichkeiten im Leben: Du kannst dir selbst treu sein oder du kannst dich verleugnen. Niemand ist verantwortlich für dein Glück oder deinen Mangel daran.

Wenn du dich verleugnest, betrügst du auch andere, denn jegliche Selbstverleugnung bringt Unaufrichtigkeit und Unehrlichkeit mit sich. Wenn du nicht um das bittest, was du wirklich willst, und/oder das akzeptierst, was du in Wirklichkeit nicht willst, enttäuschst du auch andere. Früher oder später wirst du die Wahrheit sagen müssen, nämlich daß du das, worum du gebeten hast, eigentlich gar nicht wolltest.

Jeglicher Mißbrauch resultiert aus der grundsätzlichen Lüge, mit der wir eine Beziehungen beginnen. Wir sagen: „Ich will dich", während wir in Wahrheit uns selbst wollen. Wenn du diese Lüge akzeptierst, wirst du vergeblich versuchen, mir zu geben, was ich will. Es wird nie funktionieren. Du kannst mir niemals mich selbst geben, wenn ich nicht bereit bin, das selbst zu tun. Wenn ich meine Beziehung zu dir benutze, um mir selbst auszuweichen, gibt es für dich absolut keine Möglichkeit, mir zu geben, was ich will.

In solchen Fällen ist es nur eine Frage der Zeit, bis sich herausstellt, wie illusionär mein Verlangen nach dir ist, und mir klar wird, daß du mir nicht geben kannst, was ich mir wünsche. Wenn ich besonders viel Angst davor habe, mir selbst zu begegnen, werde ich immer weiter nach dem Selbst in anderen suchen und so eine Spur von falschen Versprechungen und unnötigen Tränen hinter mir herziehen. Es ist nicht so, daß ich dich bewußt mißbrauche. Meine Entscheidung, mich nicht zu achten und meine eigenen Bedürfnisse nicht zu würdigen, führt einfach in eine Sackgasse. Ich suche das Selbst im anderen, aber dort ist es nicht zu finden. Wenn du mich auf dieser Reise begleitest, kann ich sicher sein, daß auch du dich im anderen suchst. Und du wirst am selben Punkt ankommen wie ich. Wir können einander nicht geben, was wir versprechen. Unsere Beziehung ist ein Arrangement. Der eine ist der Spiegel des anderen.

Dieser Teufelskreis des Mißbrauchs wird sich fortsetzen, bis einer von beiden aufwacht oder bis beide aufwachen. Aufwachen bedeutet nicht, Schuld auf den anderen zu projizieren. Es bedeutet einfach, sich zu weigern, ein Opfer zu sein. Es bedeutet, den Selbstbetrug als solchen zu erkennen.

Indem du den anderen „vom Haken läßt" und dir deinen Selbstbetrug eingestehst, tust du den ersten Schritt, um dieses Mißbrauchsmuster zu durchbrechen. Dieser Schritt besteht einfach in der Erkenntnis, daß es vergeblich und sinnlos ist, den/die Geliebte/n in einem anderen Menschen zu suchen. Je mehr du außerhalb von dir selbst nach Liebe suchst, desto unausweichlicher und härter wirst du mit dir selbst konfrontiert.

Ich habe schon früher gesagt, daß du den/die Geliebte/n in der Außenwelt nicht finden kannst, solange du ihn/sie nicht in deinem Inneren findest. Andere können dir nur geben, was auch du dir zu geben bereit bist. Und was du dir nicht geben willst, kann dir nicht von einem anderen gegeben werden.

Heißt das, daß alle Beziehungen auf Selbstbetrug beruhen und zum Scheitern verurteilt sind? Vielleicht nicht alle, aber viel mehr als du denkst. Die meisten Beziehungen sind eigentlich nichts anderes als eine Verschwörung der Partner, der jeweiligen Verantwortung für sich selbst auszuweichen. Sie benutzen den anderen als Ersatz für echte Hingabe an die Liebe im eigenen Innern.

Die einzige Möglichkeit, in Beziehungen den Umweg gegenseitiger Abhängigkeit und Enttäuschung zu verlassen, besteht darin, sich mit sich selbst anzufreunden, sich selbst zu achten, zu lieben und anzunehmen. Dann kann man auf dem Fundament der eigenen Wahrheit eine echte Beziehung aufbauen. Das ist das neue Paradigma für Beziehungen. Im Rahmen dieses neuen Paradigmas ist meine Liebe zu dir immer eine Erweiterung meiner Liebe zu mir selbst. Weil ich dich liebe, dehnt sich meine Verpflichtung mir selbst gegenüber auf dich aus. Deshalb bin ich gleichzeitig uns beiden verpflichtet.

In Beziehungen, die nach dem alten Schema funktionieren, wird die Verpflichtung sich selbst gegenüber durch die Verpflichtung dem anderen gegenüber korrumpiert. Der Versuch, es dem anderen recht zu machen, kommt einer Verleugnung des Selbst gleich. Doch da das verleugnete Selbst unfähig ist zu lieben, entsteht ein Teufelskreis aus Anziehung und Zurückweisung. Zuerst wird das Selbst ausgeschlossen, dann wird der andere ausgeschlossen. Eine echte Beziehung muß immer auf Selbstannahme und Selbstliebe aufgebaut werden. Das ist die wichtigste spirituelle Geste, welche die Tür zu echter Nähe öffnet.

Wenn du weißt, was du willst, kannst du darum bitten. Sagt der andere dann: „Tut mir leid. Das kann ich dir nicht geben", erwiderst du: „Kein Problem. Ich werde es zur rechten Zeit bekommen." Dein Blick bleibt auf das gerichtet, was du wirklich willst, unabhängig davon, was andere dir anbieten. Du weist alle Bedingungen zurück, unter denen dir Liebe und Aufmerksamkeit angeboten werden. Du stehst zur Wahrheit deines Herzens und akzeptierst nichts Geringeres als das, was du dir selbst versprochen hast.

Und es wird wirklich zu dir kommen, denn du bist dir treu geblieben. Du hast gelernt, dir selbst Liebe zu geben. Weil du auf den Ruf deines Herzens geantwortet hast, erscheint der/die Geliebte unangekündigt an deiner Tür. Das hat nichts mit Zauberei zu tun. Es ist einfach das Resultat einer hingebungsvollen spirituellen Praxis.

Die Welt, die du kennst, beruht auf Selbstbetrug. Es ist eine traurige, seelenlose Welt. Diejenigen, die die Welt retten wollen, konzentrieren sich auf die Fehler anderer, legitimieren die Opferrolle und machen Angriffe zu Verbrechen. Sie wissen nicht, daß Angriffe immer Angriffe gegen das eigene Selbst sind. Und indem man jemanden dafür bestraft, daß er sich selbst angreift, setzt man das Mißbrauchsmuster fort.

Anstatt die Wunde zu untersuchen und ihre seelische Ursache aufzudecken, projiziert man die Verantwortung für die Verletzung auf andere. Man sucht und findet einen Sündenbock. Ein weiteres Lamm wird zur Schlachtbank geführt, weil ein Mensch nicht die Kraft und den Mut hatte, nach innen zu schauen.

Solange ihr versucht, das Objekt für das Verhalten des Subjekts verantwortlich zu machen, werdet ihr dem Ruf „Auge um Auge, Zahn um Zahn" folgen. Doch so könnt ihr weder inneren noch äußeren Frieden schaffen.

Glaubt ihr wirklich, irgend jemand könnte ein Opfer oder ein Täter sein, ohne das eigene Selbst zu betrügen? Das ist unmöglich. Jeglicher Mißbrauch ist Selbstmißbrauch, ganz gleich, ob du der anscheinend Mißbrauchte oder der anscheinend Mißbrauchende bist.

Ich frage euch, warum ihr mehr Mitgefühl für das Opfer als für den Täter habt. Liegt das daran, daß ihr den Täter nicht gleichzeitig als Opfer sehen könnt? Oder weil ihr das Opfer nicht auch als Täter seht?

Erlösung ist nicht möglich, solange ihr sowohl das Opfer als auch den Täter als Objekt, als „den anderen" seht. Beide sind das Subjekt. Beide sind das Selbst.

Beide sind das Selbst, das sich im anderen sucht. Beide betrügen und verleugnen das Selbst.

Opfer und Täter suchen einander. Und wenn sie dem Ruf des anderen folgen, tun sie das mit Überzeugung. Beide werden durch den anderen aufgeweckt. Beiden wird ihr Selbstbetrug vor Augen geführt, wenn sie nur bereit sind hinzuschauen.

Als mitfühlende Gesellschaft sollten wir den Menschen helfen, hinzuschauen und Verantwortung zu übernehmen. Wir müssen das mit tiefer Liebe und tiefem Mitgefühl tun. Wir wollen nicht „das Opfer beschuldigen" oder „die Taten des Gewalttäters entschuldigen". Wir wollen einfach, daß beide die Gelegenheit nutzen, sich selbst achten zu lernen.

Alle sozialen Probleme entspringen der Mißachtung des Selbst. Aber eure Schulen und Kirchen setzen sich nicht mit diesem Thema auseinander. Das wichtigste Fach wird nicht gelehrt.

Das ist vielleicht so, weil ihr die Zusammenhänge selbst nicht versteht. Aber das ändert sich gerade. Die Zeiten, in denen den Symptomen mehr Beachtung geschenkt wird als den Ursachen, sind bald vorbei. Da die Symptome immer zahlreicher und immer schwerer zu behandeln werden, wird die Aufmerksamkeit automatisch auf die Ursachen der Störung gelenkt.

Solange ihr Angst habt, euch die Dunkelheit anzuschauen, wird das Licht nicht kommen. Solange ihr das Selbst verleugnet, indem ihr es in anderen sucht, werdet ihr Verletzungen und Mißbrauch erleben.

Wenn du Liebe willst, dann bringe Liebe zu den Anteilen deiner selbst, die sich ungeliebt fühlen. Wenn du dir Licht wünschst, dann trage es in die dunklen Winkel deines eignen Geistes. Bring das Licht zu deiner Angst, deiner Scham, deiner Traurigkeit und zu deinem Gefühl, daß alles sinnlos oder ohne Hoffnung ist.

Dieses Licht leuchtet in deinem Innern. Es ist nicht von der Dunkelheit getrennt. Es ist ein Aspekt der Dunkelheit. Wenn du zur absoluten, rabenschwarzen Dunkelheit vordringst, findest du dort Erleuchtung. Das schwärzeste Schwarz wird zu einem hellen Strahlen. Traurigkeit wandelt sich in unerklärliche Freude. Verzweiflung wird zu grenzenloser Hoffnung. Im einen Pol findest du den anderen. Wage dich in die Dunkelheit vor, und du wirst das Licht entdecken. Geh ins Licht, und die Schatten werden sich erheben.

Licht und Schatten sind gleichermaßen notwendig. Um über die Dualität hinausgehen zu können, mußt du beides voll erleben. Du mußt erkennen, wie ein Pol im anderen enthalten und mit seinem Gegenteil verbunden ist. Du mußt das Wechselspiel der Energien akzeptieren.

Solange du glaubst, die Realität sei linear und sequentiell, wirst du mit Ereignissen und Umständen konfrontiert, die mit deiner eigenen Erfahrung anscheinend überhaupt nichts zu tun haben. Sie haben etwas damit zu tun, aber das erkennst du nicht, weil du die Dinge auf eine ganz bestimmte Weise betrachtest.

Wenn du im Zentrum deines Konfliktes und deiner Verwirrung verweilst, stößt du an die Grenzen des linearen Denkens. Du siehst, daß die Realität ein Kreislauf ist, daß zwischen dem Inneren und dem Äußeren ein ständiges Wechselspiel stattfindet und daß alles, was geschieht, nichts als eine Spiegelung ist.

Wenn du in diesem Bewußtsein verweilen kannst, ohne es definieren oder erklären zu müssen, ohne den linearen Verstand ins Spiel zu bringen, dann kannst du den Schleier der Projektionen und Interpretationen lüften und in direkten Kontakt mit deiner Erfahrung treten, wie sie sich vor dir entfaltet. Wenn das geschieht, fragst du nicht mehr: „Was bedeutet das?“ Du ruhst einfach in der dem Ereignis innewohnenden Bedeutung. Ohne die Filter deiner Worte und Vorstellungen kann sich diese Bedeutung in deinem Leben entfalten. Auf diese Weise löst du dich spontan aus Schwierigkeiten und Kämpfen heraus, ohne unbedingt zu wissen, wie oder warum das geschieht.

Die wesentliche Veränderung findet hier auf der Wahrnehmungsebene statt. Die Aufmerksamkeit ist nicht länger auf das Objekt gerichtet. Wir hören auf, andere auf irgendeine Weise für unsere Erfahrungen verantwortlich zu machen. Wir registrieren durchaus, was andere tun oder lassen, aber wir interpretieren es nicht. Stattdessen richten wir unsere Aufmerksamkeit auf unsere eigenen Gedanken und Gefühle. Wir beobachten sie von Augenblick zu Augenblick. Wir beobachten unsere Urteile und Interpretationen und erkennen, wie sie die verschiedensten Gefühlszustände hervorrufen und wie diese Zustände wiederum Erinnerungen und Wahrnehmungen aus der Vergangenheit wachrufen.

Wir beobachten, ohne zu versuchen, die Dinge zu erklären. Wir verweilen einfach in unserer Erfahrung. So stellen wir allmählich fest, daß wir mehr und mehr im Hier und Jetzt präsent und zentriert sind. Unser Leben wird gemächlicher, weil wir nicht länger versuchen, die Dinge „geschehen zu machen".

Unsere Beziehung zu uns selbst und zu unseren Erfahrungen verändert sich. Wir haben nicht mehr das Bedürfnis, unser Leben „zu machen". Wir können auf unsere Pläne und Vorstellungen verzichten. All das kann verschwinden. Jetzt wollen wir einfach nur „mit unserer Erfahrung sein".

Mit anderen Worten, wir hören auf, Benzin in den Tank zu füllen, damit er irgendwann leer wird. Wir hören auf, neue Projektionen zu erschaffen, und unsere alten lösen sich auf. Wir hören auf, uns selbst in anderen zu suchen, und verbinden uns mit dem Selbst, das wir finden müssen.

Nichts von all dem geschieht auf lineare Weise. Für jeden Schritt, den wir vorwärts machen, machen wir zwei Schritte zurück. Doch im Gegensatz zu dem, was wir vielleicht für normal halten, ist das Fortschritt. Jeder Schritt nach vorn wiegt hundert Schritte zurück auf. Das liegt in der Natur dieses Lernprozesses. Jedesmal, wenn du die Wahrheit umarmst, läßt du die falschen Vorstellungen los, die du viele Jahre lang gehegt haben magst.

Allein, mit offenem Herzen

Wenn du schließlich entdeckst, daß kein anderer Mensch dich betrügen oder verraten kann, findet eine tiefgreifende Veränderung in der Beziehung zu deinem Bruder/deiner Schwester statt. Du betrachtest ihn/sie nicht mehr als einen Menschen, der dich verletzen oder unfair behandeln kann. Aber auch nicht als jemanden, der dich retten oder dir zu einem besseren Selbstwertgefühl verhelfen kann. Weil du ihn/sie weder auf ein Podest stellst noch zum Sündenbock machst, nimmt seine/ihre Bedeutung in deinem Leben deutlich ab. Er/sie ist einfach ein/e Mitreisende/r, ein/e Nachbar/in. Hier und da bist du bereit, ihm zu helfen oder seine Hilfe anzunehmen. Aber du hast nicht länger den Wunsch, von ihm abhängig zu sein oder ihn in Abhängigkeit zu halten.

Ein neues, gesundes Gefühl für Grenzen macht sich in all deinen Beziehungen bemerkbar. Du wirst fähig, ein echter Freund zu sein und die Früchte der Freundschaft von anderen zu empfangen. Aber dein Interesse an deinem Bruder oder deiner Schwester ist jetzt nicht mehr zwanghaft. Dein Glück hängt nicht davon ab, wie er oder sie auf dich reagiert.

Je stärker du in dir selbst ruhst, desto eher bist du bereit, deine Brüder und Schwestern „vom Haken zu lassen". Sie müssen nicht mehr „perfekt" sein. Du kannst ihre Unzulänglichkeiten und Fehler sehen, ohne sie verurteilen zu müssen. Du kannst ihre Schönheit und Integrität sehen, ohne sie beneiden zu müssen oder besitzen zu wollen.

Je mehr du die Freiheit, du selbst zu sein, in Anspruch nimmst, desto leichter fällt es dir, anderen dieselbe Freiheit zu gewähren. Du forderst keine Aufmerksamkeit von anderen und du läßt dich nicht auf Beziehungen ein, in denen deine Zeit oder Aufmerksamkeit in unangemessenem Maße gefordert wird.

Wenn du allein bist, bleibst du offen für andere. Wenn du mit anderen zusammen bist, bleibst du in deiner Mitte. Da du anderen großzügig anbietest, was du hast, mangelt es dir nie an Gefährten. Aber du brauchst diese Gefährten nicht, um dich vollständig zu fühlen.

So vertieft dein Alleinsein deine Beziehung zu dir selbst, ohne dein Herz zu verschließen. Du bleibst offen und empfänglich für andere, ohne dich in ihre Dramen hineinziehen zu lassen.

Ehe oder Zölibat?

Die wahre Bedeutung des Zölibats ist die Verankerung im Selbst. Es hat nicht unbedingt etwas mit sexueller Abstinenz zu tun. Du kannst sexuell aktiv sein und dennoch im Zölibat leben, vorausgesetzt, deine sexuelle Aktivität geht weder mit Zwanghaftigkeit noch mit Selbstbetrug einher.

Wenn du zölibatär lebst, versprichst du niemandem eine exklusive Partnerschaft. Du versprichst stattdessen, dich selbst zu achten und jederzeit wahrhaftig zu sein. Wenn du heute mit einer Person Sex hast, so bedeutet das nicht unbedingt, daß du mit diesem Menschen zusammenleben willst. Und es bedeutet auch nicht, daß du ausschließlich mit dieser Person Sex haben möchtest. Es bedeutet einfach, daß du während eures Zusammenseins körperlich und emotional für diesen Menschen präsent bist. Und du bist bereit, die Entwicklung dieser Beziehung achtsam wahrzunehmen, ohne zu versuchen, dein Leben mit dem der anderen Person zu verbinden.

Ein im Zölibat lebender Mensch hat nicht die Absicht zu heiraten. Er oder sie wählt das Alleinleben als spirituellen Weg. Ein Mensch, der diese Lebensform wählt, kann entweder völlig auf Sex verzichten oder Sex mit einem oder mehreren Partner/innen haben.

Da die meisten Menschen eine gewisse Verbindlichkeit erwarten, wenn sie sich auf eine sexuelle Beziehung einlassen, bleiben sexuelle Aktivitäten häufig auf den sichereren Rahmen der Ehe oder einer verbindlichen, dauerhaften Beziehung beschränkt. Allerdings hat diese Verbindlichkeit für viele Menschen offensichtlich keine allzu tiefe Bedeutung. Viele verheiratete Menschen lassen sich auf Affären oder Partnertausch ein, beschäftigen sich mit Pornographie oder pflegen sexuelle Kontakte außeralb der Ehe. Das zeigt eigentlich nur, daß es unmöglich ist, einem anderen Menschen treu zu sein, wenn man sich selbst nicht treu ist.

Ein zölibatär lebender Mensch wählt diese Lebensform ganz bewußt. Er sagt möglichen Partnern von vornherein ganz offen, daß er sich entschieden hat, nicht zu heiraten oder mit jemandem zusammenzuleben. Er fällt diese Entscheidung, weil seine kreativen und/oder spirituellen Aktivitäten den größten Teil seiner Zeit und Aufmerksamkeit in Anspruch nehmen und das tägliche Zusammenleben mit einem anderen Menschen daher für beide zu einer ziemlich unbefriedigenden Angelegenheit würde.

Das Zölibat ist keine bessere oder schlechtere Lebensform als irgendeine andere. Es ist ein spiritueller Weg von vielen. Die Ehe ist ein anderer. Beide bringen ihre eigenen Herausforderungen und Belohnungen mit sich. Natürlich kann man sich im Laufe seines Lebens auch zuerst für die Ehe und später für das Zölibat entscheiden. Oder umgekehrt. Solche Entscheidungen sind reversibel. Unsere Gesellschaft täte gut daran, unterschiedliche Beziehungsmodelle und Lebensformen als wichtige Lernerfahrungen für die sich unweigerlich verändernden Lebensphasen anzuerkennen. Von allen Wahlmöglichkeiten ist die totale Abstinenz wahrscheinlich die unrealistischste, und es ist tragisch, daß die Kirche von ihren Vertretern dieses Opfer fordert. Nur sehr wenige Menschen sind wirklich zu sexueller Enthaltsamkeit fähig. Diejenigen, die versuchen, diesem Anspruch gerecht zu werden, und dann feststellen, daß sie dazu nicht in der Lage sind, müssen ein Doppelleben führen, werden zu Heimlichkeiten und manchmal sogar zu mißbrauchendem Verhalten getrieben, um einerseits ihre Bedürfnisse befriedigen und andererseits ihre Position halten zu können. Schaut euch doch die vielen Fälle von Pädophilie und anderen sexuellen Übergriffen an, welche die Autorität der Kirchenmänner in eurer Zeit untergraben haben.

Es ist an der Zeit, daß ein derartiger Mißbrauch ans Licht kommt. Und es ist ebenfalls höchste Zeit, daß alle Religionen ihre Einstellung zum Zölibat und zur Enthaltsamkeit überdenken. Ein Priester kann sich durchaus für die Heirat entscheiden ohne seinen Glauben zu verraten – und der Gemeinde beispielhaft vor Augen führen, wie man eine gute Ehe führt – oder das Alleinsein und das Zölibat wählen und in seiner Eigenschaft als alleinlebender Visionär oder Mystiker als Vorbild dienen.

Wenn ihr die wahre Bedeutung des Zölibats zu verstehen beginnt, werdet ihr neue Möglichkeiten für jene Menschen schaffen, die sich zu diesem Lebensstil hingezogen fühlen. Es wird neue Arten von Klöstern geben, in denen Männer und Frauen gemeinsam leben und Gott dienen können, ohne sich an überholte Traditionen anpassen zu müssen.

Am Ende spielt die von euch gewählte Lebensform eine weitaus geringere Rolle als eure innere Verpflichtung zu Ehrlichkeit und Wahrhaftigkeit. Ein ehrliches aber unkonventionelles Leben ist bei weitem einem traditionellen, von Heuchelei und Lügen bestimmten Lebensstil vorzuziehen.

Wenn die äußere Form kein Ausdruck des ihr innewohnenden Geistes ist, wird sie zu einem Gefängnis. Fast alle eure Institutionen, ob kirchlich oder weltlich, sind zu restriktiven, lebensfeindlichen Einrichtungen geworden. Es ist besser, die Form loszulassen und die Essenz zu bewahren. Es ist besser, sich auf die geistige Quelle einzustimmen und gemeinsam und kreativ eine neue Form zu schaffen, anstatt den Geist aufgrund mangelnder Inspiration sterben zu lassen.

Falls ihr es noch nicht wißt: Es gibt eine Menge zu tun. Wenn du denkst, dein Leben habe keinen bestimmten Zweck, möchte ich dich daran erinnern, daß sich dir dein Lebenszweck überall da offenbart, wo du mit Schmerzen, Blockaden oder Kampf konfrontiert wirst. Weil du dich entscheidest, dich selbst zu achten, verändert sich die Welt. Das ist die Verheißung deines Lebens. Mögest du aufwachen und dieses Versprechen mit Begeisterung, Würde und Selbstachtung erfüllen.

Kreativität und Konformität

Niemand verlangt von dir, daß du dich den in deiner Umwelt vorherrschenden Werten und Normen anpassen mußt, und dennoch tust du es. Du hast den starken Wunsch, dazuzugehören und von anderen akzeptiert zu werden. Selbst wenn du dich kreativ und authentisch ausdrückst, machst du dir Gedanken darüber, was die anderen wohl denken. Es ist dir nicht gleichgültig, ob die Menschen deine Bücher oder Bilder kaufen oder nicht. Du mußt ja schließlich deinen Lebensunterhalt verdienen.

„Reichtumsbewußtsein" hilft dir nicht, deine Rechnungen zu bezahlen. Indem es unmittelbare und spektakuläre Resultate verspricht, beschert es dir nur eine Enttäuschung.

Wenn du dich nicht mit der Masse bewegst, mußt du damit rechnen, daß mehr Reibung entsteht. Und wenn du die in der Gesellschaft vorherrschenden Normen, Werte und Ansichten herausforderst, kannst du nicht erwarten, daß die Gesellschaft dich finanziell unterstützt.

Originelle Arbeit ist immer ein Vorstoß in unbekanntes Gebiet. Und je stärker du an deine eigene, kreative Vision glaubst, desto weiter wirst du dich ins Unbekannte wagen. Ein wahrer Künstler – und wenn wir uns achten, ist jeder von uns ein wahrer Künstler – ist seiner Zeit immer voraus. Er oder sie handelt nicht von außen nach innen und paßt seine Arbeit nicht den Erwartungen oder Forderungen des Marktes an. Und damit beansprucht er oder sie eine Freiheit, die jeder von euch schließlich beanspruchen muß: die Freiheit, er oder sie selbst zu sein und dieses Selbst vollständig zum Ausdruck zu bringen.

Selbstausdruck ist jedoch nur die halbe Wahrheit. Man kann absolut kreativ sein und dennoch ein verschlossenes Herz haben. Selbstausdruck ohne Rückmeldung ist solipsistisch. Es findet kein Dialog, keine Kommunikation statt. Doch ohne Kommunikation und Dialog kann sich kreative Arbeit nicht weiterentwickeln. Sie zieht sich auf sich selbst zurück, wird zu einer Privatsprache. Es ist letztendlich eine Art mentaler Masturbation. Man muß die Extreme künstlerischer Freiheit und künstlerischer Anpassung vermeiden.

Sei nicht so töricht zu erwarten, daß du andere mit deinen kreativen Bemühungen erreichen kannst, wenn du keine allgemein verständliche Sprache sprichst. Willst du andere berühren und mit ihnen kommunizieren, mußt du eine Sprache sprechen, die die Leute verstehen.

Das bedeutet wiederum nicht, daß du deine Arbeit einer abstrakten Vorstellung anpaßt, die die Leute deiner Meinung nach von ihr haben. Das würde den kreativen Prozeß blockieren. Du tust deine Arbeit so, daß sie zu deinem Herzen spricht. Du sprichst offen und direkt – genau wie du es dir von anderen wünschst.

Deine Arbeit hat nicht Gekünsteltes an sich. Du gibst nicht vor, etwas zu sein, was du nicht bist. Du hast einfach nur den aufrichtigen Wunsch, deine Erfahrung mit anderen zu teilen.

Wirst du mit deiner authentischen Arbeit deinen Lebensunterhalt verdienen können? Vielleicht. Vielleicht aber auch nicht.

In einer erleuchteten Gesellschaft würde authentische Arbeit jederzeit unterstützt, aber in der Welt, in der du lebst, betrachtet man Kreativität immer noch mit einem gewissen Mißtrauen. Man investiert nicht viel in sie. Dennoch kannst du es dir nicht leisten, den kreativen Aspekt deines Wesens zu unterdrükken, nur weil er dir kein Geld einbringt. Das wäre Selbstverleugnung.

Suche nach Möglichkeiten, deinem kreativen Selbstausdruck Raum zu geben. Nimm dir eine Stunde pro Tag oder einen Tag pro Woche Zeit dafür. Übernimm Verantwortung für deinen kreativen Entwicklungsprozeß. Mache ein Ritual daraus, mit dem du dich als einzigartiges Individuum würdigst. Baue es in deinen Alltag ein.

Selbstausdruck ist ein wichtiger Aspekt der Selbstachtung. Man muß sich nicht nur Zeit nehmen, die eigenen Erfahrungen zu integrieren, sondern auch für die eigene Antwort auf diese Erfahrungen. Und die Antwort ist eine Einladung zum Dialog. Sie ist die Geste, die Gemeinschaft entstehen läßt.

Niemand ist dazu geschaffen, isoliert zu sein. Aber alle sind aufgefordert, sich selbst authentisch auszudrücken. Der Wunsch nach Beifall und Anerkennung verhindert den ehrlichen Selbstausdruck. Er wird schwammig und man entschuldigt sich schon fast dafür.

Die Kehrseite der Medaille ist das Bedürfnis, andere zu schockieren. Dann wird der Selbstausdruck oft hart und offensiv und stößt andere ab. Doch beides drückt nur das Verlangen nach Anerkennung aus. Das eigene Verhalten wird den erwarteten Reaktionen der anderen angepaßt.

Authentischer Selbstausdruck ist weder ängstlich noch offensiv. Er bedient sich einer einfachen, direkten Sprache und lädt zum Dialog ein. Er baut Brükken zwischen den verschiedenen Standpunkten der Menschen. Er fördert Wachstum und Nähe.

Ohne die volle Verwirklichung des kreativen Potentials jedes Einzelnen wird eine Gesellschaft abgestumpft, oberflächlich, restriktiv und langweilig. Sie wird selbstzerstörerisch. Da ist kein Zündfunke, keine Energie, keine Vielfalt und kein Austausch.

Ein Familien- oder Schulsystem, das Kreativität und Teamarbeit nicht ausreichend fördert, wird seiner Aufgabe nicht gerecht. In einer erleuchteten Gesellschaft werden Kinder ermutigt, ihre eigene Kreativität und die anderer zu würdigen. Es gibt genügend Raum für individuelle, selbstbestimmte Arbeit sowie für Gruppenarbeit und den Austausch mit anderen.

Willst du die Lebensqualität deiner Kinder verbessern, dann fang damit an, indem du deinen eigenen kreativen Prozeß gebührend würdigst und sie und deinen Partner darin unterstützt, dasselbe zu tun. Verliere dich nicht in der „Tretmühle“ des Lebens. Nimm dir bewußt Zeit für dich selbst und dafür, die Früchte deiner Innenschau und deines Selbstausdrucks mit anderen zu teilen.

Je mehr Vertrauen du in deinen kreativen Entwicklungsprozeß gewinnst und je mehr du dich bemühst, andere in ihrem kreativen Prozeß zu unterstützen, desto mehr trägst du zum Entstehen einer gesunden, liebevollen Gesellschaft bei. Und indem du die Würdigung deiner Kreativität zum festen Bestandteil deines Lebens machst, stellst du fest, daß sie zunehmend von außen unterstützt wird.

Aber diese Art der Unterstützung wird sich, ungeachtet der Versprechungen der „Reichtumspropheten", nicht über Nacht manifestieren. Sie entwickelt sich mit der Zeit, wenn sich die Beziehung zum Selbst vertieft und bis zu den Wurzeln des eigenen Seins vordringt. Doch Taten sagen mehr als Worte. Solange du das, was du innerlich als wahr erkennst, nicht in der Außenwelt umsetzt, hat es wenig Bedeutung in deinem Leben.

Gewahrsein

Der verwundete Engel

Verletzungen sind Illusionen, die als solche erkannt werden müsen. Der Trick besteht nicht darin, die Verletzung zu leugnen, sondern sie in Liebe einzuhüllen. Wenn das Bewußtsein des unverletzten Ganzen (Liebe) den verletzten Teil (das Ungeliebte) erreicht, verschwindet die Wunde.

Opfer brauchen Wunden, um ihre Opferrolle aufrechterhalten zu können. Das Festhalten an Schmerz und Leid entspringt der Selbstwahrnehmung, Opfer zu sein. Wenn das Selbst nicht länger als Opfer betrachtet wird, löst sich die Bindung an den Schmerz auf. Schmerzen mögen kommen und gehen, aber man sieht keinen besonderen Sinn mehr in ihnen.

Das Selbst ist unzerstörbar, und alle Erfahrungen tragen dazu bei, die Erinnerung an das eine wahre Selbst wachzurufen: das absolute, allumfassende und deshalb unverletzbare Selbst.

Aufgrund der Getrenntheit der Körper scheint es, als existiere mehr als ein Selbst und als habe jedes seine eigene Bestimmung. Um das eine Selbst in sich selbst zu entdecken, muß man sich der Einzigartigkeit der eigenen Lebenserfahrung hingeben. Man muß Anspruch auf seinen eigenen authentischen Prozeß erheben.

Je mehr die Individuation voranschreitet, desto näher kommt man der Erfahrung der kosmischen Einheit. Alle, die diese Erfahrung machen, indem sie durch die Tür des Selbst schreiten, fallen direkt ins Herz hinein. Sie brauchen nicht mehr über Liebe und Vergebung zu reden. Sie *sind* Liebe und Vergebung.

Das sollte dir eigentlich klarmachen, wie unsinnig es ist, die Vorstellungen anderer zu übernehmen oder ihre Erfahrungen als Maßstab für deine eigenen zu benutzen. Nur indem du akzeptierst, was direkt und unmittelbar zu dir kommt, findest du die Tür zum Universalen.

Es klingt vielleicht paradox, aber um dem Universalen begegnen zu können, mußt du ganz und gar zum Individuum werden. Was zunächst vielleicht egoistisch wirkt, führt schließlich zur Ganzheit. Und Ganzheit ist die Tür zum einen Selbst. Alle Lehren, die Selbstverleugnung predigen, sind falsch. Um über das „kleine" Selbst hinausgehen zu können, mußt du erst ganz und gar zu diesem „kleinen" Selbst werden. Du mußt es erst leben und dann transzendieren.

Versage dir keine Erfahrungen. Das hindert dich nur daran, auf deiner Reise weiterzukommen. Umarme jeden Aspekt deiner irdischen Erfahrung. Sie ist die Lokomotive, die dich bis zum Ende des Gleises bringt.

Wenn du deine Engelnatur erfahren willst, mußt du lernen, ganz Mensch zu werden, ganz authentisch, ganz präsent und offen für deine Erfahrung. Engel sind keine zwei Meter großen Wesen mit Flügeln. Sie sind Wesen, die gelernt haben, sich selbst ganz und gar anzunehmen und zu achten. Und weil sie bereits durch die Tür gegangen sind, können sie euch die Tür aufhalten.

Stellt euch Engel nicht als außerhalb von euch existierende Wesen vor. Dort sind sie nicht zu finden. Sie leben in einer Dimension, mit der ihr nur durch eure Herzen in Kontakt kommen könnt. Wenn ihr sie ruft, ruft ihr euch selbst im tiefsten Innern.

Deine Präsenz als Engelwesen manifestiert sich, sobald du aus deinem Traum des Selbstmißbrauchs erwachst. Wie Satan erinnerst du dich daran, daß dein Platz einst bei Gott war.

Dann bist du durch deinen eigenen Willen von Gott abgefallen. Du hast versucht, dein Leben ohne Führung durch die geistige Welt zu bewältigen. Jetzt weißt du, daß das nicht funktioniert. Jetzt wurde dein Fall gestoppt und du befindest dich auf dem Weg zurück zu Gott.

Doch zuerst mußt du deinen ganzen Selbsthaß, deine ganzen Gefühle des Versagens loslassen. Zuerst mußt du alle Vorstellungen über dich selbst fallenlassen. Du bist kein schlechter Mensch, weil du Fehler gemacht hast, wie schwer diese Fehler auch auf deinem Gewissen lasten mögen. Du bist einfach ein Mensch, der versucht hat, unabhängig zu handeln, bevor er dazu in der Lage war. Du hast dein Zuhause zu früh verlassen und bist in Schwierigkeiten geraten.

Fasse dir ein Herz. Du hast liebevolle Eltern. Komm nach Hause. Sage ihnen, daß es ein Fehler war, sie schon zu verlassen, daß du noch nicht wirklich auf die Herausforderungen der Welt vorbereitet warst. Sie werden es verstehen. Sie werden dich zu

Hause willkommen heißen. Und wenn du dich erneut bereit fühlst zu gehen, werden sie dich nicht zurückhalten.

Wer kann die Kette des Seins unterbrechen? Wer kann dich davon abhalten, dein Zuhause zu verlassen und dich in einen irdischen Körper zu begeben? Der Hunger nach Erfahrungen ist unbestreitbar vorhanden. Er wird sich immer durchsetzen.

Du kommst mit der Vorstellung in diese Welt, daß dein Aufenthalt hier ein Vergnügen sein wird, aber du merkst schnell, daß er alles andere als ein Spaziergang ist. Du dachtest, du könntest einfach auf den Hügel deiner Vorstellungen und Urteile hinaufspazieren, doch plötzlich merkst du, daß du einen schwierigen und anstrengenden Aufstieg vor dir hast. Manchmal hast du das Gefühl, es nicht zu schaffen. Dann gibst du zu früh auf. Du springst aus der Erfahrung heraus. Vielleicht schießt du dir sogar eine Kugel in den Kopf. Aber das wird dir nicht helfen. Du wirst deine Reise immer an dem Punkt fortsetzen müssen, an dem du sie abgebrochen hast. Es gibt keine Abkürzungen, keine Möglichkeit, einige der Lektionen zu überspringen, die du dir so sorgfältig ausgesucht hast, um zu erwachen.

Reinkarnation und Co.

Es gibt keine Reinkarnation im üblichen Sinne. Alle Inkarnationen finden gleichzeitig statt. Alle Träume des Selbst sind in diesem Traum enthalten. Deshalb ist es nicht besonders hilfreich, sich damit zu beschäftigen, wer man in einem früheren Leben war, es sei denn, Erinnerungen treten spontan ins Bewußtsein, um uns etwas mitzuteilen. Vergangene Leben sind nicht realer als vergangene Erfahrungen.

Es ist euer Glaube an die Vergangenheit, der euch daran hindert, im gegenwärtigen Moment ganz präsent zu sein. Aber diese Präsenz ist notwendig, wenn ihr aus eurem Traum des Selbstmißbrauchs erwachen wollt.

Ihr könnt in jedem Augenblick entweder frei von der Vergangenheit oder ihr Sklave sein. Ihr könnt in jedem Augenblick eure Angst rechtfertigen oder durch sie hindurchgehen.

Versuche nicht, Erinnerungen an die Vergangenheit wachzurufen. Falls sie von selbst in dein Bewußtsein treten, kannst du sie annehmen und integrieren. Du tust das nicht, um der Vergangenheit Macht über dich zu geben, sondern um sie abzuschließen und ganz im Hier und Jetzt sein zu können.

Alles, was dich von der unmittelbaren Kommunikation mit dem Leben abschneidet, ist nicht hilfreich. Andererseits entfernt dich der Versuch, etwas zu unterdrücken, was in dir hochkommen will, noch weiter vom Hier und Jetzt.

Unsere Vorstellung von „Vergangenheit" ist eben nichts anderes als eine Vorstellung. Eine Art und Weise, Erfahrungen als linear, kausal und sequentiell zu beschreiben. Aber das ist nicht das wahre Wesen von Erfahrung. Es ist nur die allgemein übliche Sichtweise.

In Wirklichkeit gibt es keine Vergangenheit. Sie existierte einst als Gegenwart, aber sie existiert nicht mehr – oder nur in dem Maße, in dem du an ihr festhältst. Hältst du die Vergangenheit am Leben, dann mußt du dich auch jetzt mit ihr auseinandersetzen. Andernfalls kannst du sie einfach loslassen. Wenn du sie freigesetzt oder losgelassen hast, existiert sie nicht mehr in deinem Bewußtsein. Du erinnerst dich noch nicht einmal daran, daß bestimmte Dinge wirklich geschehen sind.

Ist es denn wirklich geschehen, wenn du dich nicht daran erinnerst? „Ja", sagst du, weil du es historisch betrachtest. Erinnere dich an die Frage: Macht ein im Wald umstürzender Baum ein Geräusch, wenn niemand ihn hört?

Die Antwort lautet nein. Ohne den Erfahrenden gibt es keine Erfahrung.

Deshalb ist Selbstvergebung möglich. Wenn der Erfahrende aufhört, die Erfahrung am Leben zu erhalten, dann hört sie auf zu existieren. Und er oder sie kehrt unschuldig und unverletzt in den gegenwärtigen Moment zurück.

Gibt es vergangene Leben? Nur, wenn du dich an sie erinnerst. Und wenn du dich an sie erinnerst, wirst du sie immer wieder leben, bis du dir selbst vergibst.

Es gibt einen ganz einfachen Grundsatz: Sammle kein Holz, wenn du kein Feuer machen willst. Rühre nicht im Topf, wenn du nicht riechen willst, was darin kocht. Rufe die Vergangenheit nicht wach, wenn du nicht mit ihr tanzen willst.

Wenn jedoch in deinem Haus ein Feuer ausbricht, mußt du deine Sachen nehmen und das Haus verlassen. Wenn der Eintopf überkocht, kannst du es nicht vermeiden, ihn zu riechen. Und wenn die Vergangenheit dir aus dem Spiegel entgegenblickt, kannst du nicht so tun, als wärst du im Samadhi. Der Widerstand gegen Erfahrungen führt dich auf endlose Umwege. Genau wie das Suchen.

Leiste keinen Widerstand. Suche nicht. Setze dich einfach dann mit den Dingen auseinander, wenn sie auf dich zukommen.

Versuche nicht, die Welt zu retten. Versuche nicht, andere Menschen zu retten. Versuche nicht, dich selbst zu retten. All das ist Teil der Suche. Werde nicht geboren. Geh nicht zur Schule. Heirate nicht. Bekomme keine Kinder. Nimm keine Arbeit an. Werde nicht krank. Stirb nicht. Tu es nicht, wenn du eine Wahl hast. Suche nicht außerhalb von dir.

Doch wenn du geboren wirst, zur Schule gehst, heiratest, Kinder bekommst, eine Arbeitsstelle annimmst, krank wirst und stirbst, dann tu es so bewußt, wie du kannst. Lerne soviel wie möglich aus jeder Erfahrung. Nimm sie an. Denn wenn du versuchst, deiner Erfahrung Widerstand zu leisten, wird sie dich in den Allerwertesten treten.

Niemand kommt mit leerem Teller auf diese Welt. Jeder hat mindestens noch einen oder zwei Reste aufzuessen. (Bei manchen sind es sogar Sieben-Gänge-Menüs.) Laß dich davon nicht entmutigen. Wenn schon jeder mit dem fertigwerden muß, was er mitbringt, dann sollte er es so freudevoll wie möglich tun können.

Greife nicht in das Leben anderer ein, sonst bekommst du noch einen zweiten oder dritten Nachschlag. Verstricke dich nicht in das, was andere tun oder nicht tun. Bilde dir noch nicht einmal eine Meinung darüber. Laß es einfach sein.

Wenn dich jemand zum Mitessen einlädt, dann setze dich einfach mit ihm zusammen an den Tisch, aber iß nichts. Sage ihm, daß du gerade fastest, oder bring dein eigenes Essen mit.

Borge dir keine Erfahrungen von anderen aus und versuche nicht, anderen deine Erfahrung zu geben. Glaubst du wirklich, du würdest dafür gelobt, daß du deinen Teller leerst, wenn es in Wirklichkeit jemand anders für dich tut?

Lebe dein eigenes Leben, um über Abhängigkeiten hinauszugehen. Schlafe in deinem eigenen Bett. Bereite deine eigenen Mahlzeiten zu. Räume deinen Dreck selbst weg. Übe dich darin, für dich selbst zu sorgen, und laß andere das gleiche tun.

Verschwende die Zeit, die dir in diesem Leben zur Verfügung steht, nicht mit dem Versuch, deine Erfahrungen intellektuell auszuwerten und ihnen eine Bedeutung geben. Das ist nicht deine Aufgabe. Deine Aufgabe besteht darin, einfach da zu sein und deine Erfahrung zu leben. Hör also auf zu suchen. Hör auf, Widerstand zu leisten. Begib dich in dein Leben hinein und lebe es so intensiv und wunderbar, wie du nur kannst. Dann werde ich dich anfeuern, darauf kannst du dich verlassen.

Glaubenssysteme

Nichts wird dich schneller ans Kreuz schlagen als dein eigenes Denken. Wenn möglich, solltest du ganz darauf verzichten. Und wenn du das nicht kannst, wenn du unbedingt denken mußt, dann denke an einfache Dinge. Denke ans Geschirrspülen oder ans Wäschewaschen. Denke an Dinge, die getan werden müssen. Und dann laß deinen Geist wieder frei von Gedanken sein.

Alles, was du über deine Erfahrung denkst, begrenzt dich, weil es dich an die Vergangenheit bindet. Wenn du den Augenblick unmittelbar erfahren willst, mußt du all deine Vorstellungen davon aufgeben. Sei einfach präsent und beobachte, wie dein Leben sich entfaltet.

Achte auf den Drang des Verstandes, alles in Schubladen zu stecken. Beobachte, wie er versucht zu planen und die Dinge zu strukturieren. Selbst wenn die Erfahrung ihn eines Besseren belehrt, überlegt er weiter hin und her, wie er die Dinge unter Kontrolle bringen kann. Beobachte, wie er versucht, an Möglichkeiten festzuhalten, die sich gegenseitig ausschließen. Beobachte, wie schnell er in Opposition geht oder Konflikte erzeugt.

Der Verstand sucht immer nach dem roten Faden, damit er seinen Plan weiterspinnen oder zumindest die Illusion von Kontrolle aufrechterhalten kann. Das Interessante daran ist, daß es gar keinen Plan gibt. Und falls es einen gibt, ist der Erfahrende Teil davon und kann ihn gar nicht überblicken.

Der Beobachter erkennt sich nur durch das, was er beobachtet. Er kann nicht sehen, was nicht da ist. Das ist die unvermeidliche Begrenzung der manifestierten Existenz.

Könntest du das Ganze sehen, würdest du diese Information vielleicht weitergeben. Vielleicht würdest du all deinen Freunden erzählen: „Es ist alles nur eine Illusion. Es gibt keine Welt, keinen Himmel, keine Geburt, keinen Tod, kein Selbst, keine anderen, kein Ego, keinen Gott. Es gibt gar nichts.“ Kannst du dir vorstellen, wie peinlich das für die herrschenden Kräfte wäre? Selbst mein Job wäre in Gefahr. Vielleicht müßte ich in Frührente gehen! Nicht, daß mir das etwas ausmachen würde. Ich würde nur allzu gern in dem Bewußtsein vom Kreuz herabsteigen, daß auch ihr nicht mehr am Kreuz hängt. Es wäre eine große Befreiung für alle Beteiligten.

Aber ihr seid noch nicht soweit. Ihr seid immer noch Beobachter. Ihr werdet noch immer von dem begrenzt, was ihr beobachtet.

„Nun, dann mache ich eben die Augen zu“, sagst du. Aber was wäre damit gewonnen? Deine Angst vor dem Hinschauen läßt die Dinge um dich herum nicht automatisch verschwinden. Sie bleiben da, auch wenn du sie nicht mehr siehst. Und wenn du so tust, als wären sie nicht da, wirst du dich an ihnen stoßen, sobald du dich in Bewegung setzt.

Wenn du die Grenzen deiner Wahrnehmung durchbrechen willst, mußt du schon ein bißchen radikaler vorgehen, vielleicht indem du so etwas wie eine spirituelle Praxis ausübst. Versuch es mal mit dieser: „Alles, was ich sehe, spiegelt mir wider, was ich glaube. Alles, was in meinem Leben geschieht, spiegelt irgendeinen Glaubenssatz wider, den ich über mich selbst habe.“

Versuche dich daran zu erinnern, wann immer du anfängst, dein Leben oder das Leben eines anderen allzu ernst zu nehmen. Sage dir das, wenn du leidest und das Gefühl hast, aufgeben zu müssen. Sage dir das, wenn du verliebt bist und es kaum erwarten kannst, deinen Geliebten oder deine Geliebte wiederzusehen. Öffne die Augen, wenn du deine Erfahrung umarmst. Schlaf nicht ein. Tu nicht so, als wüßtest du, was irgend etwas bedeutet. Denk einfach daran, daß alles, was geschieht, eine Spiegelung dessen ist, was du glaubst. Schau einfach hin, ohne zu urteilen. Beobachte und nimm an. Beobachte voller Hingabe.

Du bist der Beobachter, aber du wirst auch beobachtet. Du wirst jetzt, in diesem Augenblick beobachtet. Wer beobachtet dich? Ich kann dir versichern, daß es nicht „big brother" ist. Es ist wie mit einem Stein, der über die Oberfläche eines Teiches springt. Du siehst ihn springen, aber du weißt nicht, wer ihn geworfen hat. Du siehst die kleinen Wellen, aber du weißt nicht, wer sie verursacht hat. Wer ist der Beobachter? Wer bist du? Bist du der Beobachter oder der Beobachtete – oder beide?

Macht der umstürzende Baum im Wald ein Geräusch, wenn niemand ihn fallen hört? Was für ein Geräusch macht eine einzelne klatschende Hand? Vergiß nicht, daß du diese Dinge nie herausfinden wirst. Sei also einfach präsent und laß all deine Interpretationen fallen. Laß all deine Dogmen und „Ismen" los.

Der einzige „Ismus", den du brauchst, bist du selbst und auch der wird zu gegebener Zeit verschwinden. Alle geborgten Identitäten werden sich auflösen und nur das ursprüngliche Wesen wird bleiben: Adam allein im Garten, Auge in Auge mit Gott.

Du kannst nichts daran ändern, daß du immer wissen willst, wie eine Sache ausgeht. Es liegt in der Natur des Egos, auf jede Erfahrung vorbereitet sein zu wollen, um richtig reagieren zu können. Das Ego fühlt sich sicherer, wenn es „weiß". Aber nicht immer gewinnt es dadurch mehr Sicherheit. Manchmal würde das Wissen um zukünftige Ereignisse seine Angst nur vergrößern.

Stell dir beipielsweise vor, du würdest mit fünfzig Jahren an Krebs erkranken. Jetzt bist du vierzig. Würdest du es wissen wollen? Würde es dir helfen, es zu wissen? Würdest du gern zehn Jahre lang in Angst leben oder dich lieber mit der Situation konfrontieren, wenn es soweit ist?

Dieses Beispiel ist natürlich nicht besonders gut gewählt, denn es wird dir kaum jemals möglich sein, im voraus zu wissen, was in zehn Jahren geschieht. Die Ereignissse deines Lebens sind nicht vorherbestimmt. Sie ergeben sich aus Erfahrungen, aus dem Dialog zwischen deinen Überzeugungen und den äußeren Möglichkeiten und Gegebenheiten. Eine andere Wahl führt zu einem anderen Ergebnis.

Es ist dir nicht nur unmöglich zu wissen, was dir widerfahren wird, du kannst auch nicht wissen, was es für dich bedeuten wird. Wenn du den Krebs als Mahnung verstehst, dein Leben in Ordnung zu bringen, wird er für dich mit Sicherheit etwas anderes bedeuten als wenn du ihn als Todesurteil betrachtest. Bei der Beschreibung eines Ereignisses ist deine Reaktion auf das Ereignis (die innere Erfahrung) genauso wichtig wie das, was tatsächlich geschieht (die äußere Erfahrung).

Da die Bedeutung eines Ereignisses sehr unterschiedlich wahrgenommen wird, reagieren Menschen sehr verschieden auf vergleichbare Ereignisse. Die Menschen können das, was ihnen in der Gegenwart aufgrund unbewußter vergangener Entscheidungen widerfährt, nicht kontrollieren. Jeder Mensch bewegt sich im karmischen Strom seines Lebens und kann manche Erfahrungen, die für seine seelische Entwicklung absolut richtig und notwendig sind, vielleicht nicht bewußt würdigen oder verstehen.

Der spirituell reife Mensch lernt zunehmend, sich den Erfahrungen hinzugeben, die das Leben für ihn bereithält. Wenn Dinge geschehen, die er als Angriff auf seine Person empfindet, lauscht er nach innen, um die Botschaft zu hören, die sich hinter dem Schleier seiner subjektiven Reaktionen verbirgt. Er versucht, den Wert jeder Erfahrung zu erkennen und die Lernmöglichkeiten zu entdecken, die darin verborgen sind. Er macht keinen Versuch, seine Erfahrung zu manipulieren, um die vom Ego gewünschten Ergebnisse zu erzielen, sondern ist bemüht, mit seiner Erfahrung auf eine Weise in Kontakt zu treten, die ihm hilft, die darin enthaltenen Lektionen zu lernen.

Sein Leben ist ein Dialog zwischen Innen und Außen, zwischen dem, was er sieht, und seinen emotionalen Reaktionen darauf, zwischen seiner Erfahrung und seiner Interpretation der Erfahrung. Er versteht zunehmend, daß sein Leid nicht durch die äußeren Ereignisse verursacht wird, sondern durch seine subjektive Reaktion darauf. Er wird weder von irgendeinem anderen Menschen, noch von irgendeinem Ereignis gekreuzigt, sondern vielmehr von der Bedeutung, die er dem Geschehen beimißt.

Es gibt kaum etwas Schwierigeres, als den Angriff eines anderen Menschen als Schrei nach Liebe und Unterstützung zu sehen. Man ist dazu nur fähig, wenn man sich nicht auf die Taten des Angreifers, sondern auf die eigene Reaktion auf diese Taten konzentriert. Indem man seine eigene Angst und Wut unter die Lupe nimmt, beginnt man, die Situation sensibel wahrzunehmen. Wenn man zuerst nach innen und dann nach außen schaut, erkennt man, wie Angst Wut auslöst und umgekehrt. Man erkennt seine Rolle als Schaupieler im großen irdischen Drama an. Indem man sich selbst im anderen und den anderen in sich selbst erkennt, zieht Mitgefühl ins eigene Herz ein und dehnt sich auf den anderen Menschen aus.

Ein spiritueller Mensch sucht nicht nach Sündenböcken. Er ist nicht bestrebt, andere für seine eigene Erfahrung verantwortlich zu machen. Und er wirft Gott nicht vor, bestraft worden zu sein. Sein spiritueller Weg beginnt damit, daß er einen Waffenstillstand mit Gott schließt. Er denkt nicht daran, Gott allein für seine Erfahrungen verantwortlich zu machen. Er willigt ein, sich die Verantwortung mit Gott zu teilen. Er weiß, daß seine Reaktionen auf die Ereignisse letztendlich ihre Bedeutung bestimmen. Er spricht mit Gott über alles, was in seinem Leben geschieht. Das bedeutet, daß er Gott manchmal dankbar ist und daß er manchmal wütend auf ihn wird. Das gehört zum Dialog mit dem Göttlichen.

Es gibt immer irgendeinen Aspekt seiner irdischen Erfahrung, den er nicht akzeptabel findet, irgend etwas, gegen das er Widerstand leistet, wofür er keine Verantwortung übernehmen will. Und genau das ist der Dünger für das spirituelle Wachstum in seinem Leben. Wie verwirrt, widerspenstig und wütend er auch sein mag, er bleibt immer im Gespräch mit Gott. Er sucht immer wieder nach Möglichkeiten, die Dinge ganzheitlicher zu sehen und sein Leben besser annehmen zu können.

Er kommt allmählich ins Hier und Jetzt. Er lernt, ganz im Moment zu sein. Selbst wenn das bedeutet, daß er im gegenwärtigen Augenblick wütend oder traurig ist. Er begibt sich rückhaltlos in die Erfahrung hinein. Und er tut das auch, wenn er nicht weiß, was diese Erfahrung zu bedeuten hat und wie er sich damit fühlt. Er gibt sich dem Moment hin und sagt die Wahrheit, so wie er sie wahrnimmt. Und er weiß, daß diese Wahrheit nur im gegenwärtigen Moment gültig ist. Im nächsten Augenblick gilt sie vielleicht schon nicht mehr. Er weiß, daß Gott nur eines von ihm fordert: die Bereitschaft, präsent zu sein, die Bereitschaft, im Gespräch zu bleiben. Seine Wut und seine Trauer beunruhigen Gott nicht. Gott will ihm diese Gefühle nicht nehmen. Gott verlangt nicht, daß er sich auf eine bestimmte Weise benimmt. Er bittet ihn nur, dazubleiben und bereit zum Lernen zu sein.

Das größte Hindernis in der Beziehung zu Gott ist deine Überzeugung, etwas zu „wissen". Diese Überzeugung macht dich zum Gefangenen deiner eigenen, subjektiven Interpretationen. Doch alles was du „weißt", entspringt deiner Angst.

Deine Beschreibung der Realität hat nichts mit der Wirklichkeit zu tun. Dein Bedürfnis, die Realität zu begrenzen, um sie deinen angstbesetzten Vorstellungen von ihr anzupassen, hat nichts mit „Wissen" zu tun. Was du Wissen nennst, sind nichts als Vorurteile und Wertungen.

Wenn deine Vorurteile als die Wahrheit daherkommen, belügst du alle, auch dich selbst. Du blokkierst den Verbindungskanal zum Göttlichen. Du schließt Gott aus. „Sei still", sagst du zu Gott, „ich weiß schon, was ich tue." Glücklicherweise ist Gott geduldig, mitfühlend und hat einen großartigen Sinn für Humor. Also antwortet Er: „Entschuldigen Sie, mein Herr, ich wußte nicht, daß Sie der Großmeister des Universums sind. Ich bitte aufrichtig um Vergebung und ziehe mich zurück, bis meine Anwesenheit erwünscht ist."

Vielleicht ein bißchen ironisch, aber auf den Punkt gebracht. Gott wird, im Gegensatz zu landläufigen Vorstellungen, niemals versuchen, deinen Stolz zu brechen oder dich dafür bestrafen. Wenn er mit deinem Stolz konfrontiert wird, geht er einfach aus dem Weg und wartet, bis du wieder zur Vernunft gekommen bist.

Da jedes Projekt, das du ohne Ihn in Angriff nimmst, zum Scheitern verurteilt ist, muß Er selten lange warten, bis du wieder an seine Tür klopfst. Er weiß das. Deshalb nimmt er deine Unbeständigkeit und Untreue so geduldig und humorvoll hin.

Wenn Eltern die Fehler ihres Kindes sehen, ohne sie persönlich zu nehmen, können sie geduldig und liebevoll sein. Nur wenn ein Elternteil sich minderwertig oder angegriffen fühlt, wird er versuchen, in die Lernerfahrung des Kindes einzugreifen. Glücklicherweise fühlt Gott sich nicht minderwertig und weiß, daß er unverletzbar ist. Das müssen wir alle von Ihm lernen. Solange wir das nicht gelernt haben, können wir unseren Platz an Seiner Seite nicht einnehmen.

Der Wunsch zu erfahren, was wir nicht wissen, ist ein wesentlicher Aspekt des spirituellen Weges. Doch spirituelles Wissen ist eine andere Art von Wissen als das, an das wir gewöhnt sind. Spirituelles Wissen versetzt uns nicht in die Lage, unser eigenes Leben oder das anderer Menschen zu kontrollieren oder zu manipulieren. Es versetzt uns nicht in die Lage, Ereignisse vorherzusagen oder ihre Bedeutung zu kennen. Es ist ein Wissen, das uns befähigt, nach innen zu schauen – hinter den Schleier unserer subjektiven Reaktionen – und das Leben zu würdigen, so wie es sich vor uns entfaltet, ohne ihm unsere persönlichen Interpretationen überzustülpen.

Spirituelles Wissen erwächst aus dem Loslassen dessen, was wir zu wissen glauben, und aus der Hingabe an das, *was ist.* Es ist eher ein Nichtwissen als ein Wissen, eher ein inneres Sich-Leermachen als ein Aufnehmen. Es ist jedenfalls kein linkshirniges Phänomen. Es hat nichts mit Rationalisieren oder Interpretieren zu tun. Es ist weder systematisch noch kausal. Es trennt nicht zwischen Inhalt und Form oder zwischen Innen und Außen.

Viele Menschen haben versucht, sich dem Göttlichen mit Hilfe von Denksystemen zu nähern, die der linken Hirnhälfte zugeordnet werden können. Doch all diese Systeme lassen den Menschen mit leeren Händen zurück. Intellektuelle Systeme sind in sich selbst begrenzt und begrenzend. Sie nähren die Illusionen des Egos, das zu verstehen glaubt, und begünstigen spirituellen Hochmut.

Symbolhafte Systeme können hilfreich sein, wenn es darum geht, in bestimmten Situationen Informationen oder Botschaften zu erhalten, aber die für einen bestimmten Augenblick gültige Botschaft muß nicht unbedingt noch für den nächsten Gültigkeit haben. Der Versuch, die dynamische, in ständigem Wandel begriffene Realität „einzufrieren", damit sie mit einem äußeren Bezugspunkt übereinstimmt, führt dazu, daß man den Kontakt zum spontanen Strom des Lebens und der Gnade verliert.

Der Wunsch, Kenntnis über Dinge zu erlangen, bevor sie sich ereignen, gehört zu den Strategien, mit denen das Ego sich vor der Wahrheit schützt. Diese Verteidigungsstrategie mußt du aufgeben, bevor die Wahrheit in deine Hände gelegt werden kann.

Gebet

Das Gebet ist ein kontinuierlicher Dialog mit Gott. Es ist jener Prozeß, bei dem man fortwährend alles verwirft, was man zu wissen glaubt, und sich dem Mysterium des Augenblicks hingibt.

Es ist nicht der Zweck eines Gebets, Gott um bestimmte Dinge oder Ergebnisse anzubetteln. Betteln ist genau das richtige Wort dafür. Wie fühlst du dich, wenn dich jemand anbettelt? Was glaubst du, wie Gott sich fühlen muß? Ein quengelndes Kind bekommt nie echte Aufmerksamkeit von seinen Eltern. Weshalb solltest du dich Gott wie ein quengelndes

Kind nähern? Das ist weder würdevoll noch besonders wirksam.

Wenn du möchtest, daß deine Gebete Wirkung zeigen, solltest du dich an Gott wenden wie an einen liebevollen Vater oder eine liebende Mutter. Sag Ihm oder Ihr, was du denkst und fühlst. Gestehe deine Urteile und Ängste ein und bitte um die Kraft, durch sie hindurchgehen zu können. Bitte um die Fähigkeit, über deine Vorurteile und falschen Vorstellungen hinausgehen und dich der Wahrheit öffnen zu können. Bitte um die Fähigkeit, die in der jeweiligen Situation enthaltene Lektion zu lernen. Bitte um Führung, Unterstützung, Hilfe und Befreiung vom Leid. Bitte darum, daß geschehen möge, was dem höchsten Wohl aller Beteiligten dient.

Und dann sei still und verweile mit Ihm. Laß zu, daß dein Geist sich mit Seinem Geist verbindet. Laß zu, daß sich dein Herz für Seine Liebe öffnet. Laß dein Verstehen organisch wachsen, während dein Herz und dein Geist sich für eine umfassendere Realität öffnen, die weit über das hinausgeht, was du bisher wahrnehmen konntest.

Deine göttlichen Eltern kennen die Antwort auf dein Dilemma. Du mußt dich nur für sie öffnen, und die Lösung wird in deinem Herzen aufsteigen. Du wirst sie als solche erkennen, weil sie das Wohl aller Beteiligten einbezieht, weil sie dich von deinem inneren Konflikt befreit. Du wirst wissen, daß es die richtige Antwort ist, weil dein Herz vor Freude hüpft. Energie und Optimismus kehren in dein Leben zurück. Du kannst wieder freier atmen. Du beginnst dich erneut auf die Entfaltung der Realität zu freuen.

Diese Art von Führung ist dir jederzeit zugänglich, wenn du ernsthaft betest, wenn du dein Herz für Gott öffnest und auf Seine Antwort lauschst. Das Gebet ist die Geste, mit der du dich öffnest, mit der du dich Gott anvertraust und um Hilfe bittest. Und Seine Antwort ist Führung. Sie bringt dir Trost, Klarheit und Frieden.

Wenn du die Antwort bereits kennst oder weißt, wie sie ausfallen „sollte", kannst du nicht wirklich beten. Ein Gebet kommt aus dem inneren Raum des „Nichtwissens".

Wenn eines deiner Gebete nicht erhört wird, hast du entweder eine Forderung gestellt oder dich geistig oder emotional nicht ganz hingegeben. Du hast an deiner Verletzung oder deiner Überzeugung festgehalten, anstatt sie in Gottes Hand zu legen. Oder du hast Gottes Antwort abgelehnt, weil sie deinen Erwartungen nicht entsprach. Wenn du dir von deinem Gebet eine Bestätigung für die Sichtweise deines Egos erhoffst, wirst du enttäuscht werden. Wenn du Gott fragst, wird Er dir die Wahrheit sagen, nicht das, was du hören willst.

Ein erfolgreiches Gebet versetzt dich immer in einen spirituellen Zustand, in dem dein Herz und dein Geist offener sind als zuvor. Es hilft dir immer, die Dinge anders zu sehen – großzügiger, umfassender. Es unterstützt nie deine geistige Enge oder deine Urteile, noch rechtfertigt es dein Bedürfnis, jemanden anzugreifen oder dich zu verteidigen.

Das Gebet ist eine Öffnung von deiner Seite und bewirkt, daß du Gottes Geschenke empfangen kannst. Du öffnest dich dafür, daß Gott dich bedingungslos annimmt – so wie du bist.

Wenn du den Tempel des Gebets betreten kannst, bist du unendlich gesegnet. Aus diesem Tempel kannst du nicht mit negativen Gefühlen anderen oder dir selbst gegenüber zurückkehren. Denn indem du eintrittst, gibst du dich hin, und indem du dich hingibst, wirst du von allen Urteilen reingewaschen, die du über dich selbst und andere haben magst.

Kannst du beten? Bist du bereit, alles loszulassen, was du zu wissen glaubst? Bist du bereit, dein Leben auf eine transzendentere Weise zu betrachten? Wenn nicht, dann bleib bei deiner gegenwärtigen Wahrheit. Zwinge dich nicht zu beten. Warte, bis du dazu bereit bist. Dann wird dein Gebet echt sein. Dann wirst du dich für Gottes Weisheit und Gnade öffnen.

Spirituelle Arbeit

Die wichtigsten Lernprozesse finden immer dann statt, wenn du feststellst, daß du auf die Worte oder Handlungen anderer sehr stark reagierst. Auch wenn du in einer solchen Situation im allgemeinen dazu neigst, dich auf das Verhalten des anderen zu konzentrieren, hat deine Reaktion in Wirklichkeit nichts mit der anderen Person zu tun. Sie zeigt dir vielmehr, wo du einen Konflikt hast, als etwas darüber auszusagen, wo der andere steht.

Jeder Konflikt wird von irgendeinem Schuld- oder Minderwertigkeitsgefühl verursacht, das du mit dir herumträgst. Wenn du dich in bezug auf deine Intelligenz unsicher fühlst und jemand dich als dumm bezeichnet, wird deine Unsicherheit eine unangemessene Reaktion auslösen. Wenn du mit einer verheirateten Person eine sexuelle Beziehung eingehst und dich deshalb schuldig fühlst, wirst du unangemessen reagieren, wenn dich jemand als Betrüger bezeichnet. Deine Reaktion beruht auf der Tatsache, daß du dich selbst als Betrüger wahrnimmst. Der andere bestätigt lediglich deine Wahrnehmung. Würdest du dich selbst anders sehen, gäbe es keinen Grund für dich, defensiv auf die Bemerkung zu reagieren.

Der Impuls, dich zu verteidigen, rührt daher, daß du dich schuldig fühlst. Wenn du von einem anderen Menschen angegriffen oder beleidigt wirst, fühlst du dich nur dann verletzt oder wütend, wenn du glaubst, daß der Angriff in irgendeiner Weise gerechtfertigt ist. Du hast das Gefühl, daß du etwas Unrechtes getan hast und ertappt wurdest. Du weißt, daß du eine Bestrafung verdient hast und daß Verteidigung die einzige Möglichkeit ist, diese abzuwenden.

Verteidigung kommt einem Schuldeingeständnis gleich. Warum solltest du dich verteidigen, wenn du dich nicht schuldig fühlst? Du würdest einfach lachen und sagen: „Laß gut sein, Bruder." Du würdest den Angriff nicht persönlich nehmen, sondern erkennen, daß der Betreffende nur sich selbst angreift und du nur der Auslöser für diesen Selbstangriff warst. Du würdest wissen, daß es nicht deine Schuld ist, wenn der oder die Betreffende leidet.

Jede Angst oder Unsicherheit, die du in bezug auf dich selbst hegst, ist wie ein Knopf, der darauf wartet, gedrückt zu werden. Die Tatsache, daß andere Menschen diese Knöpfe drücken, ist ganz und gar nicht bemerkenswert. Bemerkenswert ist eher, daß du ihnen das vorwirfst. Wenn du dir ein Schild mit der Aufschrift „schlag mich“ um den Hals hängst, brauchst du dich nicht darüber zu wundern, daß ein paar Leute das wörtlich nehmen. Zugegeben, nicht jeder tut das. Manche lachen einfach nur und gehen weiter. Doch andere bleiben stehen und starren dich an oder nehmen dich beim Wort. Sie tragen ebenfalls ein solches Schild um den Hals. Sie wissen, wie du dich fühlst. Sie wissen, daß du geschlagen werden willst, um dich mit dir selbst besser zu fühlen. Du warst ein böser Junge oder ein böses Mädchen und mußt bestraft werden. Sie sind nur allzu bereit, dir diesen Gefallen zu tun.

Menschen, die dich angreifen, tun das, wovon sie auf ihre verdrehte Art annehmen, daß du es wünschst. Sie tun es „zu deinem eigenen Besten“. Sie können ihr Verhalten dir gegenüber immer rechtfertigen und du kannst es ebenfalls. Du denkst nie: „Das ist nicht in Ordnung. Das sollte und darf nicht passieren. Ich werde es nicht zulassen.“ Wäre jeder Angegriffene davon vollkommen überzeugt und würde er dieser Überzeugung Ausdruck verleihen, könnte kein Mißbrauch geschehen. Mißbrauch spielt sich in der Grauzone von Schuld und Bestrafung ab.

Um Übergriffen oder Mißbrauch in deinem Leben Einhalt zu gebieten, brauchst du nichts weiter zu tun, als zu sagen: „Das fühlt sich nicht gut an. Bitte hör damit auf.“ So eine einfache Bitte – und dennoch fällt es dir so unendlich schwer, sie auszusprechen. Warum? Dafür gibt es viele Gründe. Vielleicht bist du ein Kind, das von einem Erwachsenen mißbraucht wird. Der Erwachsene ist die Autoritätsperson. Oft ist es ein trotz der Übergriffe geliebter Elternteil.

Doch selbst wenn du erwachsen bist, sind die gleichen inneren Muster wirksam. Du wünschst dir die Liebe und Anerkennung des Täters (des Mißbrauchenden) um jeden Preis. Deshalb spielst du den Schmerz herunter oder spaltest ihn innerlich völlig ab. Oder du akzeptierst den Schmerz als verdiente Strafe. Erwachsene, die zu Opfern werden, versuchen, den Schmerz ihres Kindheitstraumas zu reaktivieren, um die innere Spaltung zu überwinden, sich an den Mißbrauch zu erinnern und die Verletzung bewußt zu verarbeiten. Deshalb heiraten sie oft einen Menschen, der ihrem früheren Peiniger sehr ähnlich ist. Nur indem sich die Verletzung verschlimmert, kann der Panzer der unbewußten Verleugnung aufgebrochen werden. Das Freisetzen unterdrückter Gefühle der Wut, der Schuld und des Selbsthasses öffnet die Tür zu Heilung und Integration.

Es gibt viele Formen der Selbstverleugnung und des Selbstbetrugs und es ist wichtig, daß du erkennst, welche Form er bei dir angenommen hat. Dadurch, daß du deinen Peiniger beschuldigst, befreist du dich nicht aus dem Teufelskreis der Gewalt, weil das Muster, wenn auch unbewußt, weiterwirkt und neue Mißbrauchssituationen schafft. Solange du in der Opferrolle steckenbleibst, wirst du das Muster aufrechterhalten und die Wunde wird von Generation zu Generation weitergegeben. Und all das nur, weil du nicht den Mut hast, nach innen zu schauen.

Indem du dir das Mißbrauchsmuster bewußt machst, kannst du den Selbstverrat deutlich erkennen, dir vergeben und die bewußte Entscheidung treffen, nicht länger Opfer zu sein. Allein dadurch kannst du den Teufelskreis der Selbstverleugnung durchbrechen.

Welchen Weg ins Leid du auch gewählt hast (es gibt unendlich viele), du wirst im Schmerz verharren bis du deinem Peiniger gegenübertrittst und sagst: „Ich akzeptiere das nicht. Ich will, daß du jetzt sofort damit aufhörst.“ Du mußt das mit absoluter innerer Überzeugung sagen. Du mußt den anderen ganz klar wissen lassen: „Lieber verliere ich deine Liebe, als daß ich diesen Mißbrauch weiterhin dulde.“ Du mußt für dich selbst einstehen.

Solange du nicht den Mut hast, absolut für dich selbst einzustehen, wird es in deinem Umfeld immer Menschen geben, die bereit sind, dich zu mißachten und schlecht zu behandeln. Du ziehst diese Menschen so lange in dein Leben hinein, bis du entschieden hast, daß es genug ist. Jedesmal, wenn deine Knöpfe gedrückt werden, solltest du dir darüber im klaren sein, daß dies ein Geschenk ist, eine Chance, dir deines Musters des Selbstverrats bewußt zu werden. Gib nicht dem Täter die Schuld. Frage dich lieber: „Warum habe ich wieder zugelassen, daß ich in eine Situation hineingezogen wurde, in der ich nicht gehört und respektiert werde?“ Werde dir bewußt, wie Angst und Selbstverurteilung dein Leben bestimmen. Schau, was für ein Selbstbild du hast, betrachte dir dein geringes Selbstwertgefühl. Erkenne, daß du bereit bist, jeden Preis für Liebe und Anerkennung zu zahlen. Schau, wie du dich mit deiner

Angst vor dem Verlassenwerden im Kreis drehst, weil du Angst hast, dich direkt mit ihr zu konfrontieren.

Beende das Spiel mit den Reaktionen. Weigere dich, ein Objekt zu sein, selbst wenn du auf diese Weise anscheinend bekommst, was du willst. Schau dir deine bisherigen Erfahrungen an und lerne daraus. Die Verheißungen der an Bedingungen geknüpften Liebe haben sich nicht erfüllt, und das hat dein Gefühl, von denen, die du liebst, verraten und im Stich gelassen worden zu sein, nur noch verstärkt.

Erinnere dich daran, daß du bereit warst, das Spiel mitzuspielen. Du hast die Erlaubnis dazu gegeben. Gestehe dir deinen Fehler, deinen Selbstverrat ein, damit du ihn nicht wiederholen mußt. Übernimm die Verantwortung und beende das „Projektionsspiel". Beende die Lüge. Niemand ist ein Opfer, wenn er oder sie nicht selbst beschließt, eines zu sein. Ganz gleich, wie du die Dinge siehst, die in der Vergangenheit geschehen sind, du mußt erkennen, daß du dein Leben nicht so weiterführen kannst, wenn du nicht lernst, hier und jetzt nein zu Mißbrauch und Mißachtung zu sagen. Mache keine philosophische oder moralische Frage daraus. Lerne *jetzt,* alle Einladungen zum Selbstverrat abzulehnen.

Wie ein Alkoholiker, der nicht nein sagen kann, wenn ihm ein Drink angeboten wird, kannst du nicht nein sagen, wenn dir zu bestimmten Bedingungen Liebe in Aussicht gestellt wird. Gestehe dir deine Machtlosigkeit ein. Du kannst dein unbewußtes Muster der Selbstverleugnung nicht ohne Hilfe überwinden. Und die Hilfe, die du brauchst, ist Bewußtmachung. Du mußt sehen, wie du in unbewußte Verhaltensmuster verfällst, wie du dich selbst immer wieder aufgibst und den Mißbrauch zuläßt.

Solange du das Muster nicht erkennst und keine Verantwortung dafür übernimmst, wird es sich in deinem Leben fortsetzen. Es spielt keine Rolle, wie viele Therapien du gemacht hast. Der Alkoholiker lehnt das Glas Wein ab, weil er erkennt, daß er seine Macht abgibt, wenn er es annimmt. Aus genau dem gleichen Grund lehnst du es ab, ein Mißbrauchsobjekt zu sein.

Du siehst also, daß du das Problem nicht lösen kannst, solange du es außerhalb von dir selbst wahrnimmst. Du wirst anderen die Schuld geben, der Gesellschaft oder Gott, aber das Problem wird bestehen bleiben. Denn das Problem heißt „Selbstverrat". Solange du nicht lernst, „ja" zu dir selbst zu sagen, wirst du nicht in der Lage sein, „nein" zu anderen zu sagen.

Andere spiegeln dir nur wider, was du über dich selbst denkst. Würden sie dir nicht auf die Sprünge helfen, indem sie dir deine unbewußten Überzeugungen über dich selbst deutlich machen, dann würde sich der Prozeß deines Erwachens erheblich länger hinziehen. Dein Bruder ist dein Lehrer. Er zeigt dir, was du dir in deinem Inneren anschauen mußt. Und du tust dasselbe für ihn.

Das ist das Drama des Erwachens. Mach keine Seifenoper daraus. Mach deinen Bruder oder deine Schwester nicht für deine Erfahrungen verantwortlich. Deine Mitmenschen sind nicht dazu da, Sündenböcke oder Halbgötter zu sein. Sie sind weder die Ursache deines Leidens, noch der Grund für deine Erlösung.

Sie sind gleichberechtigte Passagiere auf derselben Reise. Was du gefühlt hast, haben sie auch gefühlt. Wie du sind sie dabei, ihre Muster des Selbstbetrugs zu durchschauen. Wie du lernen sie, „ja" zu sich selbst zu sagen und ihre Macht nicht an andere abzugeben.

Hab Geduld. Diese Reise führt zur völligen Selbstverantwortung. Wenn das Selbst ganz und gar Verantwortung für sich übernommen hat, ist kein Mißbrauch mehr möglich.

Gemeinsam aufwachen

Indem sich zwei Menschen auf die mit einer spirituellen Beziehung einhergehende Vepflichtung einlassen, willigen sie ein, einander zu helfen, die jeweiligen Muster des Selbstverrats bewußt wahrzunehmen. Es ist nicht ihre Absicht, negative Gefühle zu unterdrücken, sondern in ihrer Beziehung einen sicheren Raum zu schaffen, in dem negative Gefühle und Muster der Selbstverleugnung ans Licht kommen können. In einer spirituellen Beziehung geht es nicht nur darum, gemeinsame Ziele oder eine gemeinsame Vision zu haben, sondern auch darum, sich mutig zum Übernehmen von Verantwortung und zum Auflösen von Schuld zu verpflichten.

Beide sind hier, um dem Partner zu helfen, Projektionen zurückzunehmen, die Opferrolle aufzugeben und die Ursachen von Problemen nicht länger außerhalb der eigenen Person zu suchen. Keiner von beiden tut das, indem er den anderen „belehrt", sondern indem er zur Entstehung eines sicheren, mitfühlenden Energiefeldes beiträgt, wo sich jeder mit sich selbst konfrontieren kann.

Wo sie einen Feind sieht, kann er ihr nicht folgen. Er weigert sich, beim „Sündenbockspiel" von Angriff und Beschuldigung mitzumachen. Aber er kann lieben. Er kann akzeptieren, daß sie sich fühlt, wie sie sich fühlt. Er kann die Existenz ihrer Gefühle anerkennen und sie sanft ermutigen, den Weg zum Frieden in ihrem eigenen Herzen zu finden. Obwohl er sieht, daß sie projiziert, versucht er nicht, sie „in Ordnung zu bringen", denn das würde bedeuten, sie in ihrer Lüge zu bestätigen. Er bleibt sich einfach ihres wahren Wesens bewußt und fordert sie so sanft und ohne Worte auf, zu sich selbst zurückzukehren.

Sein Beitrag besteht hauptsächlich im Zuhören. Weder stimmt er dem, was sie sagt, zu, noch weist er es zurück. Er weiß, daß seine Meinung nichts bedeutet und sie nur von ihrem eigenen Erkenntnisprozeß ablenken würde. Er hört einfach nur aufmerksam und mitfühlend zu. Er hört zu, ohne zu urteilen. Und wenn er dennoch urteilt, nimmt er es wahr und kehrt zum urteilslosen Zuhören zurück. Er hört mit offenem Herzen und offenem Geist zu und sein Zuhören verbindet sie mit der Wahrheit. Je mehr er in der Lage ist, ihr ohne zu werten zuzuhören, desto schneller verläßt sie den Umweg der Schuldzuweisungen. So kehrt sie über die Brücke seiner Liebe allmählich zu sich selbst zurück.

Das ist das Geschenk, das der spirituelle Partner seiner Gefährtin macht. Dies ist die kostbare Perle.

Wenn beide sich gegenseitig das Geschenk bedingungsloser Liebe und Annahme machen und wenn sie dieses Geschenk auch an alle anderen Menschen in ihrer Umgebung weitergeben können, gibt es keine Projektionen, keine Beschuldigungen und keine Angriffe mehr. Niemand ist mehr Objekt. Niemand ist Opfer, niemand Täter. Dann gibt es beim Tanz des Lebens nur noch ebenbürtige Partner. Das Herz öffnet sich. Zuerst nur ein wenig, aber dann so weit, daß es das gesamte manifestierte Universum in sich aufnehmen könnte. Und eines Tages wird es das auch tun.

Wenn all das, was sich selbst als wertlos und fragmentarisch erlebt, ganz und heil wird, wird es kein Getrenntsein von der Quelle der Liebe mehr geben. Jeder von uns wird ein leuchtender Lichtstrahl sein, der aus der Mitte des Herzens kommend die Ewigkeit durchstrahlt, Trennung und Sünde auflöst und die Schuldigen im Fluß ihrer eigenen Angst tauft. Sie werden mit Blumen empfangen, wenn sie unschuldig und frei aus dem Wasser steigen.

Das sind die Geschenke, die wir einander machen können, wenn das Mißbrauchsspiel aus ist. Und es ist in dem Augenblick vorbei, in dem wir uns daran erinnern, wer wir sind und wer unsere Brüder und Schwestern in Wahrheit sind.

Namaste

Ich akzeptiere euer Menschsein und meines. Und ich verbeuge mich vor dem Göttlichen in jedem von uns. Ich erkenne unsere absolute spirituelle Ebenbürtigkeit an. Und ich akzeptiere, daß jeder von uns immer wieder vergißt, wer er in Wahrheit ist.

Ich freue mich darüber, daß wir gemeinsam aufwachen, akzeptiere aber auch die Tatsache, daß jeder von uns, der sich gegen seine Angst stemmt, ab und zu müde wird und wieder einschläft. Ich erkenne sowohl das Absolute an als auch das Relative, denn beides ist hier präsent. Die sanfte Stimme Gottes und der verzweifelte Schrei des verletzten Kindes vermischen sich hier, auf dieser Bewußtseinsebene, in dieser Welt. Freude und Trauer vermischen sich. Stärke und Tränen, Schönheit und Verrat, Stille und Lärm durchdringen einander.

Es ist eine einfache Welt – einatmen und ausatmen, sich dem Göttlichen nähern und sich davon entfernen. Aber sie ist auch komplex in ihrer nahezu unendlichen Vielfalt der Formen.

Jedes Selbst ist reine, undefinierte Präsenz, aber jedes Selbst muß sich Gott auf seine einzigartige Weise nähern. Die Einheit trägt viele Gegensätze in sich.

Hier verweilen wir zusammen, mein Bruder, meine Schwester.

Hier in der Stille, jeder im einzigartigen Rhythmus seines Herzens, seines Tanzes, seiner Suche nach Liebe und Wahrheit.

Doch trotz der Existenz in getrennten Körpern, trotz der Spaltung des Geistes öffnet sich hier nur ein Herz. Und dieses Herz umfaßt deines und meines und die Herzen aller Wesen, die jemals in Raum und Zeit existierten. Dieses Herz gehört Gott.

Es ist sein geduldiges Herz. Es ist Sein unendlicher Segen für uns alle. Mein Wunsch für dich ist ganz einfach: Mögest du dieses Herz in deinem eigenen Herzen finden. Mögest du deine Stimme in dieser Stille finden. Mögest du erwachen und erkennen, wer du in Wahrheit bist.

Namaste!